KB070663

譯註
禮記補註

王制·月令

譯註
禮記補註

❸

王制·月令

김재로金在魯 저
정병섭鄭秉燮 역

學古房

　본 역서는 조선 후기 때의 학자인 김재로(金在魯)의 『예기보주(禮記補註)』를 번역한 것이다. 역자는 2009년부터 『예기집설대전(禮記集說大全)』의 번역을 시작하였고, 2017년 구정연휴기간에 『예기집설대전』의 49번째 편인 「상복사제(喪服四制)」의 역서를 탈고하였다. 8년 이상 지속해온 작업을 마무리하고 나니 나도 모르는 사이 정신이 풀어지며 의욕이 생기지 않았다. 본래는 『예기』 번역을 마무리하고, 이어서 『의례정의』와 『주례정의』 번역에 착수하려고 계획했으나 좀처럼 몸이 움직이지 않았다. 고백하자면 이 책을 번역하기 시작한 것은 순전히 나태해진 몸과 마음을 일깨우기 위한 것이었다. 흐느적거리는 정신을 붙잡고 다시 책상에 앉아 번역의 즐거움을 만끽하기 위한 지극히도 사사로운 목적이었다. 본래의 계획은 삼례(三禮)의 번역을 마치고 한국 유학자들의 예학 관련 저서들을 번역하기로 계획했었으나 삼례 자체가 워낙 방대한 양이어서 막연한 기약만 했었는데, 사사롭기는 하지만 막상 책상 앞에 앉아 번역을 시작하니, 얼마 되지 않아 한 권 분량의 번역서가 완성되었다. 다시 열정이란 돌멩이가 뜨겁게 달궈지는 기분이다. 『의례정의』와 『주례정의』 번역의 병행으로 인해 『예기보주』의 번역에만 매진할 수 없는 상황이지만, 이왕 시작한 번역이니만큼 조만간 끝을 볼 계획이다. 지극히도 개인적이며 이기적인 목적으로 작성된 역서이지만, 이 책을 발판으로 더 좋은 번역이 나왔으면 하는 바람이다. 끝으로 『예기보주』를 출판할 수 있도록 허락해주신 도서출판 학고방의 하운근 사장님께도 감사를 전한다.

▌일러두기

- 본 책은 역주서(譯註書)로써, 『예기보주(禮記補註)』를 완역하고, 자세한 주석을 첨부했다.

- 『예기보주』는 『예기집설대전(禮記集說大全)』에 대한 주석서로, 『예기』의 경문(經文) 및 진호(陳澔)의 『집설(集說)』, 호광(胡廣)의 『대전(大全)』 기록 중에서 일부 표제어만 제시하고, 『보주(補註)』를 기록하고 있다. 표제어만 제시되어 있으므로, 『예기보주』의 본래 기록만 가지고는 관련 『보주』가 본래의 주석과 어떤 차이점이 있는지 확인하기 어렵다. 이러한 점을 해결하기 위해 표제어 앞에 관련 경문, 『집설』, 『대전』의 본문과 번역문을 함께 수록하였다.

- 『예기보주』에 기록된 표제어는 참고로 수록한 경문, 『집설』, 『대전』의 원문에 밑줄로 표시하고, 같은 문장에 여러 표제어를 제시했을 경우, ① · ② · ③ 등의 표시를 붙여 구분하였다.

- 『예기』 경문의 해석에 있어서 다양한 이견이 있는 경우가 있는데, 『예기보주』는 『예기집설대전』에 대한 주석서이므로, 진호의 『집설』에 따른 경문 번역을 수록하였다.

- 『예기보주』의 본래 목차는 『예기』 각 편에 대한 간략한 목차이므로, 『예기』 각 편의 장을 분류하여 별도의 목차를 수록하였다.

- 본 역서의 『예기보주(禮記補註)』 원문과 표점은 한국유경편찬센터의 자료를 사용하였다.(http://ygc.skku.edu)

- 『예기보주』의 주석 대상이 되는 『예기집설대전』의 저본은 다음과 같다. 『禮記』, 서울 : 保景文化社, 초판 1984 (5판 1995)

- **원문**으로 표시된 것은 『예기보주』에 기록된 본래의 기록이다.

- 補註로 표시된 것은 『예기보주』에 기록된 주석의 기록이다.

- 참고-經文으로 표시된 것은 『보주』의 내용이 『예기』 경문에 대한 것일 경우, 관련 경문을 수록해둔 것이다.

- 참고-集說로 표시된 것은 『보주』의 내용이 진호의 『집설』에 대한 것일 경우, 관련 『집설』의 기록을 수록해둔 것이다.

- 참고-大全으로 표시된 것은 『보주』의 내용이 호광의 『대전』에 대한 것일 경우, 관련 『대전』의 기록을 수록해둔 것이다.

- ① 등으로 표시된 것은 『예기보주』에 표시된 표제어에 해당한다. 관련 경문에 대한 첫 번째 표제어인 경우 ①로 표시하고, 두 번째 표제어인 경우 ② 등으로 표시했다.

- 원문 및 번역문 중 '▼'로 표시된 부분은 한글로 표기할 수 없는 한자를 기록한 부분이다. 예를 들어 '▼(��/皿)'의 경우 맹(盟)자의 이체자인데, '明'자 대신 '��'자가 들어간 한자를 프로그램상 삽입할 수가 없어서, '▼(��/皿)'으로 표시한 것이다. 즉 '▼(A/B)'의 형식으로 기록된 경우, A에 해당하는 글자가 한 글자의 상단 부분에 해당하고, B에 해당하는 글자가 한 글자의 하단 부분에 해당한다는 표시이다. 또한 '▼(A+B)'의 형식으로 기록된 경우, A에 해당하는 글자가 한 글자의 좌측 부분에 해당하고, B에 해당하는 글자가 한 글자의 우측 부분에 해당한다는 표시이다. 또한 '▼((A-B)/C)'의 형식으로 기록된 경우, A에 해당하는 글자에서 B 부분을 뺀 글자가 한 글자의 상단 부분에 해당하고, C에 해당하는 글자가 한 글자의 하단 부분에 해당한다는 표시이다.

목차

『禮記補註卷之五』
『예기보주』 5권

「왕제(王制)」 제5편 • 14

禮記補註卷之六
『예기보주』 6권

「월령(月令)」 제6편

禮記補註卷之五

『예기보주』 5권

「왕제(王制)」 제5편

補註 疏曰: 鄭云, "王制記先王班爵·受祿·祭祀·養老之法度."
번역 소에서 말하길, 정현은 "「왕제」편은 선왕이 작위를 반포하고 녹봉을 주고 제사를 지내며 노인을 봉양했던 법도를 기록하고 있다."라고 했다.

補註 ○語類曰: 王制, 是制度之書.
번역 ○『어류』에서 말하길, 「왕제」편은 제도를 수록한 문헌이다.

疏曰: 王制之作, 在秦漢之際. ①盧植云, 文帝令博士諸生作.

번역 소에서 말하길, 「왕제」편을 지은 것은 진나라와 한나라 사이에 해당한다. 노식[1]은 "문제(文帝)께서 박사와 여러 유생들을 시켜서 만들었다."라고 했다.

① 盧植.

補註 按: 東漢人, 註禮記.
번역 살펴보니, 동한 때의 사람으로 『예기』에 대해 주를 작성했다.

---

1) 노식(盧植, A.D.159?~A.D.192): =노씨(盧氏). 후한(後漢) 때의 유학자이다. 자(字)는 자간(子幹)이다. 어려서 마융(馬融)을 스승으로 섬겼다. 영제(靈帝)의 건녕(建寧) 연간(A.D.168~A.D.172)에 박사(博士)가 되었다. 채옹(蔡邕) 등과 함께 동관(東觀)에서 오경(五經)을 교정했다. 후에 동탁(董卓)이 소제(少帝)를 폐위시키자, 은거하며 『상서장구(尙書章句)』, 『삼례해고(三禮解詁)』를 저술했지만, 남아 있지 않다.

永嘉徐氏曰: 王制一書, 叙次三王四代之制度, 蓋聖王所以經
綸天地之大經, 而爲萬世法程者也. 其書, 推明班爵制祿之法,
祭祀養老之義. 其立國之紀綱制度, 講若畫一, 而不相踰越. 三
代所以享國長久. 雖有辟王, 而維持者不亂, 蓋得其道矣. 周
衰, 上無道揆, 下無法守, 諸侯壞亂法紀, 以隳先王之制, 多矣.
暴君汙吏, 慢其經界, 而井田之制, 孟子僅聞其略, 諸侯惡其害
己, 皆去其典籍, 而班爵祿之制, 孟子不聞其詳. 凡先王之舊典
禮經, 蓋僅有存者, 自秦, ①變井地爲阡陌, 壞封建爲郡縣, 而
分田制祿之法一切, 掃地. 此漢儒, 思古而王制所爲作也.

번역 영가서씨[2]가 말하길, 「왕제」 한 편은 삼왕(三王)[3]과 사대(四代)[4]의 제도를
서술하고 있으니, 무릇 성왕이 천지의 대경(大經)[5]을 경륜하여[6] 만세의 법칙으로

---

2) 영가서씨(永嘉徐氏, ?~?) : =서자명(徐自明). 송(宋)나라 때의 학자이다. 온주(溫
   州)의 영가(永嘉) 출신이다. 이름은 자명(自明)이고, 자(字)는 성보(誠甫)이며, 호
   (號)는 조당(慥堂)이다. 효종(孝宗) 순희(淳熙) 연간(A.D.1174~A.D.1189)에 진사
   (進士)가 되었다. 이후 국자박사(國子博士)와 태상박사(太常博士) 등을 지냈다.
   저서에는 『송재보편년록(宋宰輔編年錄)』, 『영릉지(零陵志)』, 『부광도지(浮光圖
   志)』 등이 있다.

3) 삼왕(三王)은 하(夏), 은(殷), 주(周) 삼대(三代)의 왕을 뜻한다. 『춘추곡량전』「은
   공(隱公) 8年」편에는 "盟詛不及三王."이라는 기록이 있고, 이에 대한 범녕(範寧)의
   주에서는 '삼왕'을 하나라의 우(禹), 은나라의 탕(湯), 주나라의 무왕(武王)을 지칭
   한다고 풀이했다. 그리고 『맹자』「고자하(告子下)」편에는 "五覇者, 三王之罪人
   也."이라는 기록이 있고, 이에 대한 조기(趙岐)의 주에서는 '삼왕'을 범녕의 주장과
   달리, 주나라의 무왕 대신 문왕(文王)을 지칭한다고 풀이했다.

4) 사대(四代)는 우(虞), 하(夏), 은(殷), 주(周)의 4대(代) 왕조를 뜻한다. 『예기』「학
   기(學記)」편에는 "三王四代唯其師."라는 기록이 있는데, 이에 대한 정현의 주에서
   는 "四代, 虞·夏·殷·周."라고 풀이했다.

5) 대경(大經)은 상도(常道) 혹은 상규(常規)를 뜻한다. 항상된 도리와 규범 등을 가리
   킨다. 『춘추좌씨전』「소공(昭公) 15년」편에는 "禮, 王之大經也."이라는 기록이
   있고, 『사기(史記)』「태사공자서(太史公自序)」편에는 "夫春生夏長, 秋收冬藏,

삼은 것이다. 이 편에서는 작위(爵位)를 주고 녹봉을 제정하는 법과 제사지내고 노인을 봉양하는 도의를 미루어 밝히니, 그 나라의 기강과 제도를 세우는 것이 한결같이 고르게 되어서 서로 벗어나지 않았으니 삼대(三代)7)가 향국(享國)8)함이 장구했던 이유이다. 비록 사벽한 왕이 있었지만 이 법도를 유지한 자는 혼란스럽지 않았으니, 무릇 그 도를 얻은 것이다. 주나라가 쇠약해져서, 윗사람들은 법도가 없었고, 아랫사람들은 법 지킴이 없어져9), 제후들이 법도와 기강을 무너트리고 혼란시켜, 선왕의 제도를 무너트림이 많았다. 포악한 군주와 탐욕스러운 관리가 그 토지의 경계를 태만히 하여서10), 정전의 제도를 맹자는 그 간략함만을 겨우 들었을 뿐이며, 제후들이 자기에게 해됨을 싫어하여 모두 그 전적을 없애서11), 맹자는 작위와 녹봉을 제정하는 제도에 대해 그 상세함을 듣지 못했다. 모든 선왕의 옛 전적과 『예경』 중에 무릇 겨우 남아 있던 것이 진대부터는 정전이 변해 도랑과 길이 생기고, 봉건이 변해 군현이 만들어져서, 토지를 분배하고 녹봉을 제정하던 법 일체가 사라졌다. 이것이 한대 유학자들이 옛 시대를 상고해서 「왕제」를 지은 것이다.

此天 道之大經也."라는 용례가 있다. 한편 『여씨춘추(呂氏春秋)』「교자(驕恣)」편에는 "欲無壅塞必禮士, 欲位無危必得衆, 欲無召禍必完備. 三者, 人君之大經也."라는 기록이 있는데, 이에 대한 고유(高誘)의 주에서는 "經, 道也."라고 풀이했다.

6) 『예기』「중용(中庸)」: 唯天下至誠, 爲能經綸天下之大經, 立天下之大本, 知天地之化育. 夫焉有所倚.

7) 삼대(三代)는 하(夏), 은(殷), 주(周)의 세 왕조를 말한다. 『논어』「위령공(衛靈公)」편에는 "斯民也, 三代 之所以直道而行也."라는 기록이 있고, 이에 대한 형병(邢昺)의 소(疏)에서는 "三代, 夏殷周也."로 풀이했다.

8) 향국(享國)은 천자가 제위(帝位)에 있었던 년 수를 뜻한다. 『서』「주서(周書)·무일(無逸)」편에는 "肆中宗之享國, 七十有五年."이라는 기록이 있고, 가의(賈誼)의 「과진논(過秦論)」에는 "延及孝文王, 莊襄王, 享國日淺, 國家無事."라는 기록이 있다.

9) 『맹자』「이루상(離婁上)」: 上無道揆也, 下無法守也, 朝不信道, 工不信度, 君子犯義, 小人犯刑, 國之所存者幸也.

10) 『맹자』「등문공상(滕文公上)」: 孟子曰, 子之君將行仁政, 選擇而使子, 子必勉之! 夫仁政, 必自經界始. 經界不正, 井地不均, 穀祿不平, 是故暴君汙吏必慢其經界. 經界旣正, 分田制祿可坐而定也.

11) 『맹자』「만장하(萬章下)」: 孟子曰, 其詳不可得而聞也, 諸侯惡其害己也, 而皆去其籍, 然而軻也嘗聞其略也.

① 變井地爲阡陌.

補註 沙溪曰: 按朱子開阡陌辨曰, "說者以開爲開置之開, 言秦廢井田而始置阡陌, 恐未得其事之實也. 阡陌者, 田間之道, 商君病其地利之有遺, 開墾棄地, 悉爲田疇, 所謂開者乃破壞剗削之意, 而非創置建立之名." 據此, 則小註誤矣.

번역 사계가 말하길, 살펴보니 주자는 '개천맥(開阡陌)'이라는 글을 변론하며, "이 글을 설명하는 자는 개(開)자를 설치[開置]한다고 했을 때의 개(開)자로 여겨서, 진나라가 정전제를 폐지하고 처음으로 천맥(阡陌)을 설치했다고 했으니, 아마도 사실과 부합하지 못하는 것 같다. '천맥(阡陌)'이라는 것은 농경지 사이에 있는 길인데, 상앙은 땅을 활용하지 못하고 놀리는 것이 있음을 병통으로 여겨서 버려진 땅을 개간하여 모두 밭두둑으로 만들었으니, 이른바 개(開)라는 것은 무너트리고 깎아낸다는 뜻이지 새롭게 설치하고 세운다는 뜻이 아니다."라고 했다. 이를 근거해보면 소주의 내용은 잘못되었다.

「왕제」 1장

①孟子言天子一位, 子男同一位.

번역 맹자가 말하길, "천자가 한 등위이고, 자작과 남작이 함께 한 등위이다."[1]라고 했다.

① 孟子言[止]同一位.

補註 按: 引此非解此章也, 乃記其不同也. 本文云天子一位, 公一位, 侯一位, 伯一位, 子男同一位, 凡五等.

번역 살펴보니, 이 내용을 인용한 것은 이곳 문장을 해석하기 위한 것이 아니니, 다른 점을 기록한 것이다. 본문에서는 천자가 한 등위이고, 공작이 한 등위이며, 후작이 한 등위이고, 백작이 한 등위이며, 자작과 남작이 함께 한 등위로, 모두 다섯 등급이라고 했다.

補註 ○又按: 王制言王者之制爵祿, 則其不言天子, 而只數公以下爲五等宜矣. 諸侯之國, 亦只數卿以下, 而不言君者, 其義同.

번역 ○또 살펴보니, 「왕제」편에서는 천자가 제정한 작위와 녹봉에 대한 것을 언급하였으니, 천자에 대해 언급하지 않았고, 단지 공작으로부터 그 이하의 계층만 헤아려 다섯 등급으로 삼았는데 이것은 마땅한 처사이다. 제후국에 대한 기록에서도 단지 경으로부터 그 이하의 계층만 헤아렸고 제후에 대해서는 언급하지 않았는데, 그 의미는 이와 같다.

---

1) 『맹자』「만장하(萬章下)」: 天子一位, 公一位, 侯一位, 伯一位, 子男同一位, 凡五等也.

「왕제」 2장

①諸侯之上大夫卿, 下大夫, 上士, 中士, 下士, 凡五等.

번역 제후의 상대부인 경, 하대부, 상사, 중사, 하사로 모두 다섯 등급이다.

① 諸侯之上大夫卿.

補註 鄭註: "上大夫曰卿." 疏曰: "上大夫卿者, 見下文云: '下大夫倍上士, 卿四大夫祿', 是下大夫之上則有卿, 故知上大夫卽卿也. 此上大夫卿外, 唯有下大夫, 而下文除卿之外, 更有上大夫‧下大夫者, 就下大夫之中, 更分爲上下耳." 又曰: "此公‧侯‧伯‧子‧男, 獨以侯爲名, 而稱諸侯者, 擧中而言."

번역 정현의 주에서 말하길 "상대부를 경(卿)이라고 부른다."라고 했다. 소에서 말하길, "'상대부경(上大夫卿)'이라고 했는데, 아래문장을 살펴보면 '하대부의 녹봉은 상사의 2배가 되고, 경은 대부의 녹봉에 4배가 된다.'[1]라고 했으니, 이것은 하대부 위에 경이 있음을 나타낸다. 그렇기 때문에 상대부가 경에 해당한다는 사실을 알 수 있다. 이곳에서 상대부경(上大夫卿)이라는 말 외에는 단지 하대부만 나오는데, 아래문장에서는 경을 제외한 나머지로 상대부와 하대부가 있으니, 하대부 중에서도 다시 상하로 나눈 것일 뿐이다."라고 했다. 또 말하길, "이곳에서는 공작[公]‧후작[侯]‧백작[伯]‧자작[子]‧남작[男]이라고 했는데, 유독 후(侯)로 명칭을 불러 '제후(諸侯)'라고 지칭한 것은 중간에 해당하는 대상을 들어 말했기 때문이다."라고 했다.

---

1) 『예기』「왕제(王制)」: 諸侯之下士, 祿上農夫, 祿足以代其耕也. 中士, 倍下士, 上士, 倍中士, 下大夫, 倍上士, 卿, 四大夫祿, 君, 十卿祿.

①孟子言君一位, 凡六等.

번역 맹자가 말하길, "군(君)이 한 등위이다."[2]라고 했으니, 모두 여섯 등급이다.

① 孟子[止]六等.

補註 孟子·萬章本文: 君一位, 卿一位, 大夫一位, 上士一位, 中士一位, 下士一位, 凡六等.

번역 『맹자』「만장」편의 본문에서 말하길, 군이 한 등위이고, 경이 한 등위이며, 대부가 한 등위이고, 상사가 한 등위이며, 중사가 한 등위이고, 하사가 한 등위이니, 모두 여섯 등급이다.

①疏曰: 五等, 虞夏周同, 殷三等, 公侯伯也.

번역 소에서 말하길, 다섯 등급은 우(虞)·하(夏)·주(周)가 동일하지만 은(殷)은 세 등급으로 공작[公]·후작[侯]·백작[伯]이다.

① 疏曰五等[止]伯也.

補註 按: 疏本文, 則此當在首章之下.

번역 살펴보니, 소의 본문에 따른다면 이것은 마땅히 첫 장 밑에 있어야 한다.

補註 ○疏又曰: 張逸問, "殷爵三等, 公·侯·伯, 尙書有微子·箕子何?"

---

2) 『맹자』「만장하(萬章下)」: 君一位, 卿一位, 大夫一位, 上士一位, 中士一位, 下士一位, 凡六等.

鄭答云, "微子·箕子, 是畿內采地之爵, 非治民之君, 故云子也."

번역 ○소에서 또 말하길, 장일은 "은나라의 작위는 세 등급으로 공작·후작·백작이라고 했는데, 『상서』에 미자(微子)와 기자(箕子)가 있어 자작[子]이 나오는 것은 어째서입니까?"라고 묻자 정현은 "미자와 기자는 천자의 수도에서 채지를 부여받은 자의 작위에 해당하니, 백성들을 직접 다스리는 제후를 뜻하는 말이 아니다. 그렇기 때문에 '자(子)'자를 붙여서 부른 것이다."라고 대답했다.

「왕제」 3장

참고-經文

①天子之田, 方千里, ②公侯田, 方百里, 伯, 七十里, 子男, 五
十里. 不能五十里者, 不合於天子, 附於諸侯, 曰附庸.

번역 천자의 땅은 사방 1000리(里)이고, 공작·후작의 땅은 사방 100리이며, 백작
의 땅은 사방 70리이고, 자작·남작의 땅은 사방 50리이다. 50리가 되지 못하는 자
는 천자에게 조회할 수 없고, 제후에게 붙어 조회함으로 부용(附庸)이라고 부른다.

① 天子之田方千里.

補註 鄭註: "此謂縣內, 以祿公·卿·大夫·元士." 疏曰: "卽下文: '天子
之三公之田, 視公·侯, 天子之卿, 視伯'以下, 是也."

번역 정현의 주에서 말하길, "이것은 수도 안의 땅으로, 이를 통해 천자의 신
하인 공·경·대부·원사(元士)[1]에게 녹봉을 준다는 뜻이다."라고 했다. 소
에서 말하길, "아래문장에서 '천자에게 소속된 삼공(三公)의 땅은 공작·후
작에 견주어 주고, 천자에게 소속된 경의 땅은 백작에 견주어 준다.'[2]라고
한 말로부터 그 이하의 내용이 여기에 해당한다."라고 했다.

---

1) 원사(元士)는 천자에게 소속된 사(士) 계층 중 하나이다. '사' 계층은 상·중·하로
   구분되어, 상사(上士), 중사(中士), 하사(下士)로 나뉜다. 다만 천자에게 소속된 '상
   사'에게는 제후에게 소속된 '상사'보다 높여서 '원(元)'자를 붙이게 된다. 그래서 '원
   사라고 부르는 것이다.

2) 『예기』「왕제(王制)」: 天子之三公之田, 視公侯, 天子之卿, 視伯, 天子之大夫, 視
   子男, 天子之元士, 視附庸.

② 公侯田[止]五十里.

補註 鄭註: 周武王初定天下, 猶因殷之地, 以九州之界尙狹也. 周公攝政致太平, 斥大九州之界, 封王者之後爲公及有功之諸侯, 地方五百里, 其次侯四百里, 其次伯三百里, 其次子二百里, 其次男百里, 唯天子畿內千里不增.

번역 정현의 주에서 말하길, 주나라 무왕(武王)이 처음 천하를 안정시켰을 때에도 여전히 은나라의 토지제도를 따른 것은 구주(九州)의 경계가 아직 협소했기 때문이다. 주공(周公)이 섭정을 하여 태평성세를 이루자 구주의 경계를 크게 확장시키고, 천자의 후손을 공(公)으로 삼고 공덕이 있는 제후들을 분봉해줄 때, 그 땅은 사방 500리였고, 그 다음인 후작은 사방 400리였으며, 그 다음인 백작은 사방 300리였고, 그 다음인 자작은 사방 200리였으며, 그 다음인 남작은 사방 100리였다. 다만 천자의 수도인 사방 1000리의 규모에 대해서는 늘리지 않았다.

참고-大全

馬氏曰: 普天之下, 莫非王土, 而天子, 則兼有之. 故天子之田, 方千里, 所以祿畿內之臣也. 千里者, 以開方之法, 計之, 蓋萬里也. 夫天子之田, 必以千里者, 所以示其本大而末細, 猶身之運臂, 臂之使指也. 蓋①不千里, 不足以服諸侯也. 降於天子, 則公侯而已. 故公侯田方百里, 以開方之法, 計之, 蓋千里也. ①不千里, 則朝聘會遇之煩, 有所不給也. 至於伯, 則又有殺焉. 蓋伯, 則其國小, 其爵卑, 而子男亦如之. 故伯七十里, 子男五十里. 七十里者, 以開方之法, 計之, 七七四十九, 蓋四百九十里也. 五十里者, 以開方之法, 計之, 五五二十五, 蓋二百五十里也.

번역 마씨가 말하길, 하늘 아래에는 천자의 땅 아닌 것이 없어서 천자가 모두 소유하고 있는 것이다. 그렇기 때문에 천자의 땅이 사방 1000리라고 하는 것은 수도 안의 신하들에게 녹봉을 주는 땅이다. 1000리라는 것은 면적을 계산하는 법으로 따지면, 모두 10000리가 된다. 무릇 천자의 땅을 반드시 1000리로 하는 것은 그 근본은 크고 말단은 작은 것을 보이는 것으로, 마치 몸이 팔을 움직이고, 팔이 손가락을 움직이는 것과 같다. 무릇 1000리가 안되면 제후들을 복종시킬 수 없다. 천자보다 낮은 것은 공작과 후작일 뿐이다. 그러므로 공작과 후작의 땅은 사방 100리로, 면적을 계산하는 법으로 따지면 모두 1000리가 된다. 1000리가 안되면 빈번하게 시행되는 조빙의 회견을 감당하지 못한다. 백작에 이르러서는 또한 공작과 후작보다 낮다. 무릇 백작은 그 나라가 작고 그 작위도 낮으며, 자작과 남작 또한 마찬가지이다. 그러므로 백작은 사방 70리이고, 자작과 남작은 사방 50리이다. 70리는 면적을 계산하는 법으로 따지면, 7 곱하기 7은 49로, 모두 490리가 된다. 사방 50리는 면적을 계산하는 법으로 따지면, 5 곱하기 5는 25로, 모두 250리가 된다.

① 不千里[又]不千里.

補註 按: 上千里, 疑當作萬里. 或者下千里, 是百里之誤歟.

번역 살펴보니, 앞에 나온 1000리라는 기록은 아마도 10000리로 기록해야 할 것 같다. 혹자는 뒤에 나온 1000리라는 기록은 100리의 오자일 것이라고 주장한다.

「왕제」 4장

此言王朝有位者之田, ①亦與孟子不同.

번역 이것은 천자의 조정에 속한 자들의 땅을 말한 것으로, 또한 『맹자』에 나온 기록과는 같지 않다.[1]

① ○亦與孟子不同.

補註 孟子·萬章: 天子之卿受地視侯, 大夫受地視伯, 元士受地視子·男.
번역 『맹자』「만장(萬章)」편에서 말하길, 찬자에게 속한 경은 전지를 받음에 후작에 견주고, 대부는 전지를 받음에 백작에 견주며, 원사는 전지를 받음에 자작과 남작에 견준다.

方氏曰: 三公而下, 食采邑於畿內, 祿之多少, 以外諸侯爲差. ①元士, 上士也, 與元子元侯, 稱元同. 不言中士下士, 則視附庸惟上士也.

번역 방씨가 말하길, 삼공(三公)[2] 이하는 수도 안에 있는 채읍에서 조세를 받고,

---

1) 『맹자』「만장하(萬章下)」: 天子之卿受地視侯, 大夫受地視伯, 元士受地視子男.
2) 삼공(三公)은 중앙정부의 가장 높은 관직자 3명을 합쳐서 부르는 말이다. '삼공'에 속한 관직명에 대해서는 각 시대별로 차이가 있다. 『사기(史記)』「은본기(殷本紀)」편에는 "以西伯昌, 九侯, 鄂侯, 爲三公."이라는 기록이 있다. 즉 은나라 때에는 서백(西伯)인 창(昌), 구후(九侯), 악후(鄂侯)들을 '삼공'으로 삼았다. 또한 주(周)나라 때에는 태사(太師), 태부(太傅), 태보(太保)를 '삼공'으로 삼았다. 『서』「주서(周

녹봉의 많고 적음은 수도 밖의 제후에게 적용되는 기준에 견주어서 차등으로 삼는다. 원사(元士)는 상사(上士)로, 천자의 원자와 원후에게 원(元)을 붙여서 부르는 것과 같다. 중사와 하사를 말하지 않았으니, 부용(附庸)에 견주어 녹봉을 받는 것은 오직 상사일 따름이다.

① 元士上士也.

補註 按: 此與孟子註同.

번역 살펴보니, 이 내용은 『맹자』의 주와 동일하다.

補註 ○鄭註: "元, 善也. 善士謂命士." 疏曰: "周禮註: '天子上士三命, 中士再命, 下士一命', 謂命士, 則上中下之士, 皆稱元士也. 所以稱元者, 異於諸侯之士也. 周禮公·侯·伯之士, 雖一命不得稱元士."

번역 ○정현의 주에서 말하길, "원(元)은 선하다는 뜻이다. 선사(善士)는 명사(命士)3)이다."라고 했다. 소에서 말하길, "『주례』의 주에서는 '천자에게 소속된 상사는 3명(命)의 등급이고, 중사는 2명의 등급이며, 하사는 1명의 등급이다.'라고 했다. '명사(命士)'라고 했으니, 상사·중사·하사를 모두 '원사(元士)'라고 지칭한 것이다. '원(元)'자를 붙여서 부르는 이유는 제후에게 소속된 사와 차이를 두기 위해서이다. 『주례』에서는 공작·후작·백작에게 소속된 사는 1명의 등급이지만, 원사라고 지칭할 수 없다고 했다."라고 했다.

書)·주관(周官)」편에는 "立太師·太傅·太保, 玆惟三公, 論道經邦, 燮理陰陽." 이라는 기록이 있다. 한편 『한서(漢書)』「백관공경표서(百官公卿表序)」에 따르면 사마(司馬), 사도(司徒), 사공(司空)을 '삼공'으로 삼았다는 기록이 있다.

3) 명사(命士)는 사(士) 중에서도 작명(爵命)을 받은 자를 뜻한다. 『예기』「내칙(內則)」편에는 "由命士以上, 父子皆異官, 昧爽而朝, 慈以旨甘."이라는 용례가 나온다.

「왕제」 5장

참고-經文

制農田百畝, 百畝之分, ①上農夫食九人, 其次食八人, 其次食
七人, 其次食六人, 下農夫食五人. ②庶人在官者, 其祿以是爲
差也.

번역 농전 100무(畝)를 제정함에, 100무씩의 분배는 상농부는 9명을 먹여 살릴 만
큼이고, 그 다음은 8명을 먹여 살릴 만큼이며, 그 다음은 7명을 먹여 살릴 만큼이
고, 그 다음은 6명을 먹여 살릴 만큼이며, 하농부는 5명을 먹여 살릴 만큼을 분배한
다.[1] 서인 중 관직에 있는 자는 그 녹봉을 농전의 분배에 준해서 차등을 준다.

① 上農夫.

補註 按: 鄭註, "田肥墝有五等, 收入不同." 疏又引周禮蓋曰: "如一家九
人, 則授上地, 五人則授下地也." 陳註肥饒墝瘠之說, 蓋本於此. 朱子註
孟子, 以爲糞多而力勤者爲上農, 其次用力不齊, 故有五等. 語類則曰:
"上農夫勤於耕, 則可食得九人, 下不勤, 則可食得五人. 故庶人在官者
之祿, 亦準是以爲差也." 此與註疏不同. 小註方說, 以分與糞之不同, 謂
其言互相備者, 亦好. 但旣曰農夫, 則似當以用力言也.

번역 살펴보니, 정현의 주에서는 "농전의 비옥함과 척박함에는 다섯 등급의
차등이 있어서 거둬들이는 양이 제각기 달랐다."라고 했다. 소에서는 또한
『주례』를 인용하여, "예를 들어 한 집안이 9명의 식구라면 상등의 농경지를
받고, 5명이라면 하등의 농경지를 받는다."라고 했다. 진호의 주에서 기름지
고 풍요로우며 척박하고 메마른 땅이라고 설명한 것은 아마도 여기에 근본
을 둔 말인 것 같다. 주자는 『맹자』에 대한 주에서 거름이 많고 힘이 있고

---

1) 모두 100畝씩 주되, 기름지고 척박한 땅의 분배 차이는 식구 수에 따라 차등을 주었
다는 것을 뜻한다.

부지런한 경우는 상농부가 되고, 그 다음으로는 힘을 씀에 동일하지 않기 때문에 다섯 등급이 있다고 여겼다. 『어류』에서는 "상농부는 경작에 부지런히 힘쓰니 9명을 먹여 살릴 수 있고, 하농부는 부지런히 힘쓰지 않아서 5명을 먹여 살릴 수 있다. 그렇기 때문에 서인 중 관직에 있는 자가 받는 녹봉은 또한 이를 준칙으로 삼아 차등으로 삼는다."라고 했다. 이러한 설명과 주 및 소의 주장은 일치하지 않는다. 소주에 나온 방씨의 주장은 토지를 분배하는 것과 거름을 주어 가꾸는 것은 다르다고 여기고, 그 말이 상호 보완이 된다고 했는데, 이 또한 좋은 해석이다. 다만 이미 농부라고 말했다면 아마도 노동력을 기준으로 말해야 할 것 같다.

② 庶人在官者.

補註 鄭註: 謂府史之屬, 官長所除, 不命於天子國君者.

번역 정현의 주에서 말하길, 부사(府史)의 무리들을 말하며, 그 관부의 수장이 임명하는 자들로 천자나 제후국의 군주에게서 명(命)을 받지 않는다.

참고─集說

此言庶人之田. 井田之制, 一夫百畝, 肥饒者, 爲上農, 境瘠者, 爲下農. 故所養有多寡也. 府史胥徒之屬, 皆庶人之在官者, 其祿以農之上下爲差. 多者, 不得過食九人之祿, 寡者, 不得下食五人之祿, ①隨其高下, 爲五等之多寡也.

번역 이것은 서인의 농전을 말한 것이다. 정전의 제도에서는 한 농부가 100무를 받지만, 기름지고 풍요로운 땅은 상농부가 받고, 척박하고 메마른 땅은 하농부가 받는다. 그렇기 때문에 부양하는 것에 많고 적음의 차이가 있는 것이다. 부(府)·사(史)·서(胥)·도(徒)와 같은 부류의 말단 관리들은 모두 서인 중에서 관직에 오른 자들로, 그들의 녹봉은 농부에게 상하의 구분을 두었던 기준으로 차등을 삼는다. 그러므로 서인 중에 관원이 된 자들 중 녹봉이 많은 사람은 9명을 먹여 살릴 만큼의 녹봉을 초과할 수 없고, 적은 사람은 5명을 먹여 살릴 만큼의 녹봉보다 낮을 수 없으니, 그 말단 관직의 높고 낮음에 따라서 다섯 등급으로 녹봉의 많고 적은 차등으로 삼은 것이다.

① 隨其高下.

補註 按: 此謂庶人在官者, 品秩之高下也.

번역 살펴보니, 이것은 서인 중 관직에 있는 자들의 품계에 따른 고하를 의미한다.

「왕제」 6장

①諸侯之下士, 視上農夫, 祿足以代其耕也. 中士, 倍下士, 上士, 倍中士, 上士, 倍中士, 下大夫, 倍上士, 卿, 四大夫祿, 君, 十卿祿.

번역 대국의 제후에게 속한 하사는 녹봉을 상농부에 견주어 지급함으로, 녹봉이 경작함을 대신할만 하다. 중사는 하사의 2배가 되고, 상사는 중사의 2배가 되며, 하대부는 상사의 2배가 되고, 경은 하대부 녹봉의 4배가 되며, 군은 경의 녹봉에 10배가 된다.

① 諸侯之[止]農夫.

補註 疏曰: 經云, "下士視上農夫, 祿足以代耕", 則庶人在官者, 雖食八人以下, 不得代耕, 故載師者官田, 謂庶人在官之田.

번역 소에서 말하길, 경문에서는 "하사는 녹봉을 상농부에 견주어 지급함으로, 녹봉이 경작함을 대신할만 하다."라고 했으니, 서인 중 관직에 있는 자는 비록 8명으로부터 그 이하의 식구를 먹여 살릴 수 있지만, 경작을 대신할 정도는 아니다. 그렇기 때문에 『주례』「재사(載師)」편에 나온 '관전(官田)'[1]이라는 것은 서인 중 관직에 오른 자에게 지급하는 농경지이다.

---

1) 『주례』「지관(地官)·재사(載師)」: 以廛里任國中之地, 以場圃任園地, 以宅田·士田·賈田任近郊之地, 以官田·牛田·賞田·牧田任遠郊之地, 以公邑之田任甸地, 以家邑之田任稍地, 以小都之田任縣地, 以大都之田任畺地.

「왕제」 7장

참고-集說

①朱子曰: 孟子此章之說, 與周禮王制不同. 蓋不可考, 闕之, 可也.

번역 주자가 말하길, 『맹자』에 기록된 이 장과 관련된 설명은 『주례』, 「왕제」와는 같지 않다. 무릇 고찰할 수 없는 것들이니, 이 내용을 빼버리는 것이 괜찮다.

① ○朱子曰: 孟子此章.

補註 按: 朱子說, 卽孟子註此章, 卽班祿章.

번역 살펴보니, 주자가 말한 것은 『맹자』 중 이 장에 대한 주로, '반록장(班祿章)'을 가리킨다.

「왕제」 8장

此言三等之國, 其卿大夫①頫聘竝會之時, 尊卑之序, 如此. 鄭
云: "爵位同, 則小國在下", 謂二人同是卿, 則小國卿, 在大國卿
之下. ②爵異, 固在上者, 謂若大國是大夫, 小國是卿, 則位於
大國大夫之上也.

번역 이것은 대국·차국·소국의 세 등급의 제후국에서, 그 경과 대부들의 조빙(頫
聘)[1]과 회합 시기에 신분의 서열이 이와 같음을 말한 것이다. 정현이 말하길, "작
위는 같지만 소국은 서열이 낮다."고 했다. 만약 대국과 소국의 두 사람이 모두 경
이라고 한다면, 소국의 경은 대국의 경보다 낮은 위치에 있게 됨을 말한다. 서열은
같지만 작위가 차이난다면 진실로 작위가 높은 사람이 위에 있다. 만약 대국의 사
람이 대부이고 소국의 사람이 경이라고 한다면 대국의 대부보다 위에 위치함을 말
한다.

① ○頫聘.

補註 沙溪曰: 頫, 當作頫.
번역 사계가 말하길, '조(頫)'자는 마땅히 조(頫)자가 되어야 한다.

補註 ○周禮·典瑞註: 大夫衆來曰頫, 寡來曰聘.
번역 ○『주례』「전서(典瑞)」편의 주에서 말하길, 대부가 무리를 지어 많이 찾
아오는 것을 '조(頫)'라고 부르고, 적게 찾아오는 것을 '빙(聘)'이라고 부른다.

---

1) 조빙(頫聘)은 신하가 군주를 찾아뵙거나 서로 만나볼 때의 예법에 해당한다. 찾아
갈 때 딸려오는 대부(大夫) 무리가 많을 때 그것을 '조(頫)'라고 부르며, 무리가 적을
때에는 '빙(聘)'이라고 부른다. 『주례』「춘관(春官)·전서(典瑞)」편에는 "瑑圭璋璧
琮, 繅皆二采一就, 以頫聘."이라는 기록이 있고, 이에 대한 정현의 주에서는 "大夫
衆來曰頫, 寡來曰聘."이라고 풀이했다.

② 爵異固在上.

補註 按: 此亦鄭註.
번역 살펴보니, 이 또한 정현의 주에 따른 것이다.

「왕제」 9장

①其有中士, 下士者, 數各居其上之三分.

번역 회동 때의 사신 중 차국의 사와 소국의 사가 있다면, 사의 수는 각각 그들의 상국 사의 수를 3분의 2한 것에 해당한다.

① 其有中士下士章.

補註 楊梧曰: 一說, 此錯簡, 當在後章"小國上士二十七人"之下. 其上之上, 指上士, 而言二十七人者, 上士之數. 若三其數, 則爲八十一人也. 因有上士之數, 未有中士下士之數, 故又言此以足之. 言三等之國, 止曰上士二十七人, 則知中下之士, 諸侯之國, 或有或亡矣, 故以其有言之. 其有者, 一有一亡之辭也. 三分之分, 讀如去聲, 若以大國士爲上士, 次國士爲中士, 小國士爲下士, 誤矣.

번역 양오가 말하길, 일설에 따르면 이 문장은 착간이 된 것이니, 마땅히 다음에 있는 "소국의 상사는 27명이다."[1]라고 한 구문 뒤로 와야 한다. '기상(其上)'의 상(上)자는 상사를 가리키고, 27명이라고 한 것은 상사의 수에 해당한다. 만약 그 수를 3배하면 81명이 된다. 상사에 대한 수는 있지만 중사나 하사의 수가 기록되어 있지 않았기 때문에 재차 이처럼 말해서 기록을 보충한 것이라고 한다. 즉 세 등급의 제후국에 대해서는 단지 상사가 27명이라고만 말했으니, 중사나 하사의 경우 제후국에는 있는 경우도 있고 없는 경우도 있기 때문에 있는 것을 기준으로 말했다는 사실을 알 수 있다. '기유(其有)'라는 것은 한 쪽은 있지만 다른 한 쪽은 없다는 뜻이다. '삼분(三分)'

---

1) 『예기』「왕제(王制)」: 大國, 三卿, 皆命於天子. 下大夫, 五人, 上士, 二十七人. 次國, 三卿, 二卿, 命於天子, 一卿命於其君. 下大夫, 五人, 上士, 二十七人. <u>小國</u>, 二卿, 皆命於其君. 下大夫, 五人, <u>上士, 二十七人.</u>

의 분(分)자는 거성으로 읽으니, 대국의 사를 상사(上士)로 여기고 차국의 사를 중사(中士)로 여기며 소국의 사를 하사(下士)로 여긴 것은 잘못된 해석이다.

補註 ○按: 疏解數字爲行位之數, 又以三分爲三分之二者, 皆可疑. 楊說近是. 雖不移其章次, 亦可通.

번역 ○살펴보니, 소에서는 '수(數)'자에 대한 풀이를 사신 행렬의 자리를 가리키는 수로 여겼고, 또한 삼분(三分)을 3분의 2로 여겼는데, 이 모두는 의문스럽다. 양오의 주장이 정답에 가깝다. 비록 문장의 뒤로 옮기지 않는다 하더라도 또한 뜻이 통할 수 있다.

참고─集說

鄭氏曰 謂其爲介, 若特行而竝會也. 居, 猶當也. ①此據大國而言, ②大國之士, 爲上, 次國之士, 爲中, 小國之士, 爲下. 士之數, 國皆二十七人, 各三分之, ③上九, 中九, 下九.

번역 정현이 말하길, 기(其)는 개(介)[2]가 되니, 특별히 사신으로 가서 회합하는 경우를 말한다. 거(居)라는 것은 상당하다는 뜻과 같다. 이 문장은 대국(大國)을 기준으로 말한 것으로, 대국의 사는 상(上)이 되고, 차국의 사는 중(中)이 되며, 소국의 사는 하(下)가 된다. 사의 수는 나라마다 모두 27명으로, 각각 3등분해서 상사가 9명, 중사가 9명, 하사가 9명이다.

---

2) 개(介)는 부관을 뜻한다. 빈객(賓客)이 방문했을 때 주인(主人)과 빈객 사이에서 진행되는 절차들을 보좌했던 자들이다. 계급에 따라서 '개'를 두는 숫자에도 차이가 났다. 가령 상공(上公)은 7명의 '개'를 두었고, 후작이나 백작은 5명을 두었으며, 자작과 남작은 3명의 개를 두었다. 『예기』「빙의(聘義)」편에는 "上公七介, 侯伯五介, 子男三介."라는 기록이 있다.

① **此據大國而言.**

補註 疏曰: 云此據大國而言者, 以經必云中士 · 下士, 不云上士, 是以大國爲主, 以中國 · 下國來當, 故知據大國而言.

번역 소에서 말하길, "이 문장은 대국(大國)을 기준으로 말한 것이다."라고 했는데, 경문에서는 기어코 중사(中士)와 하사(下士)라고 했고, 상사(上士)라고 언급하지 않았으니, 이것은 대국(大國)을 위주로 하여 차국(次國)과 소국(小國)을 끌어다가 해당시킨 것이다. 그러므로 대국을 기준으로 말한 것임을 알 수 있다.

② **大國之士爲上[止]爲下.**

補註 疏曰: 此解經之中士爲中國之士, 下士爲下國之士. 經雖無上士之文, 以中士下士類之, 則上士爲大國之士也.

번역 소에서 말하길, 이것은 경문에서 말한 중사(中士)가 차국의 사가 되고, 하사(下士)가 소국의 사가 됨을 풀이한 것이다. 경문에는 비록 상사(上士)에 대한 기록이 없지만, 중사나 하사의 경우로 미루어보면, 상사는 대국의 사가 된다.

③ **上九中九下九.**

補註 疏曰: 號上士 · 中士 · 下士之內, 各分爲上九 · 中九 · 下九.

번역 소에서 말하길, 상사 · 중사 · 하사 속에서 각각 상사는 9명 중사는 9명 하사는 9명으로 나뉜다는 뜻이다.

「왕제」10장

①凡四海之內, 九州. 州方千里, 州建百里之國, 三十. 七十里
之國, 六十. 五十里之國, 百有二十. 凡二百一十國. ②名山大
澤, 不以封, 其餘, 以爲③附庸閒田, 八州, 州二百一十國.

번역 무릇 사해의 안에는 구주가 있으니, 1개의 주는 사방 1000리이고, 1개의 주에
사방 100리의 국을 세우는 것이 30개이며, 사방 70리의 국을 세우는 것이 60개이고,
사방 50리의 국을 세우는 것이 120개이니, 모두 210개의 국이다. 명산과 대택은 그
것으로 분봉하지 않고, 그 나머지 땅들은 부용(附庸)에게 주는 땅과 한전(閒田)으
로 삼는다. 8개의 주에는 주마다 210개의 국이 있다.

① 凡四海之內九州.

補註 楊梧曰: 九州, 幷王畿而言. 然其制有三, 冀・兗・靑・徐・揚・
荊・豫・梁・雍, 此禹貢之九州, 夏制也. 冀・豫・雍・幽・營・揚・
兗・荊・徐, 此爾雅之九州, 商制也. 揚・荊・豫・靑・兗・雍・冀・
幽・幷, 此職方之九州, 周制也. 此章多主周制, 雍爲王畿, 靑・兗在東,
冀・豫在西, 荊・揚在南, 幽・幷在北.

번역 양오가 말하길, '구주(九州)'는 천자의 수도까지를 포함해서 말한 것이
다. 그런데 구주의 제도에는 세 종류가 있으니, 기주(冀州)・연주(兗州)・
청주(靑州)・서주(徐州)・양주(揚州)・형주(荊州)・예주(豫州)・양주(梁
州)・옹주(雍州)로 구분하는 것은 『서』「우공(禹貢)」편에 나온 구주로, 하
나라 때의 제도에 해당한다. 기주(冀州)・예주(豫州)・옹주(雍州)・유주
(幽州)・영주(營州)・양주(揚州)・연주(兗州)・형주(荊州)・서주(徐州)로
구분하는 것은 『이아』에 나온 구주로, 은나라 때의 제도에 해당한다. 양주
(揚州)・형주(荊州)・예주(豫州)・청주(靑州)・연주(兗州)・옹주(雍州)・
기주(冀州)・유주(幽州)・병주(幷州)로 구분하는 것은 『주례』「직방씨(職

方氏)」편에 나온 구주로, 주나라 때의 제도에 해당한다. 이 문장은 대체로 주나라 때의 제도를 위주로 하고 있는데, 옹주는 천자의 수도에 해당하고, 청주와 연주는 그 동쪽에 있으며, 기주와 예주는 서쪽에 있고, 형주와 양주는 남쪽에 있으며, 유주와 병주는 북쪽에 있다.

② **名山大澤不以封**.

補註 鄭註: 與民同財, 不得障管, 亦賦稅之而已.

번역 정현의 주에서 말하길, 백성과 더불어 재화를 함께 하기 위함이니, 그것들을 독점할 수 없어서 또한 세금을 부과할 뿐이다.

③ **附庸閒田**.

補註 疏曰: 若封人, 附於大國, 謂之附庸. 若未封人, 謂之閒田.

번역 소에서 말하길, 만약 어떤 사람을 분봉하였는데 대국에 의지하게 된다면 그 나라를 '부용(附庸)'이라고 부른다. 만약 아직 분봉을 하지 않았다면 그 땅을 '한전(閒田)'이라고 부른다.

補註 ○周禮·司徒註: "凡諸侯爲牧正帥長及有德者, 乃有附庸. 公無附庸, 侯附庸九同, 伯七同, 子五同, 男三同." 疏曰: "天子畿方千里, 上公五百里, 地極, 故無附庸. 侯附庸九同者, 以其侯有功, 進受公地, 以下皆然. 凡言同者, 皆百里附庸, 實不滿百里, 乃積集附庸而成同."

번역 ○『주례』「사도(司徒)」편의 주에서 말하길, "제후들 중 우두머리에 해당하거나 덕을 갖춘 자는 곧 부용(附庸)을 보유한다. 공작에게는 부용이 없고, 후작에게는 부용이 9동(同)[1]이며, 백작에게는 부용이 7동이고, 자작에게

---

1) 동(同)은 고대 토지의 면적을 재는 단위이다. 사방 100리(里)의 땅을 '동'이라고 했다. 『춘추좌씨전』「소공(召公) 23년」편에는 "無亦監乎若敖蚡冒至於武文, 土不過同, 愼其四竟, 猶不城郢."이라는 기록이 있는데, 이에 대한 두예(杜預)에 주에서는 "方百里爲一同."이라고 풀이했다. 참고적으로 사방 1리(里)의 면적은 1정(井)이 되

는 부용이 5동이며, 남작에게는 부용이 3동이다."라고 했다. 소에서 말하길, "천자의 수도는 사방 1000리의 면적이며, 상공(上公)[2]은 사방 500리인데 신하의 입장에서 땅이 지극히 넓기 때문에 부용이 없다. 후작의 부용은 9동이라고 했는데, 후작 중 공덕을 갖춘 자는 공작에게 해당하는 땅으로 올려 받게 되기 때문이며, 그 이하의 계층도 모두 이러하다. '동(同)'이라고 말한 것은 모두 사방 100리의 부용국을 뜻하는데, 실제로 1개의 부용국은 100리를 채우지 못하지만, 부용국을 취합하여 동(同)의 면적을 채운다."라고 했다.

補註 ○按: 自此章至凡九州千七百七十三國, 與周制不合, 故鄭註以爲殷制.

번역 ○살펴보니, 이 문장부터 "구주에는 1773개의 국이 있다."[3]고 한 구문까지는 주나라의 제도와 부합되지 않는다. 그렇기 때문에 정현의 주에서는 은나라 때의 제도로 여긴 것이다.

고, 10정(井)은 1통(通)이 되며, 10통(通)은 1성(成)이 되니, 1성(成)은 사방 10리(里)의 면적이며, 10성(成)은 1종(終)이 되고, 10종(終)은 1동(同)이 되니, '동'은 사방 100리(里)의 크기가 된다. 『한서(漢書)』「형법지(刑法志)」편에는 "地方一里爲井, 井十爲通, 通十爲成, 成方十里; 成十爲終, 終十爲同, 同方百里."라는 기록이 있다.

2) 상공(上公)은 주(周)나라 제도에 있었던 관직 등급이다. 본래 신하의 관직 등급은 8명(命)까지이다. 주나라 때에는 태사(太師), 태부(太傅), 태보(太保)와 같은 삼공(三公)들이 8명의 등급에 해당했다. 그런데 여기에 1명을 더하게 되면 9명이 되어, 특별직인 '상공'이 된다. 『주례』「춘관(春官)·전명(典命)」편에는 "上公九命爲伯, 其國家宮室車旗衣服禮儀, 皆以九爲節."이라는 기록이 있고, 이에 대한 정현의 주에서는 "上公, 謂王之三公有德者, 加命爲二伯. 二王之後亦爲上公."이라고 풀이하였다. 즉 '상공'은 삼공 중에서도 유덕(有德)한 자에게 1명을 더해주어, 제후들을 통솔하는 '두 명의 백(伯)[二伯]'으로 삼았다. 또한 제후의 다섯 등급을 나열할 경우, 공작(公爵)을 '상공'이라고 부르기도 한다.

3) 『예기』「왕제(王制)」: 凡九州, 千七百七十三國, 天子之元士, 諸侯之附庸, 不與.

「왕제」11장

①天子之縣內, 方百里之國九. 七十里之國, 二十有一. 五十里
之國, 六十有三. 凡九十三國. 名山大澤, ②不以朌, ③其餘, 以
祿士, 以爲閒田.

번역 천자의 수도 안에는 사방 100리의 국이 9개이고, 사방 70리의 국이 21개이고,
사방 50리의 국이 63개이니, 모두 93개의 국이다. 명산과 대택은 녹봉을 받는 조세
의 땅으로 나눠주지 않고, 그 나머지 땅으로는 사에게 녹봉을 주고, 한전으로 삼는
다.

① ○天子之縣內.

補註 鄭註: 縣內, 夏時天子所居州界名. 殷·周曰畿.
번역 정현의 주에서 말하길, '현내(縣內)'는 하나라 때 천자가 거주하던 주(州)
의 강역을 지칭하는 명칭이다. 은나라와 주나라 때에는 '기(畿)'라고 불렀다.

② 不以朌.

補註 鄭註: 朌, 讀爲班.
번역 정현의 주에서 말하길, '반(朌)'자는 반(班)자로 풀이한다.

③ 其餘以祿士[止]閒田.

補註 疏曰: 以九十三國封公·卿·大夫, 故云其餘以祿士. 其不封公·
卿·大夫及祿士之外, 並爲閒田. 周禮云公邑也, 不云附庸者, 縣內無附
庸也.
번역 소에서 말하길, 93개의 국으로는 공·경·대부를 분봉해준다. 그렇기
때문에 그 나머지로는 사에게 녹봉을 준다고 말했다. 공·경·대부에게 분

봉을 해주고 사에게 녹봉으로 내준 땅을 제외한 나머지는 모두 한전(閒田)이 된다. 『주례』에서는 공읍(公邑)이라고 했고, 부용(附庸)을 언급하지 않았는데, 현내에는 부용국이 없기 때문이다.

補註 ○按: 祿士下諺讀吐誤. 改以爲旅, 恐好.

번역 ○살펴보니, 녹사(祿士)라는 구문 뒤에 『언독』에서 단 토는 잘못되었다. 면[旅]토로 고치는 것이 아마도 좋을 것 같다.

鄭注, 畿內九大國者, 三爲三公之田, 又三爲三公致仕者之田, 餘三①待封王之子弟也. 次國二十一者, 六爲六卿之田, 又六爲六卿致仕者之田, 又三爲三孤之田, 餘六亦待封王子弟也. 小國六十三者, 二十七大夫之田, 幷大夫致仕之田, 共五十四. 餘九亦待封王子弟也. 三孤, 無職. 雖致仕, 猶可②卽而謀, 故不副. 愚意此無明證, 皆鄭氏臆說, 況周制, 六卿兼公孤, 則所餘之田, 尙多. 然如周召之支子在周者, 皆世爵祿, 則累朝之王子弟, 未必能盡有所封也.

번역 정현의 주에서는 "수도 안에는 9개의 대국이 있다고 했는데, 그 중 3개는 삼공의 땅이 되고, 또 3개는 삼공에서 퇴직한 자의 땅이 되며, 나머지 3개는 천자의 자제를 분봉해주는 것을 대비한다. 차국이 21개가 있다는 것은 그 중 6개는 육경(六卿)[1]의 땅이 되고, 또 6개는 육경에서 퇴직한 자의 땅이 되고, 또 3개는 삼고(三

---

1) 육경(六卿)은 여섯 명의 경(卿)을 가리키는데, 주로 여섯 명의 주요 관직자들을 뜻한다. 각 시대마다 해당하는 관직명과 담당하는 영역에는 차이가 있었다. 『서』「하서(夏書)·감서(甘誓)」편에는 "大戰于甘, 乃召六卿."이라는 기록이 있고, 이에 대한 공안국(孔安國)의 전(傳)에서는 "天子六軍, 其將皆命卿."이라고 풀이했다. 즉 천자는 6개의 군(軍)을 소유하고 있는데, 각 군의 장수를 '경(卿)'으로 임명하였기

孤)[2]의 땅이 되며, 나머지 6개는 또한 천자의 자제를 분봉해주는 것을 대비한다. 소국이 63개가 있다는 것은 27명의 대부에게 줄 땅과 대부에서 퇴직한 자에게 줄 땅까지 합해 모두 54개이고, 나머지 9개는 또한 천자의 자제를 분봉해주는 것을 대비한다. 삼고는 특정한 직책이 없는 사람들이다. 비록 퇴직하였으나 오히려 천자가 그에게 찾아가 의논할 수 있기 때문에 삼고의 땅을 환수하지 않는 것이다."라고 했다. 내가 생각하건데, 이것은 명확한 증거가 없고, 모두 정현의 억설이다. 하물며 주나라의 제도에서는 육경이 삼공과 삼고를 겸직하였으니, 그 나머지 땅들은 오히려 많게 된다. 그리고 주공과 소공의 지자(支子)[3]들 중 주왕실에 남아 있었던 자들은 모두 작위와 녹봉을 세습했었으니, 역대 천자의 자제들은 반드시 모두 분봉 받을 수는 없었을 것이다.

① 待封王之子弟.

補註 疏曰: 禮運云, "天子有田, 以處其子孫", 是有封王之子弟也. 但王之子弟有同母異母有親疏之異, 親寵者封之與三公同, 平常者與六卿同,

---

때문에, 이들 육군(六軍)의 수장을 '육경'이라고 부른다는 뜻이다. 이 기록에 따르면 하(夏)나라 때에는 육군의 장수를 '육경'으로 불렀다는 결론이 도출된다. 한편 『주례(周禮)』의 체제에 따르면, 주(周)나라에서는 여섯 개의 관부를 설치하였고, 이들 관부의 수장을 '경'으로 임명하였다. 따라서 천관(天官)의 총재(冢宰), 지관(地官)의 사도(司徒), 춘관(春官)의 종백(宗伯), 하관(夏官)의 사마(司馬), 추관(秋官)의 사구(司寇), 동관(冬官)의 사공(司空)이 '육경'에 해당한다. 『한서(漢書)·백관공경표상(百官公卿表上)』편에는 "夏殷亡聞焉, 周官則備矣. 天官冢宰, 地官司徒, 春官宗伯, 夏官司馬, 秋官司寇, 冬官司空, 是爲六卿, 各有徒屬職分, 用於百事."라는 기록이 있다.

2) 삼고(三孤)는 소사(少師)·소부(少傅)·소보(少保)를 가리킨다. 삼공(三公)을 보좌하는 역할이었지만, '삼공'에게 배속되었던 것은 아니다. '삼고'는 일종의 특별직으로, 그들의 신분은 '삼공'보다 낮지만, 육경(六卿)보다는 높았다. 한편 '삼고'와 '육경'을 합쳐서 '구경(九卿)'으로 보는 견해도 있다. 『서』「주서(周書)·주관(周官)」편에는 "少師·少傅·少保曰三孤."라는 기록이 있고, 이에 대한 공안국(孔安國)의 전(傳)에서는 "此三官名曰三孤. 孤, 特也. 言卑於公, 尊於卿, 特置此三者."라고 풀이했다.

3) 지자(支子)는 적장자(嫡長子)를 제외한 나머지 아들들을 말한다.

疎遠者與大夫同, 有此三等之差也.

번역 소에서 말하길, 『예기』「예운(禮運)」편에서는 "천자에게는 수도 안의 경작지가 있어서, 이로써 자신의 자손들에게 나눠주어 살아가게끔 한다."[4] 라고 했으니, 이것은 천자의 자제들을 분봉해주었음을 나타낸다. 다만 천자의 자제들 중에는 모친이 같은 자들도 있고 모친이 다른 자들도 있어서, 친하고 소원한 차이가 발생하는데, 친하고 총애하는 자에게는 분봉하길 삼공과 동일하게 해주며, 평범한 관계에 있는 자라면 육경과 동일하게 해주고, 소원하고 관계가 먼 자에게는 대부와 동일하게 해주니, 여기에도 세 등급의 차등이 있는 것이다.

② 卽而謀故不副.

補註 鄭註: "大國九者, 三公之田三, 爲有致仕者副之爲六, 其餘三, 待封王之子弟. 次國二十一者, 卿之田六, 亦爲有致仕者副之爲十二, 又三爲三孤之田, 其餘六, 亦待封王之子弟. 小國六十三, 大夫之田二十七, 亦爲有致仕者副之爲五十四, 其餘九, 亦以待封王之子弟. 三孤之田不副者, 以其無職, 佐公論道耳. 雖有致仕, 猶可卽而謀焉." 疏曰: "三公在朝, 旣有正田, 今身旣致仕, 不可仍食三公采邑, 身又見存, 不可全無其地, 故公·卿·大夫有正職之田, 又有致仕副邑."

번역 정현의 주에서 말하길, "대국이 9개라는 것은 삼공의 땅이 3개가 되고, 삼공 중에 퇴직한 자를 위해서 그 땅을 나눠주니, 삼공의 땅과 함께 6개가 되며, 나머지 3개는 천자의 자제를 분봉해주는 것을 대비한다. 차국이 21개라는 것은 경의 땅이 6개가 되고, 또 육경에서 퇴직한 자를 위해서 그 땅을 나눠주니, 경의 땅과 함께 12개가 되며, 또 3개는 삼고의 땅이 되고, 나머지 6개는 또한 천자의 자제를 분봉해주는 것을 대비한다. 소국이 63개라는 것은 대부의 땅이 27개가 되고, 또 대부에서 퇴직한 자를 위해서 그 땅을 나눠

---

4) 『예기』「예운(禮運)」: 故天子有田, 以處其子孫, 諸侯有國, 以處其子孫, 大夫有采, 以處其子孫, 是謂制度.

주니, 대부의 땅과 함께 54개가 되며, 나머지 9개는 또한 천자의 자제를 분봉해주는 것을 대비한다. 삼고의 땅을 남에게 주지 않는 것은 그들은 특정한 직무가 없지만 공을 도와 도를 논하기 때문이다. 따라서 비록 퇴직하였으나 오히려 찾아가 의논할 수 있기 때문이다."라고 했다. 소에서 말하길, "삼공은 조정에 속해 있어서 이미 녹봉에 해당하는 땅을 소유하고 있는데, 현재 본인이 관직에서 물러나왔다면 삼공의 채읍에서 녹봉을 거둬들일 수 없지만, 본인은 또한 아직 생존해 있으므로 땅이 전혀 없을 수가 없다. 그렇기 때문에 공·경·대부는 정규 직무에 따른 땅을 갖게 되고, 또한 관직에서 물러났을 때에도 생계에 도움을 주는 부읍(副邑)을 갖게 된다."라고 했다.

補註 ○按: 觀此註疏, 可知副字之義, 而陳註於上三處, 皆沒副字, 此獨用本文, 故副字殊無來歷.

번역 ○살펴보니, 이곳 주와 소의 내용을 살펴보면 '부(副)'자의 뜻을 확인할 수 있는데, 진호의 주에서는 앞의 세 곳에서 모두 부(副)자를 없앴고, 이곳에서만 유독 본래의 문장을 인용하였다. 그렇기 때문에 부(副)자에 있어서는 어디서부터 이 글자가 도출되었는지가 드러나지 않게 되었다.

「왕제」 12장

참고-集說

①石梁王氏曰: 注引千八百國之說, 謂夏制要服內七千里, 與
五服五千之言, 不合.

번역 석량왕씨가 말하길, 정현의 주에서 1800개의 국이 있었다는 설을 인용한 것은
하나라 때의 제도에서 요복(要服)[1] 안에 사방 70리의 땅들을 수용하고 있다는 것
을 말하는 것이지만, 『서』의 "오복(五服)[2]이 5000리에 이른다."는 말과는 합치되
지 않는다.

---

1) 요복(要服)은 위복(衛服)과 이복(夷服) 사이에 있는 땅을 뜻한다. 천자의 수도 밖으
   로 사방 2500리(里)와 3000리 사이에 있었던 땅을 가리킨다. '요복'의 '요(要)'자는
   결속시킨다는 뜻으로, 중원의 문화를 수호하며 지킨다는 의미이다. '복(服)'자는 천
   자를 위해 복종한다는 뜻이다. 한편 '요복'은 '만복(蠻服)'이라고도 부른다. '만복'의
   '만(蠻)'자는 오랑캐들의 지역과 인접해 있기 때문에 붙여진 명칭으로, 교화를 배풀
   어 오랑캐들도 교화되도록 한다는 뜻이다. 『서』「우서(虞書)·우공(禹貢)」편에는
   "五百里要服."이라는 기록이 있고, 이에 대한 공안국(孔安國)의 전(傳)에서는 "綏
   服外之五百里, 要束以文敎."라고 풀이했으며, 『주례』「하관(夏官)·직방씨(職方
   氏)」편에는 "又其外方五百里曰衛服, 又其外方五百里曰蠻服, 又其外方五百里
   曰夷服."이라는 기록이 있고, 이에 대한 가공언(賈公彦)의 소(疏)에서는 "言蠻者,
   近夷狄, 蠻之言麋, 以政敎麋來之, 自北已下皆夷狄."이라고 풀이했다.
2) 오복(五服)은 천자의 수도 밖의 땅을 다섯 종류의 지역으로 구분한 것이다. 천자의
   수도로부터 사방 500리(里)씩 떨어진 곳까지 한 종류의 지역으로 구분하였는데,
   천자의 수도에서 가까운 순서대로 기록하면 후복(侯服)·전복(甸服)·수복(綏
   服)·요복(要服)·황복(荒服) 순이 된다. 『서』「우서(虞書)·우공(禹貢)」편에는
   "五百里甸服. 百里賦納緫. 二百里納銍. 三百里納秸服. 四百里粟, 五百里米. 五
   百里侯服. 百里采. 二百里男邦. 三百里諸侯. 五百里綏服. 三百里揆文敎. 二百
   里奮武衛. 五百里要服. 三百里夷, 二百里蔡. 五百里荒服. 三百里蠻. 二百里
   流."라는 기록이 있다. 한편 '오복'의 명칭에 대해서, 수복(綏服), 요복(要服), 황복
   (荒服) 대신 남복(男服), 채복(采服), 위복(衛服)으로 부르기도 한다.

① ○石梁王氏曰[止]不合.

補註 按: 鄭註引執玉帛者萬國之說, 云夏時要服之內地方七千里, 乃能容之, 而今石梁曰註引千八百國之說, 謂夏制要服內七千里, 何其錯看也? 千八百國之說, 當改以執玉帛萬國之說. 周千八百諸侯之說, 則乃孝經緯, 而鄭註下文論周制處, 始引之五服五千, 書‧益稷文, 禹之制, 故石梁云與此不合.

번역 살펴보니, 정현의 주에서는 "옥과 비단을 든 제후가 10000개의 국이었다."³)라고 한 주장을 인용하였고, "하나라 때의 요복(要服) 안에는 사방 70리인 제후국들을 충분히 수용할 수 있었다."라고 했다. 그런데 현재 석량왕씨는 정현의 주에서 1800개의 국이 있었다는 주장을 인용했다고 했으니, 하나라 때의 제도에 따르면 요복 안은 7000리가 된다는 말이 되는데, 어찌 이처럼 잘못 보았단 말인가? 따라서 1800개의 국이 있다는 설은 마땅히 옥과 비단을 든 제후가 10000개의 국이었다는 설로 바꿔야 한다. 주나라에 1800개의 제후국이 있었다는 설은 위서인 『효경위』의 기록에 해당하는데, 정현의 주에서는 아래문장에서 주나라의 제도를 논의하며 처음으로 오복은 5000리에 이른다는 말을 인용했으니, 이것은 『서』「익직(益稷)」편의 문장으로,⁴)우임금 때의 제도이다. 그렇기 때문에 석량왕씨가 이것과는 부합되지 않는다고 말한 것이다.

---

3) 『춘추좌씨전』「애공(哀公) 7년」: 禹合諸侯於塗山, <u>執玉帛者萬國</u>. 今其存者, 無數十焉, 唯大不字小‧小不事大也. 知必危, 何故不言

4) 『서』「우서(虞書)‧익직(益稷)」: 惟荒度土功, <u>弼成五服, 至于五千</u>, 州十有二師, 外薄四海, 咸建五長, 各迪有功, 苗頑弗卽工, 帝其念哉.

「왕제」 14장

千里之外, 設方伯. ①五國, 以爲屬, 屬有長. 十國, 以爲連, 連有帥. 三十國, 以爲卒, 卒有正. 二百一十國, 以爲州, ②州有伯. 八州, 八伯, 五十六正, 百六十八帥, 三百三十六長. 八伯, 各以其屬, 屬於天子之老二人. ③分天下以爲左右, 曰④二伯.

번역 수도의 땅인 사방 1000리의 밖에는 방백(方伯)을 설치한다. 5개의 국을 속(屬)으로 삼는데, 속에는 장(長)이라는 대표자가 있다. 10개의 국을 연(連)으로 삼는데, 연에는 수(帥)라는 대표자가 있다. 30개의 국을 졸(卒)로 삼는데, 졸에는 정(正)이라는 대표자가 있다. 210개의 국을 주(州)로 삼는데, 주에는 백(伯)이라는 대표자가 있다. 8개의 주에는 8명의 백이 있고, 56명의 정이 있으며, 168명의 수가 있고, 336명의 장이 있다. 8명의 백은 각각 그들에게 소속된 무리들을 데리고 천자의 노신(老臣) 2명에게 소속된다. 이것은 천하를 나눠 좌우로 삼는 것으로 이백(二伯)이라고 한다.

① **五國以爲屬[止]爲州.**

補註 鄭註: 屬·連·卒·州, 猶聚也.
번역 정현의 주에서 말하길, 속(屬)·연(連)·졸(卒)·주(州)는 사람들이 모여 산다는 뜻이다.

② **州有伯.**

補註 鄭註: 殷曰伯, 虞·夏及周皆曰牧.
번역 정현의 주에서 말하길, 은나라에서는 주(州)의 우두머리를 백(伯)이라 불렀고, 우·하 및 주나라 때에는 모두 목(牧)이라 불렀다.

③ 分天下.

補註 按: 諺讀此下是吐誤.

번역 살펴보니,『언독』에서는 이 구문 뒤에 이[是]토를 붙였는데 잘못 되었다.

④ 二伯.

補註 公羊傳: 三公者何? 天子之相也, 自陝而東者周公主之, 自陝而西者召公主之, 一相處乎內.

번역 『공양전』에서 말하길, 삼공(三公)이란 누구인가? 천자의 재상들이니, 합(陝)땅으로부터 동쪽은 주공이 주관하였고, 합당으로부터 서쪽은 소공이 주관하였으며, 한 명의 재상은 천자의 조정에 머물렀다.[1]

---

1) 『춘추공양전』「은공(隱公) 5년」: 天子三公者何? 天子之相也. 天子之相, 則何以三? 自陝而東者, 周公主之, 自陝而西者, 召公主之, 一相處乎內.

「왕제」 15장

千里之內曰甸, 千里之外①曰采曰流.

번역 천자의 수도에서 1000리의 안쪽 땅을 전(甸)이라 하고, 1000리 밖의 땅을 채(采)라고 하고 유(流)라고 한다.

① ○曰采曰流.

補註 按: 禹貢五百里甸服, 其次又五百里侯服, 采乃侯服中之初頭百里內也. 又五百里綏服, 又五百里要服, 又五百里荒服, 而流乃荒服之五百里盡處也.

번역 살펴보니, 『서』「우공(禹貢)」편의 기록에 따르면, 500리 떨어진 곳까지는 전복(甸服)이 되고, 그 다음으로 또 500리 떨어진 곳까지는 후복(侯服)이 되는데, 채(采)은 곧 후복 중에서도 첫 지점에서 100리 떨어진 곳까지를 뜻한다. 또 그 다음으로 500리 떨어진 곳까지는 수복(綏服)이 되고, 또 그 다음으로 500리 떨어진 곳까지는 요복(要服)이 되며, 또 그 다음으로 500리 떨어진 곳까지는 황복(荒服)이 되는데, 유(流)는 곧 황복에 해당하는 500리 중 가장 끝지점에 있는 곳이다.[1]

---

1) 『서』「우서(虞書)・우공(禹貢)」: 五百里甸服. 百里賦納總. 二百里納銍. 三百里納秸服. 四百里粟, 五百里米. 五百里侯服. 百里采. 二百里男邦. 三百里諸侯. 五百里綏服. 三百里揆文敎. 二百里奮武衛. 五百里要服. 三百里夷, 二百里蔡. 五百里荒服. 三百里蠻. 二百里流.

「왕제」 16장

天子, ①三公, 九卿, 二十七大夫, 八十一元士.

번역 천자에게는 3명의 공과 9명의 경과 27명의 대부와 81명의 원사가 있다.

① ○三公九卿.

補註 周禮賈序: 六卿與三孤爲九卿.

번역 『주례』에 대한 가공언의 「서」에서 말하길, 육경(六卿)과 삼고(三孤)를 합하여 구경(九卿)이라고 한다.

石梁王氏曰: 唐虞稽古, 建官惟百, 夏商官倍, ①註獨引明堂位, 謂夏官百, 非也.

번역 석량왕씨가 말하길, "요와 순께서 옛날을 상고하시고, 관직을 세우시되 오직 100개로써 하시고, 하나라와 은나라 때는 관직을 그 수치의 2배로 했다."[1]고 했는데, 정현의 주에서는 유독 『예기』「명당위(明堂位)」편을 인용하여,[2] 하나라 때의 관직은 100개였다고 하니, 잘못된 주장이다.

---

1) 『서』「주서(周書)·주관(周官)」: 曰, 唐虞稽古, 建官惟百, 內有百揆四岳, 外有州牧侯伯, 庶政惟和, 萬國咸寧. 夏商官倍, 亦克用乂.

2) 『예기』「명당위(明堂位)」: 有虞氏官五十, 夏后氏官百, 殷二百, 周三百.

① 註獨引明堂位.

補註 按: 註, 指鄭註也.
번역 살펴보니, '주(註)'자는 정현의 주를 가리킨다.

補註 ○鄭註: "此夏制也. 明堂位曰: '夏后氏之官百', 擧成數也." 疏曰: "明堂殷官三百, 與此不相當, 故不得云殷制也."
번역 ○정현의 주에서 말하길, "이것은 하나라의 제도이다. 「명당위」편에서는 '하후씨 때의 관직은 100이었다.'라고 하니, 이것은 큰 단위의 수를 든 것이다."라고 했다. 소에서 말하길, "「명당위」편에서 은나라 때의 관직은 300개라고 하여 이곳의 기록과 합치되지 않는다. 그렇기 때문에 은나라 때의 제도라고 말할 수 없다."라고 했다.

「왕제」17장

①<u>大國, 三卿, 皆命於天子</u>. 下大夫, 五人, 上士, 二十七人. 次國, 三卿, 二卿, 命於天子, 一卿命於其君. 下大夫, 五人, 上士, 二十七人. ②<u>小國, 二卿, 皆命於其君</u>. 下大夫, 五人, 上士, 二十七人.

번역 대국(大國)에 소속된 3명의 경은 모두 천자에게서 명(命)을 받는다. 대국의 하대부는 5명이고, 대국의 상사는 27명이다. 차국(次國)에 소속된 3명의 경 중 2명의 경은 천자에게서 명(命)을 받고, 나머지 1명의 경은 차국의 군에게서 명(命)을 받는다. 차국의 하대부는 5명이고, 차국의 상사는 27명이다. 소국(小國)에 소속된 2명의 경은 모두 소국의 군에게서 명(命)을 받는다. 소국의 하대부는 5명이고, 소국의 상사는 27명이다.

① 大國三卿[止]天子.

補註 疏曰: 崔氏云, "三卿者, 依周制而言, 謂立司徒兼冢宰之事, 立司馬兼宗伯之事, 立司空兼司寇之事", 故春秋左傳云季孫爲司徒, 叔孫爲司馬, 孟孫爲司空, 此是三卿也. 以此推之, 知諸侯不立冢宰 · 宗伯 · 司寇之官也. 三卿命於天子, 則大夫以下, 皆其君自命之也.

번역 소에서 말하길, 최영은 "삼경(三卿)이라는 말은 주나라의 제도에 따라 말한 것이니, 사도(司徒)를 세워 총재(冢宰)의 일을 겸직하도록 하고, 사마(司馬)를 세워 종백(宗伯)의 일을 겸직하도록 하며, 사공(司空)을 세워 사구(司寇)의 일을 겸직하도록 한다는 뜻이다."라고 했다. 그렇기 때문에 『춘추좌전』에서는 계손을 사도라 하고 숙손을 사마라 하며 맹손을 사공이라고 했으니, 이들은 바로 삼경에 해당한다. 이를 통해 추론해보면 제후는 총재 · 종백 · 사구라는 관직을 세우지 않는다는 사실을 알 수 있다. 삼경은 천자에게서 명(命)을 받게 되니, 대부로부터 그 이하의 계층은 모두 그 나라의 군이 직접 명(命)을 내리게 된다.

② 小國二卿[止]其君.

補註 鄭註: "小國亦三卿, 一卿命於天子, 二卿命於其君. 此文似脫誤耳."
疏曰: "前云小國又有上・中・下三卿, 故知也."

번역 정현의 주에서 말하길, "소국 또한 3명의 경을 두는데, 1명의 경은 천자에게서 명(命)을 받고, 2명의 경은 그 나라의 군에게서 명(命)을 받는다. 이곳 문장은 아마도 누락되거나 잘못 기록된 것 같다."라고 했다. 소에서 말하길, "앞에서는 소국에도 상경・중경・하경 등 3명의 경이 있다고 했다. 그렇기 때문에 이러한 사실을 알 수 있다."라고 했다.

馬氏曰: 天子六卿, 而二卿一公, 故有三公, 而六卿之中, 又有三孤焉. 天子六卿而大國三卿, 乃其統之屬也. 至於大夫士, 則又三卿之屬焉. 下大夫五人, 二卿之下, 下大夫各二人, 一卿之下, 下大夫一人. 周官所謂①設其參, 卽三卿也, 傅其伍, 卽下大夫五人也, 陳其殷, 卽上士二十七人也. ②有上中下之大夫, 而獨言下大夫者, 對卿而言也, 其實大夫有上中下之辨. 士亦有上中下, 而獨言上士者, 對府史而言也, 其實士又有上中下之異.

번역 마씨가 말하길, 천자는 6명의 경이 있는데 이러한 6명의 경에 대해서는 2명의 경에 대한 1명의 공이 있으므로, 3공이 있다고 말하는 것이고, 6명의 경 속에는 또한 3명의 고가 포함되어있다. 천자에게 소속된 6명의 경과 대국에 소속된 3명의 경은 곧 천자에게 소속된 사람들이다. 대국에 소속된 5명의 하대부와 27명의 상사는 또한 3명의 경에게 소속된 사람들이다. 차국의 하대부 5명에 있어서는 천자에게 명을 받는 2명의 경 밑에 하대부가 각각 2명씩 소속되어 있고, 그 나라의 제후에게 명을 받는 1명의 경 밑에는 하대부가 1명 소속되어 있다. 『주례』에서 말한 "그 셋을 설치한다."는 것은 곧 3명의 경을 말하는 것이고, "그 다섯을 편다."는 것은 곧 하대부 5명을 말하는 것이며, "그 무리를 펼친다."는 것은 곧 상사 27명을 말하는 것이다. 대부라는 계급에는 상대부·중대부·하대부 세 종류가 있는데, 유독 경문에서 하대부만 말한 것은 지위가 높은 경에 대비하여 지위가 낮은 하대부만 말한 것이니, 실제로 대부에는 상·중·하의 구별이 있다. 사 또한 상사·중사·하사가 있는데, 유독 사 중에서 가장 높은 상사만 말한 것은 낮은 부사(府史)에 대비하여 말한 것이니, 실제로 사에도 상·중·하의 구별이 있다.

① 設其參[止]其殷.

補註 周禮·冢宰: "乃施典于邦國, 建其牧, 立其監, 設其參, 傅其伍, 陳其殷." 註: "參, 三卿, 伍, 五大夫, 殷, 衆也, 謂衆士也."

번역 『주례』「총재(冢宰)」편에서 말하길, "이에 나라에 육전(六典)을 시행하며, 목(牧)을 세우고 감(監)을 세우며 삼(參)을 설치하고 오(伍)를 펼치며 은(殷)을 펼친다."[1]라고 했다. 주에서 말하길, "삼(參)은 삼경을 뜻하고, 오(伍)는 다섯 명의 대부를 뜻하며, 은(殷)은 무리를 뜻하니, 사의 무리를 의미한다."라고 했다.

② 有上中下之大夫.

補註 按: 諸侯之上大夫卽卿, 而上文卿之外, 又有上大夫·下大夫者, 鄭云就下大夫中更分爲上下耳, 至於中大夫, 則終無見處, 中字恐誤.

번역 살펴보니, 제후에게 소속된 상대부는 경에 해당하고, 앞의 문장에서는 경 이외에 또한 상대부와 하대부가 있다고 했는데, 정현은 하대부 중에서도 다시 상하로 구분할 뿐이라고 했으며, 중대부에 대해서는 그 기록이 끝내 나타나지 않는다. 따라서 중(中)자는 아마도 잘못 기록된 글인 것 같다.

---

1) 『주례』「천관(天官)·대재(大宰)」: 乃施典于邦國, 而建其牧, 立其監, 設其參, 傅其伍, 陳其殷, 置其輔.

「왕제」 19장

　　天子之縣, ①內諸侯, 祿也. 外諸侯, 嗣也.

번역 천자의 땅에서 수도 안의 내제후(內諸侯)들에게는 녹봉을 주고, 수도 밖의 외제후(外諸侯)들에게는 작위를 세습시킨다.

① 內諸侯祿也.

補註 疏曰: "此謂畿內公卿大夫之子, 父死之後, 得食父之故國采邑, 不得繼父爲公卿大夫也. 下云大夫不世爵, 是也, 故經直云祿也, 則子孫恒得食之, 有罪乃奪之." 又曰: "畿內諸侯, 父死視元士, 若有賢德, 乃復父位. 若畿外諸侯, 父死未賜爵, 亦視元士, 除服則得襲父位."

번역 소에서 말하길, "이것은 천자의 수도 안에 있는 공·경·대부의 자식들은 부친이 죽은 이후 부친이 이전에 받았던 채읍에서 녹봉을 받을 수 있고, 부친의 지위를 계승하여 공·경·대부 등이 될 수 없음을 뜻한다. 뒤에서 '대부는 작위를 세습하지 않는다.'라고 한 말이 이러한 사실을 나타낸다. 그렇기 때문에 경문에서는 단지 녹봉을 준다고만 말했으니, 자손들은 항상 여기에서 녹봉을 받을 수 있지만, 죄를 짓게 되면 빼앗기게 된다."라고 했다. 또 말하길, "천자의 수도 안에 있는 제후들의 경우, 부친이 죽었을 때 그 자식은 원사에 견주게 되는데, 만약 현명한 덕을 갖추고 있다면 부친의 지위에 다시 오르게 된다. 천자의 수도 밖에 있는 제후의 경우 부친이 죽고 아직 작위를 하사받지 못한 경우데도 원사에 견주게 되며, 상복을 벗게 되면 부친의 지위를 세습할 수 있다."라고 했다.

「왕제」 20장

制三公, ①一命卷. 若有加, 則賜也. 不過九命.

번역 삼공에 대한 제도에서 삼공에게 1명(命)이 더해지면 곤면(袞冕)¹⁾을 입는다. 만약 삼공의 신분이면서 곤면을 입게 되는 경우가 있다면, 이것은 곧 천자가 특별히 하사해 준 것이다. 천자의 신하들은 9명(命)을 넘을 수 없다.

① ○一命卷若有加則賜.

補註 鄭註: "三公八命, 復加一命, 則服龍袞, 與王者之後同. 多於此, 則賜, 非命服也." 疏曰: "若有加益, 則是君之特賜, 非禮法之常. 雜記謂之褒衣也."

번역 정현의 주에서 말하길, "삼공은 8명(命)의 등급인데, 다시 1명(命)을 더해주면 용곤(龍袞)의 복식을 착용하니, 천자의 후손들과 복식이 같아진다. 원래 정해진 명(命)의 복식보다 많은 경우는 천자로부터 특별히 하사받은 것이지 원래 정해진 명(命)에 따른 복장이 아니다."라고 했다. 소에서 말하길, "만약 더해지는 것이 있다면 이것은 군주가 특별히 하사한 것이지, 일반적인 예법이 아니다. 『예기』「잡기(雜記)」편에서는 이것을 '포의(褒衣)'²⁾라

---

1) 곤면(袞冕)은 곤룡포와 면류관을 뜻한다. 본래 천자의 제사복장으로, 비교적 중요한 제사 때 입는다. 윗옷과 아랫도리에 새겨진 무늬 등은 9가지이다. 『주례』「춘관(春官)·사복(司服)」편에는 "享先王則袞冕."이라는 기록이 있다. 이에 대한 정현의 주에서는 "冕服九章, 登龍於山, 登火於宗彝, 尊其神明也. 九章, 初一曰龍, 次二曰山, 次三曰華蟲, 次四曰火, 次五曰宗彝, 皆畫以爲績. 次六曰藻, 次七曰粉米, 次八曰黼, 次九曰黻, 皆希以爲繡. 則袞之衣五章, 裳四章, 凡九也."라고 풀이했다. 즉 '곤면'의 윗옷에는 용(龍), 산(山), 화충(華蟲), 화(火), 종이(宗彝) 등 5가지 무늬를 그려놓고, 아랫도리에는 조(藻), 분미(粉米), 보(黼), 불(黻) 등 4가지를 수놓았다.

고 불렀다."라고 했다.

○按: 註疏釋有加, 與陳註異而長.
번역 ○살펴보니, 주와 소에서 유가(有加)를 해석한 것은 진호의 주와 차이를 보이지만 더 낫다.

참고-集說

制者, 言三公命服之制也. 命數, 止於九. 天子之三公, 八命, 著鷩冕, 若加一命, 則爲上公, 與王者之後同而著袞冕. 故云, 一命袞. 若爲三公, 而有加袞者, 是出於特恩之賜, 非例當然. 故云, 若有加則賜也. 人臣, 無過九命者, ①大宗伯, 再命受服, 與此不同.

번역 '제(制)'라는 것은 삼공의 명복(命服)[3] 제도를 말한다. 명(命)의 등급은 9에서 그친다. 천자의 신하인 삼공은 8명(命)으로 별면(鷩冕)[4]을 착용하는데, 만약 여기에 1명(命)이 더해지면 상공(上公)이 되고, 천자의 후손들과 같아져서 곤면(袞冕)을 착용한다. 그렇기 때문에 경문에서 '일명곤(一命袞)'이라고 한 것이다. 만약 삼공의 신분이면서도 곤면을 입는 자가 있다면, 이러한 경우는 천자가 특별하게 은

---

2) 『예기』「잡기상(雜記上)」: 諸侯相襚以後路與冕服, 先路與襃衣不以襚.

3) 명복(命服)은 본래 천자가 신하들에게 제정했던 명(命)의 등급에 따른 복장을 뜻한다. 후대에는 각 계층에 따른 복장규정을 범칭하는 말로도 사용되었다.

4) 별면(鷩冕)은 별의(鷩衣)와 면류관을 뜻한다. 천자 및 제후가 입던 복장으로, 선공(先公)에 대한 제사 및 향사례(饗射禮)를 시행할 때 착용했다. '별의'에는 꿩의 무늬를 수놓게 되는데, 이 무늬를 화충(華蟲)이라고도 부른다. 상의에는 3종류의 무늬를 수놓고, 하의에는 4종류의 무늬를 수놓게 되어, 총 7가지의 무늬가 들어가게 된다. 『주례(周禮)』「춘관(春官)·사복(司服)」편에는 "享先公, 饗射則鷩冕."이라는 기록이 있고, 이에 대한 정현의 주에서는 "鷩, 畫以雉, 謂華蟲也. 其衣三章, 裳四章, 凡七也."라고 풀이했다.

혜를 하사해준 데에서 유래한 것이지 일반적인 사례는 아니다. 그렇기 때문에 경문에서 '약유가즉사야(若有加則賜也)'라고 한 것이다. 신하들은 9명(命)을 넘을 수 없으며, 『주례』「대종백(大宗伯)」편에서 2명(命)에 복(服)을 받는다는 것5)은 여기에서 말하고 있는 내용과는 다른 것이다.

① 大宗伯[止]與此不同.

補註 疏曰: 此則禮緯九賜之衣服, 與大宗伯再命受服不同.

번역 소에서 말하길, 이것은 위서인 『예위』에서 9명(命)의 의복을 하사한다는 것에 해당하니, 『주례』「대종백(大宗伯)」편에서 2명(命)에 복(服)을 받는다는 것과는 다르다.

---

5) 『주례』「춘관(春官)・대종백(大宗伯)」: 以九儀之命, 正邦國之位. 壹命受職. 再命受服. 三命受位. 四命受器. 五命賜則. 六命賜官. 七命賜國. 八命作牧. 九命作伯.

「왕제」 21장

方氏曰: 大國之卿, 不過三命, 下卿再命, 則知次國之卿, 再命, 一命也. 小國之卿, 與下大夫, 一命, 則知三等之國, 其大夫, 皆一命而已. 大國, 對下卿言, 卿, 指上中, 可知. 小國, 特言卿, 則兼三等之卿, 可知. 言下大夫, 而不及上中者, 蓋諸侯, 無中大夫, 而卿, 卽上大夫故也. ①前言上中下之所當, 與此不同者, 位雖視其命, 不能無詳略之異也.

번역 방씨가 말하길, 경문에서 "대국의 경은 3명(命)을 넘을 수 없고, 하경은 2명(命)이다."라고 했으니, 차국의 경 중에서 상경과 중경은 2명(命)이고 하경은 1명(命)임을 알 수 있다. 경문에서 "소국의 경은 소국의 하대부와 함께 1명(命)이다."라고 했으니, 대국·차국·소국 등 세 등급의 제후국에서 각 제후국의 대부들은 모두 1명(命)임을 알 수 있다. 경문에서 대국을 언급할 때 하경에 대해서 말하고 있으니, 경문의 '대국지경(大國之卿)'이라는 말에서의 '경(卿)'은 상경과 중경을 가리킴을 알 수 있다. 소국에 대해서는 다만 경(卿)이라고 말했으니, 이때의 '경(卿)'이라는 말은 상경·중경·하경 능 세 등급의 경을 모두 포괄하는 것임을 알 수 있다. 경문에서 하대부(下大夫)만 언급하고 상대부와 중대부를 언급하지 않은 것은 무릇 제후에게는 중대부가 없고, 경이 곧 상대부이기 때문이다. 앞의 경문에서 말한 상·중·하에 해당하는 것은 여기에서 말한 것과 다르니, 작위가 비록 그 명(命)에 비견되더라도, 그 속에 존재하는 상세하고 간략한 차이가 없을 수 없기 때문이다.

① ○前言上中下之所當.

補註 按: 此指次國之上卿位當大國章也.

번역 살펴보니, 이것은 차국의 상경은 그 지위가 대국의 중경에 해당한다고 한 문장[1]을 가리킨다.

---

1) 『예기』「왕제(王制)」: 次國之上卿, 位當大國之中, 中當其下, 下當其上大夫. 小國之上卿, 位當大國之下卿, 中當其上大夫, 下當其下大夫.

「왕제」 22장

①疏曰: 爵人於朝, 殷法也, 周則天子假祖廟而拜授之. 刑人於市, 亦殷法, 謂貴賤, 皆刑於市, 周則有爵者, 刑于甸師氏也.

번역 소에서 말하길, 조정에서 사람에게 작위를 준다는 것은 은나라 때의 법제이다. 주나라는 천자가 조묘(祖廟)에 이르러서 제사를 지내고 나서야 그에게 작위를 내렸다. 시장에서 사람에게 형벌을 내리는 것도 또한 은나라 때의 법제이니, 신분이 귀한 자나 천한 자나 모두 시장에서 형벌을 주었다는 것을 말하는 것이며, 주나라는 작위를 가진 자의 경우 전사씨(甸師氏)에게서 형벌을 받았다.

① ○疏曰爵人[止]氏也.

補註 按: 朝是官爵之所自出, 市是刑人之處, 故曰爵人於朝與士共之, 刑人於市與衆棄之. 疏謂此俱是殷法, 太涉拘泥.

번역 살펴보니, 조정은 관직과 작위가 도출되는 장소이고, 시장은 사람들에게 형벌을 내리는 장소이다. 그렇기 때문에 "조정에서 사람에게 작위를 주는 것은 사들과 함께 그 일을 하고, 시장에서 사람에게 형벌을 내리는 것은 대중들과 함께 그 사람을 버린다."라고 말한 것이다. 소에서는 이 모두가 은나라 때의 법제라고 했는데, 정현의 주에 너무 얽매인 해석이다.

馬氏曰: 凡民之材, 有大小之不同. 其德, 則有知仁聖義①中和, 其行, 則有孝友睦婣任恤, 其藝, 則有禮樂射御書數. 凡官民材, 必先論之. 論之者, 論其德行道藝之實, 而視其材之所有也. 論之已辨然後, 使之任其事也. 才足以克公卿之任, 則使之

爲公卿, 才足以克大夫士之任, 則使之爲大夫士, 故任事然後,
爵之. 爵有高下, 則祿有厚薄. 位者, 視其爵祿之高下, 而祿者,
稱其爵之等差也, 故曰任事然後, 爵之, 位定然後, 祿之. 凡此,
皆以官民之材也. 下又曰: 司馬辨論官材, 論進士之賢者, 以告
于王, 而定其論, 至位定然後, 祿之, 亦與此同意也. 周官曰: 以
德詔爵, 以能詔事, 所謂德者, 卽賢之謂, 以能詔事者, 乃任事
者也. 蓋司馬, 辨論官材, 論國中之士也. 凡官民材者, 兼萬民
而言之也. 養國中之士, 與養萬民之士, 蓋有以異也. 論國中之
士, 其法則致詳, 故考校於中年, 論萬民之士, 其法則致略, 故
三年然後, 論之, 雖其考校之法有異, 而其論辨之意, 則同也.

번역 마씨가 말하길, 무릇 백성들의 재능에는 크고 작음의 차이가 있다. 그 평가대상인 덕(德)의 항목에는 지(知)·인(仁)·성(聖)·의(義)·중(中)·화(和)가 있다. 그 평가대상인 행(行)의 항목에는 효(孝)·우(友)·목(睦)·인(姻)·임(任)·휼(恤)이 있다. 그 평가대상인 예(藝)의 항목에는 예(禮)·악(樂)·사(射)·어(御)·서(書)·수(數)가 있다. 무릇 백성들 중에서 재능이 있는 자를 관리로 등용할 때에는 반드시 먼저 논(論)을 한다고 했는데, 논(論)을 한다는 것은 그의 덕(德)·행(行) 및 도(道)와 예(藝)의 실상을 논의하고 그가 재능을 가지고 있음을 살피는 것이다. 논을 하고 또 그에 대해 논변을 한 연후에야 그로 하여금 그 일을 맡게 한다. 그의 재능이 공이나 경의 임무를 충분히 해낼 수 있다면 그를 공이나 경으로 삼고, 그 재능이 대부나 사의 임무를 충분히 해낼 수 있다면 그를 대부나 사로 삼기 때문에, 일을 담당하게 한 연후에야 작위를 준다. 작위에는 고하의 차등이 있으니 녹봉에도 두텁고 엷은 차이가 있다. 작위라는 것은 그 녹봉의 고하에 견주어서 정하는 것이고, 녹봉이라는 것도 작위의 등차를 저울질해서 정하는 것이다. 그렇기 때문에 일을 맡긴 연후에야 작위를 주고, 작위가 정해진 연후에야 녹봉을 준다. 무릇 이러한 내용들은 모두 백성들 중에서 재능이 있는 자를 관리로 등용하는 방법이다. 밑에 있는 문장에서는 또한 말하길, "사마가 국자들 중에서 재능 있는 자를 변론하여 관리로 등용한다."라고 했는데, 진사(進士)들 중에서 현명한 자를 논하여 천자에게 아뢰고, 이러한 논변을 확정하며 작위가 정해지는 단계에 도달한 연후에야 녹봉을 준다는 것으로, 또한 여기에서 말하는 것과 같은 뜻이다. 『주례』에서는 "그 사람의 덕을 기준으로 천자에게 작위를 하사해 줄 것을 건의해 아뢰고,

그 사람의 능력을 기준으로 천자에게 일을 맡기게 해 줄 것을 건의해 아뢴다."[1]라고 했으니, 이른바 덕이라고 하는 것은 현명함을 말하는 것이고, 그 사람의 능력을 기준으로 천자에게 일을 맡기게 해 줄 것을 건의해 아뢴다는 것은 위의 경문에서 기술하고 있는 "일을 맡긴다."는 것이다. 무릇 사마가 국자들 중에서 재능 있는 자를 변론하여 관리로 등용한다는 것은 천자의 수도 안에 있는 진사들을 논한다는 것이다. 무릇 백성들 중에서 재능 있는 자를 관리로 삼는다는 것은 만민을 겸해서 말한 것이다. 천자의 수도 안에 있는 진사들을 길러내는 것과 만민들 중에서 사들을 길러내는 것에는 무릇 차이가 있다. 수도 안에 있는 진사들을 논하는 일은 그 법이 지극히 상세하기 때문에, 한 해를 걸러 시험을 본다.[2] 만민들 중에서 사들을 논하는 것은 그 법이 지극히 간략하기 때문에 3년이 지난 연후에 논한다. 비록 시험하는 법에는 차이가 있지만 논변을 하는 뜻은 같다.

① 中和.

補註 中, 當作忠.

번역 '중(中)'자는 마땅히 충(忠)자로 기록해야 한다.

---

1) 『주례』「하관(夏官)·사사(司士)」: 掌群臣之版, 以治其政令, 歲登下其損益之數, 辨其年歲與其貴賤, 周知邦國都家縣鄙之數, 卿大夫士庶子之數. 以詔王治. <u>以德詔爵</u>, 以功詔祿, <u>以能詔事</u>, 以久奠食. 惟賜無常.

2) 『예기』「학기(學記)」: 古之敎者, 家有塾, 黨有庠, 術有序, 國有學. 比年入學, <u>中年考校</u>, 一年視離經辨志, 三年視敬業樂群, 五年視博習親師, 七年視論學取友, 謂之小成. 九年知類通達, 强立而不反, 謂之大成. 夫然後足以化民易俗, 近者說服而遠者懷之.

「왕제」 23장

참고-集說

公家不畜刑人, 舊說, 以爲商制, 以周官, ①墨者守門, 劓者守關, 宮者守內, 刖者守囿, 髡者守積也. ②唯其所之者, 量其罪之所當往適之地, 而居之, 如虞書五流, 有宅, 五宅, 三居, 是也. 不及以政, 賦役不與也. 示弗故生, 不授之田, 不賙其乏, 示不故欲其生也.

번역 "공가는 형인을 기르지 않는다."는 말에 대해, 옛 학설에서는 은나라 때의 제도로 여겼는데, 그렇게 여기게 된 이유는 『주례』에 기술된 "묵형(墨刑)[1]을 받은 자는 문을 지키고, 의형(劓刑)[2]을 받은 자는 관(關)을 지키며, 궁형(宮刑)[3]을 받은 자는 궁내를 지키고, 월형(刖刑)[4]을 받은 자는 동산을 지키며, 곤형(髡刑)[5]을

---

1) 묵형(墨刑)은 묵벽(墨辟)이라고도 부르며, 오형(五刑) 중의 하나이다. 범죄자의 얼굴 및 이마에 상처를 내고, 먹물로 새겨 넣어서 죄인의 신분임을 표시하는 형벌이다. 『서』「주서(周書)·여형(呂刑)」편에는 "墨辟疑赦."라는 기록이 있고, 이에 대한 공안국(孔安國)의 전(傳)에서는 "刻其顙而涅之, 曰墨刑."이라고 풀이했다.

2) 의형(劓刑)은 의벽(劓辟)이라고도 부르며, 오형(五刑) 중의 하나이다. 범죄자의 코를 베는 형벌이다. 『서』「주서(周書)·여형(呂刑)」편에는 "惟作五虐之刑曰法, 殺戮無辜, 爰始淫爲劓刵椓黥."이라는 기록이 있고, 이에 대한 공영달(孔穎達)의 소(疏)에서는 "劓, 截人鼻."라고 풀이했다.

3) 궁형(宮刑)은 궁벽(宮辟)이라고도 부르며, 오형(五刑) 중 하나이다. 남자의 생식기를 자르거나, 여자의 생식 기능을 파괴하는 형벌이다. 일설에는 여자에 대한 '궁형'은 감금을 하여 노비로 전락시키는 것이라고 설명한다. 『서』「주서(周書)·여형(呂刑)」편에는 "宮辟疑赦."라는 기록이 있고, 이에 대한 공안국(孔安國)의 전(傳)에서는 "宮, 淫刑也. 男子割勢, 婦人幽閉, 次死之刑."이라고 풀이했다.

4) 월형(刖刑)은 비벽(剕辟)·비형(剕刑)이라고도 부르며, 오형(五刑) 중의 하나이다. 범죄자의 다리를 자르는 형벌이다. 『춘추좌씨전』「장공(莊公) 16년」편에는 "九月, 殺公子閼, 刖强鉏."라는 용례가 있다.

5) 곤형(髡刑)은 오형(五刑) 중에는 포함되지 않으며, 죄인의 머리를 깎아서 치욕을

받은 자는 창고를 지킨다."는 기술 때문이다. "오직 그가 가야할 곳이다."라는 것은
그 사람의 죗값에 합당한 정도의 귀양 보낼 땅을 헤아려서, 그가 그곳에 살도록 하
는 것이니, 「우서(虞書)」의 "다섯 가지 유배에는 택(宅)이 있고, 다섯 가지 택에는
세 가지 거(居)가 있다."6)는 것과 같은 내용들이 바로 이 내용이다. "정(政)을 미치
지 않게 한다."는 것은 부역을 부여하지 않는 것이다. "일부러 살게끔 하지 않음을
보인다."는 것은 그에게 전답을 부여하지 않고, 그의 궁핍함을 구휼하지 않아서, 일
부러 그를 살게끔 하지 않음을 보이는 것이다.

① ○墨者守門[止]守積.

補註 按: 此周禮·掌戮文, 而鄭註引之. 疏曰: "引之者, 欲明周家畜刑
人, 異於夏·殷法也."

번역 살펴보니, 이것은 『주례』「장륙(掌戮)」편의 기록이며,7) 정현의 주에서
도 인용을 하고 있다. 소에서 말하길, "이 문장을 인용한 것은 주나라 때에는
형벌을 받은 자들도 직무를 주어 관리했으니, 하나라나 은나라 때의 법도와
는 차이를 보인다는 사실을 나타내고자 했기 때문이다."라고 했다.

② 唯其所之.

補註 徐志修曰: 舜典五流有宅, 及流宥五刑, 註皆云五刑之情可矜者, 流
而寬之. 此章旣是已刑之人, 則屏之四方者, 只是不同中國之意, 非流竄
之名也. 唯其所之, 猶言任其所之也.

번역 서지수가 말하길, 『서』「순전(舜典)」편에서 다섯 가지 유배형에도 거처
지가 있다고 했고, 유배형으로 오형을 관대하게 처리한다고 했는데, 주에서
는 모두 오형을 범한 실상이 불쌍히 여길 만한 경우라면 유배형을 보내 관대

주는 형벌이다.

6) 『서』「우서(虞書)·순전(舜典)」: 帝曰, 皐陶, 蠻夷猾夏, 寇賊姦宄, 汝作士, 五刑
有服, 五服三就, 五流有宅, 五宅三居, 惟明克允.

7) 『주례』「추관(秋官)·장륙(掌戮)」: 墨者使守門. 劓者使守關. 宮者使守內. 刖者
使守囿. 髡者使守積.

하게 처리한다고 했다. 이 문장의 내용은 이미 형벌을 받은 사람에 해당하는데, 그들을 사방으로 내치는 것은 단지 중원에서 함께 살지 않겠다는 뜻에 해당하는 것이니, 유배를 보낸다는 말이 아니다. '유기소지(唯其所之)'라는 말은 그가 가는대로 내버려둔다는 말과 같다.

「왕제」 24장

①諸侯之於天子也, 比年一小聘, 三年一大聘, 五年一朝.

번역 제후는 천자에 대해서 매년 한 번 소빙(小聘)을 하고, 3년마다 한 번 대빙(大聘)을 하며, 5년마다 한 번 조(朝)를 한다.

① 諸侯[止]一朝.

補註 鄭註: "此晉文霸時所制. 虞、夏之制, 諸侯歲朝. 周之制, 侯・甸・男・采・衛・要服六者, 各以其服數來朝." 疏曰: "知然者, 左傳昭三年, 鄭子大叔曰: '文・襄之霸也, 其務不煩諸侯, 令諸侯三歲而聘, 五歲而朝', 故云晉文所制. 晉文霸時, 亦應有比年大夫之聘, 但子大叔略而不言. 案左傳文, 諸侯相朝聘之法, 今此經文云諸侯之於天子, 則文・襄之制, 諸侯朝天子, 與自相朝同也. 虞・夏之制, 巡守之年, 諸侯朝於方岳之下, 其間四年, 四方諸侯分來朝於京師, 歲徧, 是也. 周之制, 周禮・大行人云: '侯服歲一見, 甸服二歲一見, 男服三歲一見, 采服四歲一見, 衛服五歲一見, 要服六歲一見.'"

번역 정현의 주에서 말하길, "이것은 진나라 문공(文公)이 패자였을 때 제정했던 제도이다. 우와 하나라의 제도에서는 제후가 해마다 조(朝)를 했다. 주나라의 제도에서는 후복・전복・남복・채복・위복・요복에 속한 여섯 부류의 제후들이 각각 그 복의 수만큼 수도에 와서 조를 했다."라고 했다. 소에서 말하길, "이러한 사실을 알 수 있는 이유는 『좌전』 소공 3년의 기록에서 정나라 자대숙은 '문공과 양공이 패자가 되었을 때 힘썼던 것은 제후들을 번거롭지 않게 하는 것이었습니다. 그래서 제후들로 하여금 3년마다 1차례 빙(聘)을 하도록 했고, 5년마다 1차례 조(朝)를 하도록 했습니다.'[1]라고 했다.

---

1) 『춘추좌씨전』「소공(昭公) 3년」: 子大叔曰, "將得已乎! 昔文・襄之霸也, 其務不

그러므로 진나라 무공 때 제정된 것임을 알 수 있다. 진나라 문공이 패자였을 때에도 마땅히 매년 대부가 시행하는 빙(聘)이 있었지만, 자대숙은 생략하고 언급하지 않은 것이다. 『좌전』의 문장을 살펴보면 제후들이 서로 조(朝)나 빙(聘)을 하는 예법에 해당하고, 이곳 경문에서는 제후가 천자에 대한 경우라고 했으니, 문공과 양공이 만든 제도는 제후가 천자에게 조(朝)를 했던 것을 자신들끼리 서로 조(朝)를 했던 것과 동일하게 만든 것이다. 우와 하나라의 제도는 순수(巡守)를 하는 해에 제후들이 방악(方岳)²⁾ 아래에서 조(朝)를 하는데, 그 사이 4년 동안 사방의 제후들은 각각 나뉘어 수도로 찾아와 조(朝)를 하며 두루 살피게 된다. 주나라의 제도에 대해서는 『주례』「대행인(大行人)」편에서 '후복에 속한 제후는 1년마다 1차례 찾아뵙고, 전복에 속한 제후는 2년마다 1차례 찾아뵈며, 남복에 속한 제후는 3년마다 1차례 찾아뵙고, 채복에 속한 제후는 4년마다 1차례 찾아뵈며, 위복에 속한 제후는 5년마다 1차례 찾아뵙고, 요복에 속한 제후는 6년마다 1차례 찾아뵙는다.'라고 했다.

煩諸侯, 令諸侯三歲而聘, 五歲而朝, 有事而會, 不協而盟. 君薨, 大夫弔, 卿共葬事; 夫人, 士弔, 大夫送葬. 足以昭禮·命事·謀闕而已, 無加命矣. 今辟寵之喪, 不敢擇位, 而數於守適, 唯懼獲戾, 豈敢憚煩? 少姜有寵而死, 齊必繼室. 今玆吾又將來賀, 不唯此行也."

2) 방악(方岳)은 '방악(方嶽)' 또는 '사악(四嶽)'이라고도 부르며, 사방의 주요 산들을 뜻한다. 고대인들이 주요 산들로 오악(五嶽)을 두었는데, 그 중 중앙에 있는 숭산(嵩山)은 천자의 수도 부근에 있었으므로, '숭산'을 제외한 나머지 4개의 산을 '방악'이라고 부른 것이다. 동쪽 지역의 주요 산인 동악(東嶽)은 태산(泰山)이고, 남악(南嶽)은 형산(衡山, =霍山), 서악(西嶽)은 화산(華山), 북악(北嶽)은 항산(恒山)이된다. 『춘추좌씨전』「소공(昭公) 4년」에 기록된 '사악(四嶽)'에 대해, 두예(杜預)의주에서는 "東嶽岱, 西嶽華, 南嶽衡, 北嶽恒."이라고 풀이했다.

「왕제」 25장

참고-集說

①舜典曰: 五載, 一巡守, 周官大行人曰: 十有二歲, 王巡守殷
國, 孟子曰: 巡守者, 巡所守也.

번역 『서』「순전(舜典)」에서는 "오년에 한번 순수(巡守)한다."[1]라고 말하고, 『주례』「대행인(大行人)」에서는 "12년에 왕이 뭇 제후국들을 순수한다."[2]라고 말하며, 『맹자』에서는 "순수라는 것은 제후들이 지키고 있는 것들을 돌아보는 것이다."[3]라고 말했다.

① ○舜典[止]殷國.

補註 按: 註引舜典及周官者, 明經文之爲虞制也.

번역 살펴보니, 주에서는 『서』의 「순전(舜典)」 및 『주례』를 인용하였는데, 이것은 경문의 내용이 우 때의 제도에 해당함을 나타내고자 한 것이다.

補註 ○鄭註: 五年者, 虞·夏之制. 周則十二歲一巡守.

번역 ○정현의 주에서 말하길, 5년에 1번 순수를 한다는 것은 우와 하나라의 제도다. 주나라에서는 12년에 1번 순수를 했다.

補註 ○周禮冢宰註: 殷, 猶衆也.

---

1) 『서』「우서(虞書)·순전(舜典)」: 五載一巡守, 群后四朝
2) 『주례』「추관(秋官)·대행인(大行人)」: 王之所以撫邦國諸侯者, 歲徧存, 三歲徧覜, 五歲徧省, 七歲屬象胥, 諭言語, 協辭命, 九歲屬瞽史, 諭書名, 聽聲音, 十有一歲達瑞節, 同度量, 成牢禮, 同數器, 脩法則, 十有二歲王巡守殷國.
3) 『맹자』「양혜왕하(梁惠王下)」: 晏子對曰, 善哉問也. 天子適諸侯曰巡狩. 巡狩者, 巡所守也. 諸侯朝於天子曰述職. 述職者, 述所職也. 無非事者. 春省耕而補不足, 秋省斂而助不給.

번역 ○『주례』「총재(冢宰)」편의 주에서 말하길, '은(殷)'자는 많다는 뜻이다.

長樂陳氏曰: 朝·覲·宗·遇·會·同, 之禮也. ①存·頫·
省·聘·問, 臣之禮也. 諸侯之於天子, 聘所以通好, 朝所以述
職. 通好, 不欲疏, 故比年, 一小聘. 述職, 不欲數, 故五年, 一朝.

번역 장락진씨가 말하길, 조(朝)·근(覲)·종(宗)·우(遇)·회(會)·동(同)은 군주에게 해당하는 예이고, 존(存)·조(頫)·성(省)·빙(聘)·문(問)은 신하에게 해당하는 예이다.[4] 제후가 천자에 대해 시행하는 것들에 있어서 빙(聘)은 우호를 통하게 하는 것이고, 조(朝)는 직무를 보고하는 것이다. 우호를 통하게 하는 것은 천자와 소원해지길 원하지 않는 것이기 때문에 매년 한번 소빙을 한다. 직무를 보고하는 것은 천자를 번거롭게 하길 원하지 않는 것이기 때문에 5년에 한번 조를 한다.

① 存頫.

補註 頫, 當作覜.

번역 '조(頫)'자는 마땅히 조(覜)자로 기록해야 한다.

---

4) 『주례』「추관(秋官)·대행인(大行人)」: 使適四方, 協九儀. 賓客之禮, <u>朝覲宗遇</u>
<u>會同, 君之禮也, 存覜省聘問, 臣之禮也.</u>

「왕제」 27장

命大師陳詩, 以觀民風, ①命市納賈, 以觀民之所好惡. 志淫, 好辟.

번역 대사(大師)에게 시를 채록하도록 명하여, 그것으로 백성들의 풍속을 살피고, 시(市)에게 시장에서 거래되는 물건들의 가격들을 알아보도록 명하여, 그것으로 백성들이 좋아하고 싫어하는 것들을 살핀다. 백성들의 뜻이 음란하다면 백성들이 좋아하는 것들도 사벽된 것들이다.

① 命市納賈.

補註 鄭註: "市, 典市者." 疏曰: "命典市之官, 進納物賈之書."

번역 정현의 주에서 말하길, "'시(市)'는 시장을 관장하는 관리이다."라고 했다. 소에서 말하길, "시장을 관장하는 관리에게 명하여, 물건의 가격을 작성한 문헌을 제출토록 한 것이다."라고 했다.

大師, 樂官之長. 詩以言志, 采錄而觀覽之, 則風俗之美惡, 可見, 政令之得失, 可知矣. 物之供用者, 皆出於市, 而價之貴賤, 則係於人之好惡. ①好質則用物貴, 好奢則侈物貴. 志流於奢淫, 則所好皆邪僻矣.

번역 대사(大師)는 악관(樂官)의 수장이다. 시(詩)는 그 사람의 뜻을 말하는 것이니, 그것들을 채록해서 관찰하면, 풍속의 아름다움과 추함을 볼 수 있고, 정치가 잘 시행되는지 아닌지를 알 수 있다. 물건의 공급과 쓰임은 모두 시장에서 나타나고,

물건 가격의 귀천은 사람들이 좋아하고 싫어하는 것에 달려 있다. 질박한 것을 좋아하면 일용적은 물건 가격이 귀하고, 사치스러운 것을 좋아하면 사치스러운 물건 가격이 귀하다. 뜻이 음란하고 사치스러운데로 흐르면 좋아하는 것도 모두 사벽한 것이다.

① 好質[止]侈物貴.

補註 按: 此本鄭註, 但添兩好字.

번역 살펴보니, 이것은 정현의 주에 근거한 말인데, 다만 두 개의 '호(好)'자 를 첨가했다.

命典禮, 考時月, 定日, ①同律禮樂制度衣服, 正之.

번역 전례(典禮)에게 명하여, 사계절과 달을 살펴서, 날짜를 바로잡고, 율(律)·예악(禮樂)·제도(制度)·의복(衣服)을 규정된 법도와 같게 만들어서 바르게 한다.

① 同律.

補註 鄭註: "同, 陰律也." 疏曰: "鄭以先儒以同爲齊同此律, 故辨之, 大師云: '執同律以聽軍聲', 又典同註'同陰律也', 陰管之同, 陽管之律, 玉帛之禮, 鍾鼓之樂, 及制度衣服, 各有等差, 當正之使正."

번역 정현의 주에서 말하길, "동(同)은 음률(音律)이다."라고 했다. 소에서 말하길, "정현은 선대 학자들이 동(同)자를 율(律)을 가지런하고 동일하게 맞춘다는 뜻으로 여겼기 때문에 변별한 것이니, 『주례』「대사(大師)」편에서는 '동과 율을 가지고 군대의 음악을 점검한다.'[1]라고 했고, 또 전동(典同)에 대한 주에서는 '동(同)은 음률(音律)이다.'라고 했으니, 음관(陰管)에 따른 동, 양관에 따른 율, 옥과 백에 대한 예, 종과 북에 대한 음악 및 제도와 의복 등에는 각각 차등이 있으니, 마땅히 바르게 해서 그 제도를 올바르게 만들어야 한다."라고 했다.

補註 ○周禮·大師: "掌六同六律, 以合陰陽之聲." 大司樂: "以六律·六同·五聲·八音·六舞, 大合樂."

번역 ○『주례』「대사(大師)」편에서 말하길, "육동(六同)과 육률(六律)에 대한 일을 담당하여, 음양의 소리를 조화롭게 합친다."[2]라고 했다. 『주례』「대

---

1) 『주례』「춘관(春官)·대사(大師)」: 大師, <u>執同律以聽軍聲</u>, 而詔吉凶.

2) 『주례』「춘관(春官)·대사(大師)」: 大師; <u>掌六律六同, 以合陰陽之聲</u>. 陽聲: 黃

사악(大司樂)」편에서 말하길, "육률(六律)·육동(六同)·오성(五聲)·팔음(八音)·육무(六舞)를 통해 성대하게 음악을 합주한다."[3]라고 했다.

補註 ○按: 據周禮, 則同之爲陰管無疑, 而但此經同律, 則從虞書同律度量衡. 朱子訓以齊同之義, 恐於文勢爲長. 今從陳註.

번역 ○살펴보니, 『주례』에 따른다면 동(同)자가 음관(陰管)을 뜻한다는 사실은 의심할 것이 없다. 다만 이곳 경문에 나온 동률(同律)의 경우는 『서』「우서(虞書)」편에서 "율(律)·도(度)·양(量)·형(衡)을 동일하게 맞추다."[4]라고 한 말처럼 풀이해야 한다. 주자도 가지런하고 동일하게 한다는 뜻으로 풀이했는데, 아마도 문장의 흐름상 더 나은 것 같다. 현재는 진호의 주에 따른다.

補註 ○徐志修曰: 同律爲句, 禮樂制度衣服正之爲一句, 則文勢似順.

번역 ○서지수가 말하길, '동률(同律)'이 하나의 구문이 되고, '예악제도의복정지(禮樂制度衣服正之)'가 하나의 구문이 되면, 문장의 흐름이 순조로운 것 같다.

鍾·大族·姑洗·蕤賓·夷則·無射. 陰聲: 大呂·應鍾·南呂·函鍾·小呂·夾鍾. 皆文之以五聲, 宮·商·角·徵·羽. 皆播之以八音, 金·石·土·革·絲·木·匏·竹.

3) 『주례』「춘관(春官)·대사악(大司樂)」: <u>以六律·六同·五聲·八音·六舞大合樂</u>, 以致鬼神示, 以和邦國, 以諧萬民, 以安賓客, 以說遠人, 以作動物.
4) 『서』「우서(虞書)·순전(舜典)」: 歲二月, 東巡守至于岱宗, 柴, 望秩于山川, 肆覲東后, 協時月正日, <u>同律度量衡</u>, 修五禮, 五玉, 三帛, 二生, 一死贄, 如五器, 卒乃復.

「왕제」 34장

참고-經文

天子將出, 類乎上帝, 宜乎社, ①造乎禰. 諸侯將出, 宜乎社, 造乎禰.

번역 천자가 장차 출정함에 있어서는 상제에게 유(類)제사를 지내고, 사에게 의(宜)제사를 지내며, 선친의 사당에서 조(造)제사를 지냈다. 제후가 장차 천자를 뵙기 위해 자신의 영토 밖으로 나감에 있어서는 사에게 의제사를 지내고, 선친의 사당에서 조제사를 지냈다.

① ○造乎禰.

補註 疏曰: 造, 祭名, 至也, 至父祖之廟也. 前歸假既云祖禰, 明出亦告祖禰也.

번역 소에서 말하길, '조(造)'자는 제사의 명칭인데, "~에 이른다."는 뜻으로, 부친과 조부의 사당에 도달한다는 의미이다. 앞서서 되돌아와 이른다고 했을 때 이미 조녜(祖禰)라고 했으니,1) 밖으로 나갈 때에도 또한 조녜에 고하게 됨을 나타낸다.

---

1) 『예기』「왕제(王制)」: 五月, 南巡守, 至于南嶽, 如東巡守之禮. 八月, 西巡守, 至于西嶽, 如南巡守之禮. 十有一月, 北巡守, 至于北嶽, 如西巡守之禮. 歸假于祖禰, 用特.

「왕제」 36장

天子賜諸侯樂, 則①以柷, 將之. 賜伯子男樂, 則以鼗, 將之.

번역 천자가 제후에게 악을 하사함에는 축(柷)으로 받들어 행하도록 한다. 백작·자작·남작에게 악을 하사함에는 도(鼗)로 받들어 행하도록 한다.

① ○以柷將之.

補註 疏曰: 凡與人之物, 置其大者於地, 執其小者以致命於人. 將, 行也, 謂執以行命.

번역 소에서 말하길, 무릇 남에게 물건을 줄 때에는 큰 것은 바닥에 내려놓고, 작은 것을 들고서 그 사람에게 명령을 전달하게 된다. '장(將)'자는 시행한다는 뜻이니, 이것을 잡고서 명령을 시행한다는 의미이다.

「왕제」 38장

①<u>圭瓚璋瓚</u>, 皆酌鬯酒之爵, 以大圭, 爲瓚之柄者, 曰圭瓚. 釀
秬鬯, 爲酒, 芬香, 條鬯於上下, 故曰鬯. 祭酒灌地降神, 必用
鬯, 故未賜圭瓚, 則求鬯於天子, 賜圭瓚然後, 得自爲也.

번역 규찬(圭瓚)과 장찬(璋瓚)은 모두 울창주를 따르는 술잔으로, 대규(大圭)로
술잔의 자루를 만든 것을 '규찬(圭瓚)'이라고 한다. 검은 기장으로 담가서 술을 만
들면 향기가 상하로 평안하고 느긋하게 퍼지기 때문에 '창(鬯)'이라고 한다. 제사
에 쓰는 술을 땅에 부어 신을 강림시킬 때에는 반드시 울창주를 사용해야 하기 때
문에 아직 규찬을 하사받지 못했으면, 천자에게 울창주를 구하고, 규찬을 하사받은
연후에야 스스로 울창주를 만들 수 있다.

① ○圭瓚璋瓚.

補註 疏曰: 若未賜圭瓚者, 則用璋瓚.

번역 소에서 말하길, 만약 규찬을 아직 하사받지 못한 경우라면 장찬을 사용
한다.

補註 ○按: 陳註並言璋瓚, 而不言其用, 殊涉疏漏.

번역 ○살펴보니, 진호의 주에서는 장찬까지도 함께 언급했지만, 그 용도는
설명하지 않았으니, 설명이 다소 미약하다.

「왕제」39장

참고—集說

疏曰: 百里之國, 國城居中, 面有五十里, 二十里置郊, 郊外, 仍有三十里. 七十里之國, 國城居中, 面有三十五里, 九里置郊, 郊外, 仍有二十六里. 五十里之國, 國城居中, 面有二十五里, 三里置郊, 郊外, 仍有二十二里. 此是殷制. 若周制, 則畿內千里, 百里爲郊, 諸侯之郊, 公五十里, 侯伯三十里, 子男十里, 近郊, 各半之, 天子諸侯, 皆近郊, 半遠郊. 此小學大學, 殷制. ①周則大學在國, 小學在西郊. 辟, 明也, 雍, 和也. 君則尊明雍和, 於此學中習道藝, 使天下之人, 皆明達諧和也. 頒之言班, 所以班政教也.

번역 소에서 말하길, 사방 100리의 제후국은 국성이 중앙에 위치하고, 면적이 사방 50리를 차지하며, 국성의 경계에서 직선거리로 20리 떨어진 곳에 교(郊)를 설치하고, 교 밖으로는 곧 직선거리로 30리가 있게 된다. 사방 70리의 제후국은 국성이 중앙에 위치하고, 면적이 사방 35리를 차지하며, 국성의 경계에서 직선거리로 9리 떨어진 곳에 교를 설치하고, 교 밖으로는 곧 직선거리로 26리가 있게 된다. 사방 50리의 제후국은 국성이 중앙에 위치하고, 면적이 사방 25리를 차지하며, 국성의 경계에서 직선거리로 3리 떨어진 곳에 교를 설치하고, 교 밖으로는 곧 직선거리로 22리가 있게 된다. 이것들은 은나라 때의 제도이다. 주나라의 제도에서는 천자는 수도 안의 땅 사방 1000리 속에 국성에서 직선거리로 100리 떨어진 곳에 교를 설치한다. 제후의 교에 대해서는 공작은 국성에서 직선거리로 50리 떨어진 곳에 교를 설치하고, 후작과 백작은 국성에서 직선거리로 30리 떨어진 곳에 교를 설치하며, 자작과 남작은 국성에서 직선거리로 10리 떨어진 곳에 교를 설치한다. 근교(近郊)는 각기 그 교에서 반절을 하니, 천자와 제후는 모두 근교가 원교를 반절한다. 여기에서의 소학과 대학은 은나라 때의 제도이다. 주나라 때에는 대학이 국성에 위치하고, 소학은 서쪽 교에 위치한다. 벽(辟)이라는 말은 밝다는 뜻이고 옹(雍)은 조화롭다는 뜻이다. 군주는 존귀하고 밝으며 조화롭고 온화해서, 학교 안에서 학문과 기예를 익혀 천하의 사람들로 하여금 모두 명철하고 조화롭게 한다. 반(頒)은 반

(班)을 말하는 것으로, 정교를 반포한다는 뜻이다.

① ○周則大學[止]西郊.

補註 本篇下文.

번역 「왕제」편의 아래문장에 나온다.

①舊說, 辟雍, 水環如璧. 泮宮, 半之, 蓋東西門, 以南通水, 北無水也.

번역 옛 학설에서는 벽옹(辟雍)은 물이 빙 두르고 있는 모습이 둥근 옥반지와 같다. 반궁(泮宮)은 그것을 반절한 것이니, 무릇 학교의 동쪽과 서쪽 문에서 시작해서 남쪽에서 물이 만나며, 북쪽에는 물이 없다고 했다.

① 舊說辟雍[止]無水也.

補註 按: 此卽詩之鄭註, 而與上明和之訓不同者. 疏曰: "禮註解其義, 詩註解其形."

번역 살펴보니, 이것은 『시』에 대한 정현의 주에 해당하는데, 앞에서 벽옹(辟雍)을 명화(明和)로 풀이한 것과는 차이가 있다. 소에서는 "『예기』의 주에서는 그 의미를 풀이한 것이고, 『시』의 주에서는 그 형태를 풀이한 것이다."라고 했다.

補註 ○詩·靈臺朱子註: 辟, 璧通, 廱, 澤也. 水旋丘, 如璧.

번역 ○『시』「영대(靈臺)」편에 대한 주자의 주에서 말하길, '벽(辟)'자는 벽(璧)자와 통용되고, 옹(廱)자는 연못을 뜻한다. 물이 언덕을 두르고 있는 것이 마치 벽(璧)처럼 생긴 것이다.

「왕제」40장

참고-經文

天子將出征, 類乎上帝, 宜乎社, 造乎禰, ①禡於所征之地, 受命於祖, 受成於學.

번역 천자가 장차 출정하려고 할 때에는 상제(上帝)에게 유(類)제사를 지내고, 사(社)에서 의(宜)제사를 지내며, 선친의 사당에서 조(造)제사를 지내고, 정벌하려는 땅에서는 마(禡)제사를 지내며, 조묘(祖廟)에서는 명(命)을 받고, 학교에서는 도모함을 이룰 계책을 받는다.

① 禡於所征之地.

補註 詩·皇矣朱子註: 禡, 至所征之地, 而祭始造軍法者.

번역 『시』「황의(皇矣)」편에 대한 주자의 주에서 말하길, '마(禡)'는 정벌하려는 지역에 도착해서 처음 군법을 만든 자에게 제사를 지내는 것이다.

「왕제」 41장

出征, 執有罪, 反, ①釋奠于學, ②以訊馘告.

번역 출정해서는 죄 있는 자를 잡고, 돌아와서는 학교에서 석전(釋奠)을 올려서 심문해야 할 자와 왼쪽 귀를 벤 죄인의 수를 아뢴다.

① ○釋奠.

補註 鄭註: 釋菜奠幣, 禮先師也.

번역 정현의 주에서 말하길, 나물을 진열해 놓고 폐백을 차려놓아서 선사들을 예우하는 것이다.

② 以訊馘告.

補註 按: 詩曰: "執訊獲醜." 又曰: "在泮獻馘." 卽此也.

번역 살펴보니, 『시』에서 "심문할 우두머리를 잡고 무리들을 잡는다."[1]라고 했고, 또 "반궁에서 왼쪽 귀를 바친다."[2]라고 한 말이 바로 이 내용을 가리킨다.

---

1) 『시』「소아(小雅)·출거(出車)」: 春日遲遲, 卉木萋萋, 倉庚喈喈. 采蘩祁祁. 執訊獲醜, 薄言還歸. 赫赫南仲, 玁狁于夷.

2) 『시』「노송(魯頌)·반수(泮水)」: 明明魯侯, 克明其德. 旣作泮宮, 淮夷攸服. 矯矯虎臣, 在泮獻馘. 淑問如皋陶, 在泮獻囚.

獲罪人而反, 則釋奠于①先聖先師, 而告訊馘焉. 訊, 謂其魁首當
訊問者, 馘, 所截彼人之左耳. 告者, 告其多寡之數也.

번역 죄인을 잡고 수도로 돌아와서는 선성과 선사께 석전을 지내서, 심문해야 할
자와 왼쪽 귀를 벤 죄인의 수를 아뢴다. 신(訊)이라는 것은 그들의 괴수로 마땅히
심문해야 하는 자를 말하는 것이고, 괵(馘)은 그들의 왼쪽 귀를 자르는 것이다. 고
한다는 것은 심문하고 왼쪽 귀를 벤 자들의 수를 아뢰는 것이다.

① 先聖先師.

補註 按: 此見文王世子補註.

번역 살펴보니, 이와 관련된 내용은 『예기』「문왕세자(文王世子)」편의 보주
에 나온다.

長樂陳氏曰: 造乎禰, 則造乎祖, 可知. 受命于祖, 則用命于社,
可知. ①受命于學, 則謀始于朝, 可知. 類宜造禡, 先後之次. 受
命受成, 尊卑之次. 訊者, 問其首, 馘者, 截其耳. 釋奠于學而告
之者, 以學者文德之地, 征者威武之事. 於其文德之地, 告以②
成武之功, 以明用武以文, 任威以德而已. 此僖公所以在頖獻
馘, 而國人所以頌其文武也.

번역 장락진씨가 말하길, 녜묘(禰廟)에서 조를 했다고 하니 조묘(祖廟)에서도 조
를 했음을 알 수 있다. 조묘에서 명을 받았다고 하니, 사에서도 명을 따랐음을 알
수 있다. 학교에서 명을 받는다고 하니, 그 계책이 조정에서 시작됨을 알 수 있다.
유·의·조·마는 제사를 지내는 선후의 차례이다. 수명(受命)과 수성(受成)은 존
비의 차례이다. 신(訊)은 그 괴수를 심문하는 것이고, 괵(馘)은 그 귀를 자르는 것

이다. 학교에서 석전을 해서 고한다고 했는데, 학교란 문덕의 장소이고, 정벌하는 것은 무력의 일이기 때문이다. 문덕에 해당하는 장소에서 무력의 공을 고함은 무를 사용하며 문으로 하고, 위엄에 임하기를 덕으로 함을 밝히는 것일 따름이다. 이것은 노나라 희공이 반궁에서 괵을 바친 까닭이고, 국인들이 희공의 문무를 칭송한 까닭이다.[3]

① 受命于學.

補註 命, 當作成.

번역 '명(命)'자는 마땅히 성(成)자로 기록해야 한다.

② 成武之功.

補註 成, 他本作威, 是.

번역 '성(成)'자를 다른 판본에서는 위(威)자로 기록하기도 하는데, 이 기록이 옳다.

---

3) 『시』「노송(魯頌)・반수(泮水)」: 穆穆魯侯, 敬明其德. 敬愼威儀, 維民之則. 允文允武, 昭假烈祖. 靡有不孝, 自求伊祜.

「왕제」 42장

天子諸侯無事, 則①歲三田, 一爲乾豆, 二爲賓客, 三爲充君之庖.

번역 천자와 제후는 일이 없으면, 한 해에 3가지 목적을 위한 사냥을 하는데, 첫 번째는 제기에 담을 마른 고기를 마련하기 위해서이고, 두 번째는 빈객을 접대하기 위한 음식물을 마련하기 위해서이며, 세 번째는 군주의 푸줏간을 채우기 위해서이다.

① 歲三田.

補註 鄭註: "三田者, 夏不田, 蓋夏時也. 周禮春曰蒐, 夏曰苗, 秋曰獮, 冬曰狩." 疏曰: "一爲乾豆者, 上殺者也. 二爲賓客者, 中殺者也. 三爲充君之庖, 下殺者也. 車攻詩毛傳云: '自左膘而射之, 達於右髃, 爲上殺. 射右耳本次之. 射左髀, 達于右䯒, 爲下殺.'" [毛傳此說, 載朱子註.]

번역 정현의 주에서 말하길, "삼전(三田)이라는 것은 여름에는 사냥을 히지 않는다는 뜻으로, 아마도 여름은 장성해지는 시기이기 때문인 것 같다. 주나라의 예법에 따르면 봄에 사냥하는 것을 수(蒐)라 부르고, 여름에 사냥하는 것을 묘(苗)라 부르며, 가을에 사냥하는 것을 선(獮)이라 부르고, 겨울에 사냥하는 것을 수(狩)라고 부른다."라고 했다. 소에서 말하길, "첫 번째는 간두(乾豆)를 위해서라고 했는데 상살(上殺)에 해당한다. 두 번째는 빈객(賓客)을 위해서라고 했는데 중살(中殺)에 해당한다. 세 번째는 군주의 푸줏간을 채우기 위해서라고 했는데 하살(下殺)에 해당한다. 「거공(車攻)」편의 시에 대해 「모전」에서는 '좌측 허구리에 활을 쏘아 우측 어깨를 관통하면 상살이 된다. 우측 귀 밑을 관통하면 중살이 된다. 좌측 넓적다리에 활을 쏘아 우측 갈비뼈를 관통한 것은 하살이 된다.'"라고 했다. [「모전」의 이러한 주장은 주자의 주에 수록되어 있다.]

補註 ○按, 三字之訓, 陳註似長.

번역 ○살펴보니, '삼(三)'자에 대한 풀이는 진호의 주가 가장 나은 것 같다.

補註 ○又按: 疏曰, "鄭釋癈疾云: '歲三田, 謂以三事爲田', 卽上一曰乾豆之等." 然則鄭說, 亦有兩解.

번역 ○또 살펴보니, 소에서는 "정현의 『석폐질』에서는 '세삼전(歲三田)이라는 것은 세 가지 사안을 위해 사냥을 한다는 뜻이다.'라고 했으니, 앞에서 첫 번째는 간두를 위해서라고 했던 말 등을 뜻한다."라고 했다. 그렇다면 정현의 주장에도 이러한 두 가지 해석이 있었던 것이다.

참고-集說

無事, 無征伐出行喪凶之事也. 歲三田者, 謂每歲田獵, 皆是爲此三者之用也. 乾豆, ①腊之以爲祭祀之豆實也.

번역 일이 없다는 것은 정벌·출행·상흉 등의 일이 없는 것이다. 해마다 3가지 목적을 위해 사냥을 한다는 것은 해마다 시행되는 사냥이 모두 세 가지 용도 때문이라는 것이다. 간두(乾豆)는 고기를 말려서 제사의 제기를 채운다는 뜻이다.

① 腊.

補註 按: 音昔, 乾肉也.

번역 살펴보니, 그 음은 '昔(석)'이며 말린 고기를 뜻한다.

참고-大全

長樂陳氏曰: 蒐苗獮狩, 必法於田, 故皆謂之田. 田有三禮, 故謂之三田, 則猶祭八神, 謂之八蜡也. 田必於無事之時, 則異夫

好田獵①畢弋, 不修民事與喪蒐者也. 乾豆, 所以祭祀. 祭祀而
後, 賓客, 賓客而後, 充庖. 此頤卦, 先所養而後所自養之意也.
祭祀賓客以上殺次殺, 充庖以下殺, 厚所養而薄所自養也. 周官
大宰之九式, 先祭祀賓客之式而後羞服. 內饔, 先祭祀燕飲之割
亨而後羞膳. 籩人醢人, 先祭祀賓客之薦羞而後內羞. 鹽人, 先
祭祀賓客之鹽而後王之飴鹽. 是亦先所養而後自養之意也.

번역 장락진씨가 말하길, 수(蒐)·묘(苗)·선(獮)·수(狩)의 시행은 반드시 일반
적인 사냥의 방법을 따르기 때문에 모두 그것을 전(田)이라고 부른다. 사냥에는 세
가지 예가 있기 때문에 그것을 삼전(三田)이라고 하니, 8명의 신들에게 제사지내는
것을 팔사(八蜡)라고 하는 것과 같다. 사냥을 반드시 특별한 일이 없는 때 시행한
다면, 사냥하며 그물질하고 주살질하는 것을 좋아하여 백성의 일을 돌보지 않고 상
을 당해서도 사냥하는 것과는 다른 것이다. 제기에 마른 고기를 채우는 것은 제사
를 지내기 위해서이다. 제사를 지낸 이후에 빈객을 대접하고, 빈객을 대접한 이후에
푸줏간을 채운다. 이것은 이괘(頤卦)에서 남을 길러주는 것을 먼저하고 자기를 기
르는 것을 뒤로 했던 뜻이다. 제사를 지내고 빈객을 대접하는 것은 상살(上殺)과
차살(次殺)로 하고, 푸줏간을 채우는 것을 하살(下殺)로 하는 것은 남을 길러주는
것을 두텁게 하고 자기를 기르는 것을 엷게 하는 것이다. 『주례』「대재(大宰)」편의
구식(九式)에서는 제사를 지내고 빈객을 접대하는 식(式)을 먼저하고, 음식과 의복
에 대한 식(式)을 나중으로 하고 있다.[1] 『주례』「내옹(內饔)」편에서는 제사와 연회
에서 술을 마실 때 고기를 잘라서 삶는 것을 먼저하고 음식 만드는 것을 나중으로
하고 있다.[2] 『주례』「변인(籩人)」편[3]과 『주례』「해인(醢人)」편[4]에서는 제사를 지

---

1) 『주례』「천관(天官)·대재(大宰)」: 以九式均節財用. 一曰祭祀之式, 二曰賓客之
   式, 三曰喪荒之式, 四曰羞服之式, 五曰工事之式, 六曰幣帛之式, 七曰芻秩之式,
   八曰匪頒之式, 九曰好用之式.

2) 『주례』「천관(天官)·내옹(內饔)」: 凡宗廟之祭祀, 掌割亨之事. 凡燕飲食亦如
   之. 凡掌共羞脩刑膴胖骨鱐, 以待共膳.

3) 『주례』「천관(天官)·변인(籩人)」: 凡祭祀, 共其籩薦羞之實. 喪事及賓客之事,
   共其薦籩羞籩. 爲王及后世子共其內羞.

4) 『주례』「천관(天官)·해인(醢人)」: 凡祭祀, 共薦羞之豆實, 賓客喪紀亦如之. 爲

내고 빈객을 접대하며 올리는 음식을 먼저 하고 궁내에서 사용되는 음식은 나중으로 하고 있다. 『주례』「염인(鹽人)」편에서는 제사를 지내고 빈객을 접대하는 소금을 먼저하고 천자가 사용하는 단맛을 내는 소금은 나중으로 하고 있다.[5] 이것들 또한 남을 길러주는 것을 먼저하고 자기를 기르는 것을 나중으로 한다는 뜻이다.

① 畢戈.

補註 戈, 當作弋.

번역 '과(戈)'자는 마땅히 익(弋)자로 기록해야 한다.

王及后世子共其內羞.

5) 『주례』「천관(天官)·염인(鹽人)」: 祭祀, 共其苦鹽散鹽. 賓客, 共其形鹽散鹽. 王之膳羞, 共飴鹽, 后及世子亦如之.

「왕제」44장

참고-經文

天子殺, 則下大綏, 諸侯殺, 則下小綏, 大夫殺, 則止佐車, ①佐
車止, 則百姓田獵.

번역 천자가 사냥해서 짐승을 포획하면 대수(大綏)[1]를 내리고, 제후가 사냥해서
짐승을 포획하면 소수(小綏)[2]를 내리며, 대부가 사냥해서 짐승을 획득하면 좌거
(佐車)[3]를 멈추니, 좌거가 멈추면 백성들이 사냥을 시작한다.

① 佐車止則百姓田獵.

補註 疏曰: 以此推之, 則天子殺然後諸侯殺, 諸侯殺然後大夫殺.
번역 소에서 말하길, 이를 통해 추론해보면 천자가 짐승을 포획한 뒤에 제후
가 짐승을 포획하고, 제후가 짐승을 포획한 뒤에 대부가 짐승을 포획한다.

---

1) 대수(大綏)는 천자가 사냥할 때 세워두었던 큰 깃발을 뜻한다.
2) 소수(小綏)는 제후가 사냥할 때 세워두었던 작은 깃발을 뜻한다.
3) 좌거(佐車)는 전쟁이나 사냥을 할 때 뒤따르는 보조 수레를 뜻한다.

참고-經文

①<u>獺祭魚</u>, 然後虞人入澤梁. ②<u>豺祭獸</u>, 然後田獵. 鳩化爲鷹,
然後設罻羅. 草木零落, 然後③<u>入山林</u>. ④<u>昆蟲未蟄</u>, 不以火田.
不麛, 不卵, 不殺胎, 不殀夭, 不覆巢.

번역 수달이 물고기를 제사지낸 연후에야, 우인(虞人)[1]이 못에 들어가 물고기를
잡는다. 승냥이가 고기를 제사지낸 연후에야 사냥을 한다. 비둘기가 변화해서 매가
된 연후에야 새 잡는 그물을 설치한다. 초목의 낙엽이 떨어진 연후에야 산림에 벌
목하러 들어간다. 곤충이 아직 칩거하지 않았으면 화전을 하지 않는다. 새끼를 잡
지 않고, 알을 취하지 않으며, 새끼 밴 짐승을 죽이지 않고, 어린 짐승을 잘라 죽이
지 않으며, 둥지를 뒤엎지 않는다.

① ○<u>獺祭魚</u>.

補註 疏曰: 月令正月獺祭魚, 孝經緯云: "獸蟄伏, 獺祭魚"云, 則十月中
也. 此下"鳩化爲鷹", "草木零落", 文相連接, 則獺祭魚, 然後"虞人入澤
梁", 謂十月時. 魯語里革云: "鳥獸孕, 水蟲成, 於是乎禁罝罘羅網", 註
云: "謂季春時", 然則正月雖獺祭魚, 虞人不得入澤梁.

번역 소에서 말하길, 『예기』「월령(月令)」편에서는 정월에 "수달이 물고기를
제사지낸다."[2]라고 했고, 위서인 『효경위』에서는 "짐승이 칩거에 들어가고
수달이 물고기를 제사지낸다."라고 했으니, 10월 중순경에 해당한다. 아래
구문에서 "비둘기가 변화해서 매가 된다."라고 했고, "초목의 낙엽이 떨어진
다."라고 했는데, 문장이 서로 연결되어 있고, 수달이 물고기를 제사지낸 뒤

---

1) 우인(虞人)은 산림(山林)을 관장하는 관리이다. 『여씨춘추(呂氏春秋)』「계하(季
夏)」편에는 "乃命<u>虞人</u>入山行木."이라는 기록이 있고, 이에 대한 고유(高誘)의 주
에서는 "虞人, 掌山林之官."이라고 풀이하였다.

2) 『예기』「월령(月令)·맹춘(孟春)」: 東風解凍, 蟄蟲始振, 魚上冰, <u>獺祭魚</u>, 鴻鴈來.

에 "우인이 못에 들어가 물고기를 잡는다."라고 했으니 10월에 해당한다.
『국어』「노어(魯語)」편에서는 이혁은 "새나 짐승이 잉태하고 물고기들이 성
장하면 그물질하는 것을 금지시킨다."[3]라고 했고, 주에서는 "계춘 때를 뜻한
다."라고 했다. 그렇다면 정월에는 비록 수달이 물고기를 제사지내더라도 우
인은 못에 들어가 물고기를 잡을 수 없다.

補註 ○按: 此與小註方說有異, 未詳孰是.
번역 살펴보니, 이것은 소주에 나오는 방씨의 주장과 차이를 보이는데, 누구
의 주장이 옳은지는 모르겠다.

② 豺祭獸.

補註 疏曰: 月令九月豺乃祭獸, 夏小正十月豺祭獸, 則是九月末十月初.
번역 소에서 말하길, 『예기』「월령(月令)」편에서는 9월에 "승냥이는 날짐승
을 잡아 제사를 지낸다."[4]라고 했고, 『대대례기』「하소정(夏小正)」편에서는
10월에 "승냥이는 날짐승을 잡아 제사를 지낸다."[5]라고 했으니, 9월 말이나
10월 초에 해당한다.

③ 入山林.

補註 按: 謂斧斤入也.
번역 살펴보니, 도끼를 들고 벌목하기 위해 들어간다는 뜻이다.

---

3) 『국어』「노어상(魯語上)」: 宣公夏濫於泗淵, 里革斷其罟而棄之, 曰: "古者大寒
降, 土蟄發, 水虞於是乎講眾罶, 取名魚, 登川禽, 而嘗之寢廟, 行諸國, 助宣氣
也. 鳥獸孕, 水蟲成, 獸虞於是乎禁罝羅, 羂魚鱉以爲夏犒, 助生阜也.
4) 『예기』「월령(月令)·계추(季秋)」: 鴻雁來賓, 爵入大水爲蛤, 鞠有黃華, 豺乃祭
獸戮禽.
5) 『대대례기』「하소정(夏小正)」: 豺祭獸.

④ 昆蟲未蟄.

補註 鄭註: "昆, 明也, 明蟲者, 得陽而生, 得陰而藏." 疏曰: "謂未十月之時, 十月至仲春, 皆得火田."

번역 정현의 주에서 말하길, "곤(昆)은 밝다는 뜻이다. 명충(明蟲)이란 것은 양기를 얻어서 생겨나고, 음기를 얻어서 숨는다."라고 했다. 소에서 말하길, "아직 10월이 되지 않았을 때를 뜻하니, 10월부터 중춘까지는 모두 화전을 할 수 있다."라고 했다.

「왕제」 46장

冢宰制國用, 必於①歲之杪, 五穀皆入然後, 制國用. ②用地小大, 視年之豊耗, 以三十年之通制國用, 量入以爲出.

번역 총재(冢宰)가 국가의 재용을 제정함에 반드시 한 해의 연말에 하는 것은 오곡이 모두 거둬들여진 연후에야 국가의 재용을 제정하는 것이다. 땅의 작고 큼으로 하고, 해의 풍년과 흉년을 견주어서, 30년간의 통계로 국가의 재용을 재정하고, 수입을 헤아려 지출을 정한다.

① ○歲之杪.

補註 鄭註: 杪, 末也.

번역 정현의 주에서 말하길, '초(杪)'자는 말(末)자의 뜻이다.

② 用地小大[止]豊耗.

補註 疏曰: 制國用多少, 必計地小大. 又視年之豊耗, 地大年豊, 則制用多, 地小年耗, 則制用少.

번역 소에서 말하길, 국가의 재용을 제정할 때 많고 적음을 정하는 것은 반드시 땅의 크기를 계산해서 한다. 또 그 해의 작황을 살펴서 하니, 땅이 크고 그 해에 풍년이 들었다면 재용을 제정함이 많게 되고, 땅이 작고 그 해에 흉년이 들었다면 재용을 제정함이 적게 된다.

①喪, 三年不祭, 唯祭天地社稷, 爲越紼而行事. 喪, 用三年之
仂.

번역 상 중에는 3년간 제사를 지내지 않지만, 오직 천지와 사직에게는 제사를 지내
되 월불(越紼)해서 일을 치른다. 상에는 3년 치 국가 재용의 10분의 1을 사용한다.

① ○喪三年不祭.

補註 疏曰: 鄭答田瓊云, "天地郊社, 至尊, 不可廢, 故越紼祭之. 六宗山
川之神, 則否." 其宮中五祀不爲越紼, 故亦祭之. 曾子問云, "君薨, 五祀
之祭不行, 旣殯而祭之, 自啓至于反哭, 五祀之祭不行, 旣葬而祭之." 僖
公三十三年, "凡君薨, 卒哭而祔, 祔而作主, 特祀於主, 烝嘗禘於廟,"
杜註云: "新主旣特祀于寢, 則宗廟四時常祀, 三年禮畢, 又大禘, 乃大同
於吉", 如杜之意, 與三年不祭違者, 禮記後儒所作, 不正與春秋同. 是杜
不盡用禮記也.

번역 소에서 말하길, 정현은 전경에게 대답하며, "천지에 대한 교사(郊社)[1]
는 지극히 존귀한 대상에 대한 제사이니 폐지할 수 없다. 그렇기 때문에 상
여줄을 뛰어넘어 나가서 제사를 지내는 것이다. 육종(六宗)[2]이나 산천(山

---

1) 교사(郊社)는 본래 천지(天地)에 대한 제사를 뜻한다. 교(郊)는 천(天)에 대한 제사
를 뜻하고, 사(社)는 지(地)에 대한 제사를 뜻한다. '교사(郊祀)'라고도 부르고, '교제
(郊祭)'라고도 부른다. 또한 하늘에 대한 제사만을 지칭하기도 한다.

2) 육종(六宗)은 고대에 제사를 지냈던 여섯 신들을 뜻하는데, 구체적인 신들에 대해서
는 이견이 많다. 『서』「우서(虞書)·요전(堯典)」편에는 "肆類於上帝, 禋於六宗,
望於山川, 遍於群神."이라는 기록이 있는데, 한(漢)나라 때 복승(伏勝)과 마융(馬
融)은 천(天)·지(地)·춘(春)·하(夏)·추(秋)·동(冬)이라고 여겼다. 한나라 때
구양(歐陽) 및 대·소 하후(夏侯)와 왕충(王充)은 천지(天地)와 사방(四方) 사이에

川)의 신들에 대해서는 이처럼 하지 않는다."라고 했다. 궁 안에서 지내는
오사(五祀)의 경우에는 상여줄을 넘어가지 않아도 된다. 그렇기 때문에 이
들에 대해서도 제사를 지낸다. 『예기』「증자문(曾子問)」편에서는 "군주가
죽게 되면 오사의 제사는 시행하지 않는데, 빈소를 차린 뒤라면 제사를 지내
며, 계빈으로부터 반곡(反哭)을 할 때까지는 오사에 대한 제사를 시행하지
않고, 장례를 마친 뒤라면 제사를 지낸다."[3]라고 했다. 희공 33년의 기록에
서는 "군주가 죽게 되면 졸곡(卒哭)을 하고서 부제(祔祭)를 지내고, 부제를
지내면서 신주를 만들고, 그 신주에게만 제사를 지내며, 묘에서 증(烝)·상
(嘗)·체(禘)제사[4]를 지낸다."라고 했고, 두예의 주에서는 "새롭게 만든 신
주에 대해서는 이미 침(寢)에서 그 신주에게만 제사를 지낸다고 했으니, 종
묘에서 사계절마다 지내는 정규 제사는 그대로 시행하고, 삼년상이 끝나면
또한 성대한 체제사를 지내니, 이처럼 한 뒤에야 모두에 대해 성대한 길제
(吉祭)를 지낸다."라고 했다. 두예의 주장대로라면 삼년상을 치르는 동안 제
사를 지내지 않는다는 것과 위배되는데, 『예기』는 후대 유학자들이 작성한
것이어서 『춘추』와 완전히 부합되지 않는다. 이것이 두예가 『예기』의 기록

서 음양(陰陽)의 변화를 돕는 신들이라고 여겼다. 한나라 때 공광(孔光)과 유흠(劉
歆)은 건곤(乾坤)의 육자(六子)로 여겼으니, 수(水)·화(火)·뇌(雷)·풍(風)·산
(山)·택(澤)을 가리킨다. 한나라 때 가규(賈逵)는 천종(天宗)의 셋인 일(日)·월
(月)·성(星)과 지종(地宗)의 셋인 하(河)·해(海)·대(岱)로 여겼다. 한나라 때 정
현(鄭玄)은 성(星)·신(辰)·사중(司中)·사명(司命)·풍사(風師)·우사(雨師)라
고 여겼다. 한나라 이후에도 여러 학자들이 다양한 의견을 제시했다.

3) 『예기』「증자문(曾子問)」: <u>天子崩</u>, 未殯, <u>五祀之祭, 不行, 旣殯而祭</u>, 其祭也, 尸
入, 三飯不侑, 酳不酢而已矣. <u>自啓, 至于反哭, 五祀之祭, 不行</u>, 已葬而祭, 祝畢
獻而已.

4) 체제(禘祭)는 천신(天神) 및 조상신(祖上神)에게 지내는 '큰 제사[大祭]'를 뜻한다.
『이아』「석천(釋天)」편에는 "禘, 大祭也."라는 기록이 있고, 이에 대한 곽박(郭璞)
의 주에서는 "五年一大祭."라고 풀이하여, 대제(大祭)로써의 체제사는 5년마다 1번
씩 지낸다고 설명한다. 그러나 『예기』「왕제(王制)」에 수록된 각종 제사들에 대한
기록을 살펴보면, 체제사는 큰 제사임에는 분명하나, 반드시 5년마다 1번씩 지내는
제사는 아니었다.

을 모두 따르지 않았던 이유이다.

補註 ○程氏遺書曰: 禮惟天地之祭, 爲越紼而行事, 此事難行, 旣言越
紼, 則是猶在殯宮, 於時無由致得齊, 又安能脫喪服衣祭服? 縱天地之
祀, 爲不可廢, 則消使冢宰攝爾. 昔英宗初卽位, 有人以此爲問, 先生曰:
"今人居喪, 百事皆如常, 特於祭祀廢之, 則不如無廢爲愈." 子厚正之曰:
"父在爲母喪, 不敢見其父, 不敢以非禮見也. 今天子爲父之喪, 以此見
上帝, 是以非禮見上帝也, 故不如無祭."

번역 ○『정씨유서』에서 말하길, 예법에 따르면 오직 천지에 대한 제사에 대
해서만 상여줄을 뛰어넘어가서 제사를 지낸다고 했는데, 이것은 시행하기
어려우니, 이미 상여줄을 뛰어넘어간다고 했다면, 이것은 여전히 빈소에 시
신이 안치된 경우이며, 이 시기에는 재계를 치를 방법이 없고, 또 어찌 상복
을 벗고 제복을 입을 수 있겠는가? 비록 천지의 제사를 폐지할 수 없다고
하지만, 총재(冢宰)를 대신 시켜서 시행했을 것이다. 예전 영종이 처음 즉위
했을 때, 어떤 사람이 이것을 질문하였는데, 선생은 "오늘날의 사람들은 상
을 치르면서 온갖 일들을 평상시와 다름없이 따르고 있으니, 유독 제사에 대
해서만 폐지한다면, 폐지하지 않는 것만 못하다."라고 대답했다. 자후가 이
를 바로잡으며, "부친이 생존해 계실 때 모친의 상을 치르게 되면 감히 부친
을 찾아뵐 수 없으니, 비례에 따라 만나볼 수 없기 때문이다. 현재 천자는
부친의 상을 치르고 있는데, 이를 통해 상제를 찾아뵙는다면 이것은 비례에
따라 상제를 찾아뵙는 것이다. 그렇기 때문에 제사를 지내지 않는 것만 못하
다."라고 했다.

補註 ○語類: 問, "喪三年不祭." 曰, "程先生謂, 今人居喪, 都不能如古
禮, 却於祭祀祖先獨以古禮不行, 恐不得. 橫渠曰, '如此, 則是不以禮祀
其親也.' 二先生所論自不同, 論正禮則當從橫渠, 論人情則伊川之說, 亦
權宜之不能已者."

번역 ○『어류』에서 말하길, "상을 당하면 삼년 동안 제사를 지내지 않는다
는 말은 무슨 뜻입니까?"라고 묻자 "정선생은 오늘날 사람들은 상을 치르며

모두 옛 예법에 따르지 못하면서 유독 선조에 대한 제사에서만 유독 옛 예법에 따라 시행하지 않고 있으니, 아마도 옳지 않은 것 같다고 했다. 횡거는 '이와 같다면 예법에 따라 부모에 대해 제사지내는 것이 아니다.'라고 했다. 두 선생이 논의한 것은 그 자체가 다르지만, 올바른 예법에 따라 논의한다면 마땅히 횡거의 주장에 따라야 하고, 사람의 정감에 따라 논의한다면 이천의 주장 또한 권도의 마땅함에 따라 그만둘 수 없는 것이다."라고 대답했다.

補註 ○按: 程·朱說, 並見載續通解註.

번역 ○살펴보니, 정자와 주자의 주장은 모두 『속통해』의 주에 수록되어 있다.

「왕제」 49장

①喪祭, 用不足曰暴, 有餘曰浩. 祭, ②豊年不奢, 凶年不儉.

번역 상과 제사에 있어서 재용이 부족한 것을 '포(暴)'라고 부르고, 사치하는 것을 '호(浩)'라고 부른다. 제사를 지냄에 있어서는 풍년에는 사치하지 않고, 흉년에도 너무 검소하게 하지 않는다.

① ○喪祭用不足曰暴.

補註 鄭註: "暴, 猶耗也." 疏曰: "物被殘暴, 則虛耗, 故云暴猶耗也."
번역 정현의 주에서 말하길, "'포(暴)'는 다 써서 없어진다는 뜻과 같다."라고 했다. 소에서 말하길, "어떤 사물이 잔학하고 난폭한데 휘말리게 되면 없어지고 소모된다. 그렇기 때문에 포(暴)는 모(耗)와 같다고 했다."라고 했다.

補註 ○按: 此勝於陳註.
번역 ○살펴보니, 이 설명이 진호의 주보다 낫다.

② 豊年不奢凶年不儉.

補註 鄭註: 常用數之仂.
번역 정현의 주에서 말하길, 항상 정해진 수입의 10분의 1을 사용하는 것이다.

참고―經文

國無九年之蓄曰不足, 無六年之蓄曰急, 無三年之蓄曰國非其
國也. 三年耕, 必有一年之食, 九年耕, 必有三年之食, ①<u>以三
十年之通</u>, 雖有凶旱水溢, 民無菜色, 然後, 天子食, 日擧以樂.

번역 국가에 9년 치 여유분의 양식이 없는 것을 '부족(不足)'이라고 말하고, 6년 치
여유분의 양식이 없는 것을 '급(急)'이라 말하며, 3년 치 여유분의 양식이 없는 것
을 나라가 나라답지 않다고 말한다. 3년 동안 경작하면 반드시 1년 치 여유분의 양
식이 있게 되고, 9년 동안 경작하면 반드시 3년 치 여유분의 양식이 있게 되니, 30
년간의 통계로써 축적하여 9년 치 여유분의 양식을 비축하면 비록 흉년과 가뭄, 물
난리가 난다고 하더라도 백성들에게 채색(菜色)[1]이 없게 되니, 그런 연후에야 천
자는 음식을 먹음에 날마다 성찬을 들며 음악을 곁들인다.

① ○以三十年之通.

補註 徐志修曰: 不曰以一歲四分之三制國用, 而必曰三十年之通者, 竊
恐謂前歲旣凶舊蓄已發, 則今歲雖豊不得多制, 必使三十年有九年之
蓄也.

번역 서지수가 말하길, 1년의 수입을 4등분하여 3만큼을 국가의 재용으로
사용한다고 말하지 않고, 기어코 30년간의 통계로 한다고 했는데, 내가 생각
하기에 예를 들어 작년에 이미 흉사가 들어 전부터 축적해왔던 것을 이미
발출하였다면, 올해에는 비록 풍년이 들더라도 재정을 많이 지출할 수 없다.
따라서 반드시 30년 동안 9년 치의 양식을 축적해야만 한다.

---

1) 채색(菜色)은 얼굴에 풀빛이 난다는 뜻이다. 양식이 없어서 풀죽을 끓여 먹었기
때문에, 이처럼 부른 것인데, 기근 및 기아를 뜻하는 용어이다.

飢而食菜, 則色病, 故云菜色. 殺牲盛饌曰擧, ①周禮: 王日一擧, 鼎十有二, 物皆有俎, 以樂侑食. 又云: ②大荒則不擧者, 蓋偶値凶年, 雖有備, 亦當貶損耳.

번역 굶주려 풀죽을 끓여 먹어서 낯빛이 병들어 보이기 때문에 채색(菜色)이라고 말한 것이다. 희생물을 죽여 음식을 성대하게 차리는 것을 거(擧)라고 말하니, 『주례』에서는 "천자는 날마다 아침식사에 한번 거(擧)를 하는데 솥은 12개가 있고 음식물에 대해서는 모두 그것을 담는 도마가 각각 있으며, 음악을 연주함으로써 식사하기를 권한다."라고 했고, 또 "크게 흉년이 들면 거(擧)를 하지 않는다."라고 했으니, 뜻밖에 흉년을 만나게 되면 비록 비축해둔 것들이 있더라도, 또한 마땅히 줄이고 축소해야 할 따름이다.

① 周禮王日一擧[止]侑食.

補註 天官·膳夫文. 本註曰: "王日一擧, 以朝食也. 鼎十有二, 牢鼎九, 陪鼎三. 物謂牢鼎之實, 亦九俎." 疏曰: "牢鼎之實, 牛羊豕之類, 各在俎. 陪鼎三, 謂庶羞在於豆."

번역 『주례』「천관(天官)·선부(膳夫)」편의 기록이다.[2] 본래의 주에서 말하길, "천자는 날마다 한 차례 거(擧)를 하여 아침식사를 한다. 솥은 12개인데 희생물의 고기를 담은 솥은 9개이고 배정(陪鼎)[3]은 3개이다. '물(物)'은 뇌

---

2) 『주례』「천관(天官)·선부(膳夫)」: 王日一擧, 鼎十有二, 物皆有俎. 以樂侑食.

3) 배정(陪鼎)은 추가적으로 설치하는 정(鼎)을 뜻한다. 의식 행사 때 본래 차려내야 하는 음식들을 담은 정(鼎)은 정정(正鼎)에 해당하고, 그 이외에 추가적으로 차려내는 음식들을 담은 정(鼎)은 '배정'이 된다. 『춘추좌씨전』「소공(昭公) 5년」에는 "宴有好貨, 飱有陪鼎."이라는 기록이 있는데, 이에 대한 두예(杜預)의 주에서는 "陪, 加也. 加鼎所以厚殷勤."이라고 풀이했으며, 양백준(楊伯峻)의 주에서는 "據儀禮·聘禮, 賓始入客館, 宰夫卽設飱, 有九鼎, 牛鼎一·羊鼎一·豕鼎一·魚鼎一·腊鼎一·腸胃鼎一·膚鼎一·鮮魚鼎一·鮮腊鼎一. 陪鼎一曰羞鼎, 有三, 牛羹鼎·羊羹鼎·豕羹鼎各一."이라고 풀이했다. 즉 『의례』「빙례(聘禮)」편의 기

정(牢鼎)에 담는 것을 뜻하니, 또한 9개의 도마를 사용한다."라고 했다. 소에서 말하길, "뇌정에 담는 것은 소 · 양 · 돼지 등의 부류를 뜻하는데, 각각에 도마가 있게 된다. 배정이 3개라고 했으니, 서수(庶羞)⁴⁾로 두(豆)에 담는 것이다."라고 했다.

② 大荒則不擧.

補註 膳夫文.

번역 『주례』「천관(天官) · 선부(膳夫)」편의 기록이다.⁵⁾

록에 따르면, 빈객(賓客)이 처음으로 숙소에 들어가게 되면, 음식을 담당하는 재부(宰夫)는 식사를 차려내게 되며, 9개의 정(鼎)을 설치한다. 소를 담은 정(鼎)이 1개이고, 양을 담은 정(鼎)이 1개이며, 돼지를 담은 정(鼎)이 1개이고, 물고기를 담은 정(鼎)이 1개이며, 말린 고기를 담은 정(鼎)이 1개이고, 창자와 위를 담은 정(鼎)이 1개이며, 고기를 잘게 저민 정(鼎)이 1개이고, 물고기 회를 담은 정(鼎)이 1개이다. 그리고 '배정'의 경우에는 '수정(羞鼎)'이라고도 부르는데, 3가지가 있으며, 소고기 국을 담은 정(鼎)이 1개이고, 양고기 국을 담은 정(鼎)이 1개이며, 돼지고기 국을 담은 정(鼎)이 1개이다.

4) 서수(庶羞)는 여러 종류의 맛좋은 음식들을 뜻한다. 수(羞)자는 맛좋은 음식을 뜻하고, 서(庶)자는 음식 종류가 많다는 뜻이다. 『의례』「공사대부례(公食大夫禮)」편에는 "上大夫庶羞二十, 加於下大夫以雉兔鶉鴽."라는 기록이 있는데, 이에 대한 호배휘(胡培翬)의 정의(正義)에서는 학경(郝敬)의 말을 인용하여, "肴美曰羞, 品多曰庶."라고 풀이했다.

5) 『주례』「천관(天官) · 선부(膳夫)」 : 大喪則不擧, <u>大荒則不擧</u>, 大札則不擧, 天地有災則不擧, 邦有大故則不擧.

「왕제」 51장

①天子七日而殯, 七月而葬. 諸侯五日而殯, 五月而葬. 大夫士
庶人三日而殯, 三月而葬. ②三年之喪, 自天子達.

번역 천자는 7일 후에 빈소를 차리고 7개월 후에 장례를 치른다. 제후는 5일 후에
빈소를 차리고 5개월 후에 장례를 치른다. 대부·사·서인들은 3일 후에 빈소를 차
리고 3개월 후에 장례를 치른다. 삼년상은 천자로부터 모든 사람들에게 통용된다.

① 天子七日而殯章.

補註 按: 以檀弓下哭踊哀之甚也章, 補註所引疏, 及雜記上公七踊大夫
五踊士三踊章註觀之, 則此所謂天子七日, 諸侯五日, 大夫三日而殯, 皆
除死日而數之也. 士三日而殯, 合死日而數之也. 又喪大記諸侯五日而
殯, 大夫三日而殯, 與此篇同. 唯士二日而殯云者, 與此篇似異而實同.

번역 살펴보니, 『예기』「단궁하(檀弓下)」편의 곡과 용은 애통함이 심한 것
이라고 한 문장의 보주에서 인용하고 있는 소와 『예기』「잡기상(雜記上)」편
에서 군주는 7차례 용을 하고 대부는 5차례 용을 하며 사는 3차례 용을 한다
고 한 문장의 주를 통해 살펴보면, 여기에서 천자는 7일 제후는 5일 대부는
3일이 지나고 빈소를 차린다고 한 말은 모두 죽은 날짜를 제외하고 계산한
것이다. 반면 사는 3일 후에 빈소를 차린다고 했는데, 이것은 죽은 날까지도
함께 계산한 것이다. 또 『예기』「상대기(喪大記)」편에서는 제후는 5일 후에
빈소를 차리고 대부는 3일 후에 빈소를 차린다고 하여 이곳 「왕제」편의 내
용과 동일하다. 다만 사는 2일 후에 빈소를 차린다고 하여, 「왕제」편의 내용
과 차이가 나는 것처럼 보이지만 실상은 같은 내용이다.

補註 ○又按: 大夫士庶人殯葬, 必無略不差等之理, 恐大夫則不數死日
死月, 士庶人則並數死日死月, 如疏說也. 但雜記士三月而葬, 是月卒

哭, 大夫三月而葬, 五月而卒哭. 然則葬月同, 而卒哭異月歟.

번역 ○또 살펴보니, 대부·사·서인이 빈소를 차리고 장례를 치른다고 했을 때에도 분명 간략히 하여 차등을 두지 않는 이치가 없었을 것이니, 아마도 대부의 경우에는 죽은 날짜와 죽은 달을 셈하지 않은 것이고, 사와 서인은 죽은 날짜와 죽은 달까지도 함께 계산한 것이니, 소의 주장과 같다. 다만 『예기』 「잡기(雜記)」편에서는 사는 3개월 후에 장례를 치르고 그 달에 졸곡(卒哭)을 치른다고 했고, 대부는 3개월 후에 장례를 치르고 5개월 후에 졸곡을 치른다고 했다. 그렇다면 장례를 치르는 월수는 동일하지만 졸곡을 하는 월수에는 차이가 났던 것이다.

補註 ○又按: 疏曰, "鄭箴膏肓云: '人君殯葬, 數來月來日', 此以正禮言也. 若春秋之時, 天子諸侯皆數死月, 故文八年八月, 天王崩, 九年二月葬襄王. 成十八年八月, 公薨, 十二月葬. 傳云: '書順也', 是皆數死月也. 故鄭又云人君殯數來日, 葬數往月, 據春秋爲說也." 恐鄭下說爲長.

번역 ○또 살펴보니, 소에서는 "정현의 『잠고황』에서는 '군주의 상에서 빈소를 차리고 장례를 치르는 일에 있어서는 다음달과 다음날부터 계산한다.'라고 했는데, 이것은 정규 예법으로 말한 것이다. 춘추시대의 경우 천자와 제후는 모두 죽은 달까지도 함께 계산을 했다. 그렇기 때문에 문공 8년 8월에 천자가 죽었는데, 문공 9년 2월에 양왕에 대한 장례를 치른 것이다. 또 성공 18년 8월에 공이 죽었는데, 그해 12월에 장례를 치른 것이다. 전문에서는 '도리에 맞았기 때문에 기록한 것이다.'라고 했다. 이것은 모두 죽은 달까지도 함께 계산한 것을 나타낸다. 그렇기 때문에 정현은 또한 군주에 대해 빈소를 차릴 때에는 다음날부터 계산하고 장례를 치를 때에는 지난달부터 계산한다고 했던 것이니, 이것은 『춘추』를 근거로 설명한 것이다."라고 했다. 아마도 정현의 주장 중 뒤의 것이 더 나은 것 같다.

② **三年之喪自天子達.**

補註 鄭註: 下通庶人, 於父母同.

번역 정현의 주에서 말하길, 아래로 서인에게까지 통용되니, 부모에 대해서는 동일하게 따른다.

諸侯, 降於天子而五月, 大夫, 降於諸侯而三月, 士庶人, 又降於大夫, 故踰月也. 今總云 大夫士庶人三日而殯, 此固所同, 然皆三月而葬, 則非也. 其以上文降殺, 俱兩月, 在下可知, 故略言之歟. ①孔子引左傳, 大夫三月, 士踰月者, 謂大夫除死月爲三月, 士數死月, 爲三月, 是越踰一月, 故言踰月耳. 誠如此, 則是大夫四月, 士三月, 謂大夫踰越一月, 猶可, 豈得謂士踰越一月乎. 此不可通, ②當從左氏說爲正.

번역 제후의 장례는 天子보다 낮춰서 5개월 후에 하고, 대부의 장례는 제후보다 낮춰서 3개월 후에 하며, 사·서인의 장례는 또한 대부보다 낮추기 때문에 달을 넘겨서 한다. 현재 경문에서 총괄적으로 말하길, 대부·사·서인이 3일 이후에 빈소를 차린다고 하는데, 이것은 진실로 이들 모두 같은 것이지만, 그러나 모두 3개월 후에 장례를 치른다는 것은 잘못된 것이다. 앞 문장에서 점점 낮춰지는 것이 모두 2개월씩이었으니, 뒤의 문장에서도 동일하게 적용해야 함을 알 수 있기 때문에, 간략하게 언급한 것일 뿐이다. 공영달은 『좌전』을 인용하며,[1] "대부는 3개월을 하고, 사는 달을 넘긴다는 것은 대부는 죽은 달을 제외하고 3개월이 되고, 사는 죽을 달을 포함해서 3개월이 되니, 이것이 1개월을 넘긴다는 것이기 때문에 달을 넘긴다고 말한 것일 따름이다."라고 했는데, 진실로 이러하다면 대부는 4개월 후에 장례를 치르는 것이고, 사는 3개월 후에 장례를 치르는 것이 되니, 대부가 1개월을 넘긴다는 것은 오히려 옳은 것이지만, 어찌 사가 1개월을 넘긴다고 말할 수 있겠는가? 이것은 통용될 수 없는 것이니, 마땅히 『좌전』의 설을 따르는 것이 맞다.

---

1) 『춘추좌씨전』「은공(隱公) 1년」: 天子七月而葬, 同軌畢至. 諸侯五月, 同盟至. 大夫三月, 同位至. 士踰月, 外姻至.

① 孔子引左傳.

補註 按: 此卽疏文.

번역 살펴보니, 이것은 소의 문장에 해당한다.

補註 ○子, 當作氏.

번역 ○'자(子)'자는 마땅히 씨(氏)자로 기록해야 한다.

② 當從左氏說爲正.

補註 按: 陳註之意, 蓋以爲士二月而葬也. 然士虞記: 死三日而殯, 三月而葬, 遂卒哭. 又雜記下: 士三月而葬, 是月也卒哭. 據此則士非二月而葬, 明矣. 左傳所謂踰月, 猶言間一月, 亦三月也. 陳註誤.

번역 살펴보니, 진호의 주에 나온 의미는 사는 2개월 후에 장례를 지낸다고 여긴 것 같다. 그러나 『의례』「사우례(士虞禮)」편의 기문에서는 "죽은 후 3일이 되어 빈소를 차리고, 3개월이 지나서 장례를 치르며 졸곡을 한다."[2]고 했다. 또 『예기』「잡기하(雜記下)」편에서는 "사는 3개월이 지나서 장례를 치르며, 장례를 치른 달에 졸곡을 한다."[3]라고 했다. 이러한 기록에 근거해보면 사는 2개월이 지난 뒤에 장례를 치르는 것이 아님이 명백하다. 『좌전』에서 '유월(踰月)'이라고 한 것은 한 달의 간격을 둔다는 말과 같으니 또한 3개월이 된다. 따라서 진호의 주는 잘못되었다.

---

2) 『의례』「사우례(士虞禮)」: 死三日而殯, 三月而葬, 遂卒哭.

3) 『예기』「잡기하(雜記下)」: <u>士三月而葬, 是月也卒哭</u>. 大夫三月而葬, 五月而卒哭. 諸侯五月而葬, 七月而卒哭. 士三虞, 大夫五, 諸侯七.

「왕제」52장

庶人, 縣封, 葬①不爲雨止, ②不封不樹, 喪不貳事.

번역 서인은 줄을 매달아 하관하고, 장례는 비가 오더라도 멈추지 않으며, 봉분을 만들지 않고 나무도 심지 않으며, 상을 치를 때에는 다른 일을 하지 않는다.

① 不爲雨止.

補註 鄭註: 雖雨猶葬, 以其儀少.

번역 정현의 주에서 말하길, 비록 비가 오더라도 장례를 치르니, 의례절차가 적기 때문이다.

② 不封不樹.

補註 鄭註: "士以上乃封樹." 疏曰: "白虎通云, ‘天子松, 諸侯栢, 大夫栗, 士槐.’"

번역 정현의 주에서 말하길, "사 이상의 계층은 봉분도 만들고 나무도 심는다."라고 했다. 소에서 말하길, "『백호통』에서는 ‘천자는 소나무를 심고 제후는 측백나무를 심으며 대부는 밤나무를 심고 사는 회화나무를 심는다.’"라고 했다.

補註 ○周禮·冢人: "以爵等爲丘封之度, 與其樹數." 註: "別尊卑也. 王公曰丘, 諸臣曰封." 疏曰: "尊者丘高而樹多, 卑者封下而樹少, 故云別尊卑也. 丘封高下樹木之數, 周禮無文. 春秋緯云, ‘天子墳高三仞, 樹以松, 諸侯半之, 樹以栢, 大夫八尺, 樹以欒, 士四尺, 樹以槐, 庶人無墳, 樹以楊柳.’ 鄭不引之者, 以春秋緯或說異代, 多與周禮乖, 故不引, 或鄭所不見也. 王制云: ‘庶人不封不樹’, 而春秋緯云: ‘庶人樹以楊柳’者, 以庶人禮所不制, 故樹楊柳也."

번역 ○『주례』「총인(冢人)」편에서 말하길, "작위의 등급에 따라 무덤의 치수를 정하고 심는 나무의 수를 정한다."[1]라고 했다. 주에서 말하길, "신분을 구별하기 위해서이다. 천자나 제후의 무덤은 구(丘)라고 부르고, 신하들의 무덤은 봉(封)이라고 부른다."라고 했다. 소에서 말하길, "존귀한 자의 무덤은 높고 나무는 많으며, 미천한 자의 무덤은 낮고 나무는 적다. 그렇기 때문에 신분을 구별하기 위해서라고 말했다. 무덤의 높낮이와 나무의 수치에 대해서는 『주례』에 관련 기록이 남아있지 않다. 위서인 『춘추위』에서는 '천자의 무덤은 그 높이가 3인(仞)[2]이고 나무는 소나무로 심으며, 제후는 그 절반으로 하고 나무는 측백나무로 심으며, 대부는 8척이고 나무는 모감주나무로 심으며, 사는 4척이고 회화나무로 심으며, 서인은 봉분을 쌓지 않으며 버드나무로 심는다.'라고 했다. 정현이 이 내용을 인용하지 않은 것은 『춘추위』의 내용이 간혹 다른 왕조의 예법을 설명하여, 대체로 『주례』의 내용과 어긋나기 때문에 인용하지 않은 것이다. 그것이 아니라면 정현이 보지 못한 것일수도 있다. 「왕제」편에서는 '서인은 봉분을 만들지 않고 나무도 심지 않는다.'라고 했지만, 『춘추위』에서는 '서인은 버드나무를 심는다.'라고 했는데, 서인의 예법에 있어 통제하지 않은 부분이기 때문에 버드나무를 심었던 것이다."라고 했다.

---

1) 『주례』「춘관(春官)·총인(冢人)」: 以爵等爲丘封之度與其樹數.

2) 인(仞)은 '인(仞)'이라고도 기록하며 길이를 재는 단위이다. 7척(尺)이 1인(仞)이 된다. 일설에는 8척(尺)을 1인(仞)이라고도 한다. 『논어』「자장(子張)」편에서는 "夫子之牆數仞, 不得其門而入者, 不見宗廟之美, 百官之富, 得其門者或寡矣."라고 했는데, 이에 대한 하안(何晏)의 『집해(集解)』에서는 "七尺曰仞也"라고 풀이했고, 『의례』「향사(鄕射)」편에는 "杠長三仞."이라고 했는데, 이에 대한 정현의 주에서는 "七尺曰仞."이라고 풀이했다. 한편 『한서(漢書)』「식화지상(食貨志上)」편에는 "神農之教曰: 有石城十仞, 湯池百步, 帶甲百萬而亡粟, 弗能守也."라고 했는데, 이에 대한 안사고(顏師古)의 주에서는 "應劭曰: '仞, 五尺六寸也.' 師古曰: '此説非也. 八尺曰仞, 取人申臂之一尋也.'"라고 풀이했다.

補註 ○按: 大夫之欒與栗, 疏與周禮異, 而字彙欒註, 引白虎通正作欒, 恐作栗者誤.

번역 ○살펴보니, 대부에 대해서는 모감주나무를 심는다고 하고 또 밤나무를 심는다고 하여, 소와 『주례』의 내용이 차이를 보이는데, 『자휘』에서는 난(欒)자에 대한 주에서 『백호통』을 인용하여 난(欒)자로 바로잡았으니, 아마도 밤나무로 기록한 것은 잘못된 것 같다.

참고-集說

此言庶人之禮. 庶人無碑繂, 縣繩下棺, 故云縣窆也. 不封, 不爲丘壟也. ①大夫士, 旣葬, 公政入於家, 庶人, 則終喪無二事也.

번역 이것은 서인의 예법을 말한 것이다. 서인은 비률(碑繂)이 없어서, 끈을 매달아서 관을 내리기 때문에, 줄을 매달아 하관을 한다고 말한 것이다. 불폄(不封)이란 것은 봉분을 만들지 않는 것이다. 대부와 사의 경우 장례를 치르게 되면, 군주의 정사가 집으로 들어오지만, 서인은 상을 마칠 때까지 상 이외의 일이 없다.

① 大夫士[止]入於家.

補註 喪大記文.

번역 『예기』「상대기(喪大記)」편의 기록이다.[3]

---

3) 『예기』「상대기(喪大記)」: 君旣葬, 王政入於國, 旣卒哭而服王事. <u>大夫士旣葬, 公政入於家,</u> 旣卒哭, 弁絰帶, 金革之事無辟也.

「왕제」 56장

鄭氏曰: 此蓋夏殷之祭名. ①周則春曰祠, 夏曰礿, ②以禘爲殷祭.

번역 정현이 말하길, 이것은 아마도 하나라와 은나라 때의 제사 명칭일 것이다. 주나라에서는 봄에 지내는 것을 사(祠)라 부르고, 여름에 지내는 것을 약(礿)이라 불렀으니, 그 이유는 체(禘)를 성대한 제사의 명칭으로 삼았기 때문이다.

① ○周則春曰祠夏曰礿.

補註 按: 不言秋冬者, 與此經文同也.

번역 살펴보니, 가을과 겨울을 언급하지 않은 것은 이곳 경문의 내용과 동일하기 때문이다.

② 以禘爲殷祭.

補註 疏曰: 殷, 大也.

번역 소에서 말하길, '은(殷)'자는 크다는 뜻이다.

「왕제」57장

참고─集說

視三公, 視諸侯, 謂視其①饔餼牢禮之多寡, 以爲牲器之數也.
因國, 謂所建國之地, 因先代所都之故墟也, 今無主祭之子孫,
則在王畿者, 天子祭之, 在侯邦者, 諸侯祭之, 以其昔嘗有功德
於民, 不宜絕其祀也.

번역 삼공에게 견주고, 제후에게 견준다는 것은 그들이 빈객을 대접할 때 사용하는 옹희(饔餼)[1]와 뇌례(牢禮)[2]의 많고 적음을 견주어서, 희생물을 담는 제기의 수를 정한다는 뜻이다. 인국(因國)은 현재 건국한 땅이 선대에서 도읍으로 정했던 옛 터전에 잇닿아 있는 것을 이르는데, 현재 제사를 주관할 자손이 없으면, 천자의 수도에 있는 자들에 대해서는 천자가 제사를 지내고, 제후국에 있는 자들에 대해서는 제후가 제사를 지내니, 그들은 옛적에 백성들에게 공덕을 쌓았었기 때문에, 마땅히 그 제사를 그만 둘 수 없기 때문이다.

---

1) 옹희(饔餼)는 빈객(賓客)과 상견례(相見禮)를 하고 나서 성대하게 음식을 마련해 접대하는 것을 뜻한다. 『주례』「추관(秋官)·사의(司儀)」편에는 "致飧如致積之禮."라는 기록이 있는데, 이에 대한 정현의 주에서는 "小禮曰飧, 大禮曰饔餼."라고 풀이하였다. 즉 '옹희'와 '손'은 모두 빈객 등을 접대하는 예법들인데, '옹희'는 성대한 예법에 해당하여, '손'보다도 융숭하게 대접하는 것이다.

2) 뇌례(牢禮)는 소[牛], 양[羊], 돼지[豬] 등의 세 가지 희생물을 써서, 빈객(賓客)을 대접하는 예(禮)를 말한다. 『주례』「천관(天官)·재부(宰夫)」편에는 "凡朝覲會同賓客, 以牢禮之法, 掌其牢禮委積膳獻飲食賓賜之飧牽, 與其陳數."라는 기록이 있고, 이에 대한 정현의 주에서는 "牢禮之法, 多少之差及其時也. 三牲牛羊豕具爲一牢."라고 풀이하였다. 또 『주례』「지관(地官)·우인(牛人)」편에는 "凡賓客之事, 共其牢禮積膳之牛."라는 기록이 있고, 이에 대한 정현의 주에서는 "牢禮, 飧饔也."라고 풀이하였다.

① ○饔餼牢禮.

補註 按: 殺者曰饔, 生者曰餼. 牢, 牲也. 見聘義註.

번역 살펴보니, 희생물이 도축된 상태의 것은 '옹(饔)'이라 부르고 살아있는 상태의 것은 '희(餼)'라고 부른다. '뇌(牢)'는 희생물을 뜻한다. 『예기』「빙의(聘義)」편의 주에 나온다.

참고─集說

①周官制度云: 五祀, 見於周禮禮記儀禮, 雜出於史傳多矣, 獨祭法加爲七. ②左傳家語, 以爲重該修熙句龍之五官, 月令, 以爲門行戶竈中霤. 然則所謂五祀者, 名雖同而祭各有所主也. 鄭氏以七祀爲周制, 五祀爲商制, 然大宗伯亦云: ③祭社稷五祀, 儀禮, 士疾病, 禱五祀, 則五祀, 無尊卑隆殺之辨矣. 愚意鄭氏已是臆說, 祭法之言, 亦未可深信.

번역 『주관제도』에서 이르길, 오사(五祀)에 대한 기록은 『주례』·『예기』·『의례』에 보이며, 역사서에 나타난 것도 많지만, 유독 『예기』「제법(祭法)」편에서만 천자는 둘을 더해 칠사(七祀)를 지낸다고 했다.[3] 『좌전』[4]과 『공자가어』[5]에서는 중

---

3) 『예기』「제법(祭法)」: 王爲群姓立七祀. 曰司命, 曰中霤, 曰國門, 曰國行, 曰泰厲, 曰戶, 曰竈.

4) 『춘추좌씨전』「소공(昭公) 29년」: 獻子曰, 社稷五祀, 誰氏之五官也. 對曰, 少皞氏有四叔, 曰重, 曰該, 曰修, 曰熙, 實能金、木及水. 使重爲句芒, 該爲蓐收, 修及熙爲玄冥, 世不失職, 遂濟窮桑, 此其三祀也. 顓頊氏有子曰犁, 爲祝融. 共工氏有子曰句龍, 爲后土, 此其二祀也. 后土爲社. 稷, 田正也. 有烈山氏之子曰柱爲稷, 自夏以上祀之. 周棄亦爲稷, 自商以來祀之.

5) 『공자가어』「오제(五帝)」: 昔少皞氏之子有四叔, 曰重, 曰該, 曰脩, 曰熙, 實能金木及水, 使重爲勾芒, 該爲蓐收, 脩及熙爲玄冥, 顓頊氏之子曰黎爲祝融, 共工氏之子曰勾龍, 爲后土, 此五者, 各以其所能業爲官職生爲上公, 死爲貴神, 別稱五

(重)·해(該)·수(修)·희(熙)·구룡(句龍)의 오관(五官)6)으로 여겼고, 『예기』「월령(月令)」편에서는 문(門)·행(行)·호(戶)·조(竈)·중류(中霤)로 여겼다. 그렇기 때문에 이른바 '오사(五祀)'라는 것은 명칭이 비록 같더라도 제사에서는 각기 모셔야 하는 신이 따로 있는 것이다. 정현은 천자가 칠사를 지낸다는 것을 주나라의 제도로 여겼고, 천자도 제후와 마찬가지로 오사를 지낸다는 것은 은나라의 제도라고 여겼다. 그러나 『주례』「대종백(大宗伯)」편에서도 "사직과 오사를 제사지낸다."7)라고 하였고, 『의례』에서도 "사가 질병이 들면 오사에게 기도한다."8)라고 했으니, 오사는 신분의 차이나 융성하게 하느냐 줄이느냐의 구분 없이 모두 지내는 것이다. 내가 생각하기에 정현의 말은 이미 억설이며, 「제법」편의 말 또한 깊이 믿을 만하지 못하다.

① 周官制度云.

補註 按: 首卷援用書目有周官制度, 而在於書傳·詩記之下, 似是宋儒所纂輯, 而未詳誰某.

번역 살펴보니, 첫 권에서 인용서적을 나열한 목록에는 『주관제도』라는 책이 있고, 『서전』과 『시기』 뒤에 수록되어 있으니, 아마도 송나라 유학자들이 기록을 모아 편찬한 것 같은데, 누구의 저작인지는 자세히 모르겠다.

祀, 不得同帝

6) 오관(五官)은 오행(五行)을 주관하는 천상의 신들을 뜻한다. 또는 천상에서 그 일들을 담당하는 관부를 뜻한다. 관부의 수장을 '정(正)'이라고 부르기 때문에, '오관'의 수장을 목정(木正), 화정(火正), 금정(金正), 수정(水正), 토정(土正)이라고 부르고, 해당 신들은 구망(句芒), 축융(祝融), 욕수(蓐收), 현명(玄冥), 후토(后土)이다. 『춘추좌씨전』「소공(昭公) 29년」편에는 "故有五行之官, 是謂五官, 實列受氏姓, 封爲上公, 祀爲貴神. 社稷五祀, 是尊是奉. 木正曰句芒, 火正曰祝融, 金正曰蓐收, 水正曰玄冥, 土正曰后土."라는 기록이 있다.

7) 『주례』「춘관(春官)·대종백(大宗伯)」: 以血祭祭社稷五祀五嶽.

8) 『의례』「기석례(旣夕禮)」: 記. 士處適寢, 寢東首于北墉下. 有疾, 疾者齊. 養者皆齊, 徹琴瑟. 疾病, 外內皆掃, 徹褻衣, 加新衣. 御者四人皆坐持體. 屬纊以俟絕氣. 男子不絕于婦人之手, 婦人不絕于男子之手. 乃行禱于五祀. 乃卒, 主人啼, 兄弟哭.

② 左傳家語[止]五官.

補註 家語·五帝篇: 季康子曰, "吾聞勾芒爲木正, 祝融爲火正, 蓐收爲金正, 玄冥爲水正, 后土爲土正." 孔子曰, "昔小皡氏之子有四叔, 曰重, 曰該, 曰脩, 曰熙, 實能金木及水, 使重爲勾芒, 該爲蓐收, 脩及熙爲玄冥, 顓頊之子曰黎爲祝融, 共工氏之子曰勾龍爲后土, 此五者, 各以所能業爲官職. 生爲上公, 死爲貴神, 別稱五祀."

번역 『공자가어』「오제(五帝)」편에서 말하길, 계강자는 "내가 듣기로 구망은 목정(木正)이 되고, 축융은 화정(火正)이 되며, 욕수(蓐收)는 금정(金正)이 되고, 현명(玄冥)은 수정(水正)이 되며, 후토(后土)는 토정(土正)이 된다고 했습니다."라고 했다. 공자는 "예전 소호씨에게 네 명의 자손이 있었는데, 중(重)·해(該)·수(脩)·희(熙)라 부르며, 그들은 금과 토 및 화를 잘 다룰 수 있어서, 중을 구망으로 삼고 해를 욕수로 삼았으며 수와 희를 현명으로 삼았습니다. 또 전욱의 자손을 여(黎)라고 하는데 그를 축융으로 삼았으며, 공공씨의 자손을 구룡이라 부르는데 그를 후토로 삼았으니, 이러한 다섯 관부는 각각 그들이 잘하는 업무를 관직의 직무로 삼았습니다. 따라서 그들은 생전에는 상공의 신분이었고 죽어서는 귀신이 되어 별도로 오사라고 지칭합니다."라고 했다.

補註 ○按: 此又見左傳昭二十九年, 其文槩同.

번역 ○살펴보니, 이 문장은 또한 『좌전』 소공 29년 기록에도 나오는데, 그 문장이 대략적으로 동일하다.

補註 ○又按: 陳註漏火正黎, 熙下當添黎字, 又修當作脩, 句當作勾, 水正則二人兼之, 故六人爲五官.

번역 ○또 살펴보니, 진호의 주에서는 화정(火正)인 여(黎)를 누락하고 있으니 희(熙)자 뒤에는 마땅히 여(黎)자를 첨가해야 하며, 수(修)자는 마땅히 수(脩)자로 기록해야 하고, 구(句)자는 마땅히 구(勾)자로 기록해야 하며, 수정(水正)의 경우 두 사람이 함께 다스렸다. 그렇기 때문에 여섯 사람이 다섯 관부를 맡았던 것이다.

③ 祭社稷五祀.

補註 按: 此下當添然則周制亦五祀矣之意看.

번역 살펴보니, 이 구문 뒤에는 마땅히 "그렇다면 주나라의 제도에서도 오사의 제사를 지낸 것이다."라는 뜻의 문장을 첨가해야 한다.

「왕제」 58장

참고-經文

①天子, 犆礿, 祫禘, 祫嘗, 祫烝.

번역 천자는 약(礿)제사를 특(犆)제사로 지내고, 체(禘)제사를 협(祫)제사로 지내며, 상(嘗)제사를 협제사로 지내고, 증(烝)제사를 협제사로 지낸다.

① 天子犆礿[止]祫烝.

補註 語類曰: 礿祭以春物未成, 其禮稍輕, 須著逐廟各祭. 祫又却合爲一處, 則犆反詳, 而祫反略矣.

번역 『어류』에서 말하길, 약(礿)제사는 봄에는 만물이 아직 완성되지 않아서, 그 예가 보다 가볍게 되니, 묘(廟)에 따라 각각 제사를 지내야 한다. 협(祫)은 또한 합쳐서 한 곳에 두니, 특(犆)은 도리어 상세해지고 협(祫)은 도리어 소략해진다.

「왕제」 59장

①諸侯, 祫則不禘, 禘則不嘗, 嘗則不烝, 烝則不祫.

번역 제후는 약(礿)제사를 지냈다면 체(禘)제사를 지내지 않고, 체제사를 지냈다면 상(嘗)제사를 지내지 않으며, 상제사를 지냈다면 증(烝)제사를 지내지 않고, 증제사를 지냈다면 약제사를 지내지 않는다.

① ○諸侯礿則不禘.

補註 語類: 問, "註謂是歲朝天子, 廢一時祭." 曰, "春秋朝會無節, 豈止廢一時祭而已? 不然則或有世子, 或大臣, 豈不可以攝事?"

번역 『어류』에서 말하길, "주에서는 천자에게 조회를 하는 해에는 한 계절의 제사를 폐지한다고 했는데 맞는 말입니까?"라고 묻자 "『춘추』에서는 조회를 하며 이러한 절차가 없었는데, 어찌 한 계절의 제사만 폐지하는데 그쳤겠는가? 그렇지 않다면 세자나 대신이 남아있었을 것인데 어찌 그 일을 대신하지 않았겠는가?"라고 대답했다.

補註 ○張子曰: 夏・商天子歲乃五享, 禘列四祭, 並祫而五也. 周改禘爲礿, 則天子享六, 諸侯不禘, 又歲闕一祭, 則亦四而已矣.

번역 ○장자가 말하길, 하나라와 은나라 때 천자는 해마다 다섯 번의 제사를 지냈으니, 체(禘)제사는 사계절의 제사에 포함되며 협(祫)제사를 합하면 다섯 번이 된다. 주나라 때에는 체제사를 약(礿)제사로 고쳤으니, 천자는 여섯 번의 제사를 지냈고, 제후는 체제사를 지내지 않고 또 해마다 한 번의 제사를 생략했으니, 또한 네 번만 지냈을 뿐이다.

補註 ○按: 並祫而五, 此祫字指三年之祫, 諸侯不禘, 此禘字指五年之禘也. 周則天子享六云者, 謂五年之禘, 三年之祫, 及春祠・夏礿・秋嘗・

冬烝也. 諸侯四, 謂三年之祫, 及三時祭也. 蓋言天子諸侯之祭, 一歲凡有此數, 非謂每歲皆然也.

번역 ○살펴보니, 협(祫)제사까지 합해서 다섯 번이 된다고 했는데, 이때의 '협(祫)'자는 3년마다 지내는 협제사를 뜻하며, 제후는 체(禘)제사를 지내지 않는다고 했는데, 이때의 '체(禘)'자는 5년마다 지내는 체제사를 뜻한다. 주나라의 경우 천자는 여섯 번의 제사를 지낸다고 했는데, 5년마다 지내는 체제사와 3년마다 지내는 협제사 및 봄에 지내는 사(祠)제사, 여름에 지내는 약(禴)제사, 가을에 지내는 상(嘗)제사, 겨울에 지내는 증(烝)제사를 뜻한다. 제후는 네 번의 제사를 지낸다고 했는데, 3년마다 지내는 협제사와 세 계절마다 지내는 제사를 뜻한다. 아마도 천자와 제후가 지내는 제사에 있어서 어느 한 해에 이러한 수치가 적용된다는 뜻이며 매년 이러한 수치대로 지낸다는 뜻은 아니다.

「왕제」 60장

①石梁王氏曰: 物稍成, 未若大成, 其成, 亦未可必, 故夏禘之時, 可祫②可犆, 不可嘗也. 秋冬物成, 可必, 故此二時, 必可祫, 故不云犆, 而云嘗祫烝祫. 此一節, 專爲祫祭發也.

번역 석량왕씨가 말하길, 만물이 여름에 점점 성장하는 것은 가을에 크게 성장하는 것만 같지 않고, 그 성장함도 또한 기필할 수 없다. 그렇기 때문에 여름의 체(禘)제사를 지낼 때에는 협(祫)제사로 지낼 수도 있고, 특(犆)제사로도 지낼 수 있지만, 어느 한 가지만으로 일정하게 지낼 수 없다. 가을과 겨울에는 만물이 모두 성장하게 되는 것을 기필할 수 있기 때문에, 이 두 계절에는 반드시 협제사로 지내는 것이 가능하다. 그렇기 때문에 특제사로 지낸다고 하지 않고, 상협(嘗祫)·증협(烝祫)이라고 말한 것이다. 이 한 절은 전적으로 협제사를 위해 설명된 것이다.

① ○石梁王氏曰[止]發也.

補註 類編曰: 此推之太碎也. 夏時庶品未及成實, 所以一犆一祫者, 取衷於春與秋, 非有他義.

번역 『유편』에서 말하길, 이러한 추론은 지나치게 세세하다. 여름에 만물이 아직 완성되거나 결실을 맺지 못해서 한 번은 특제사로 지내고 한 번은 협제사로 지낸다고 한 것은 봄과 가을에 적합한 것을 취한 것이니 다른 의미가 있는 것이 아니다.

② 可犆不可嘗.

補註 嘗, 今本誤作常.

번역 '상(嘗)'자를 『금본』에서는 상(常)자로 잘못 기록하였다.

「왕제」 61장

참고-經文

天子社稷, ①皆太牢, 諸侯社稷, ①皆少牢, 大夫士宗廟之祭, ②有田則祭, 無田則薦. 庶人, 春薦韭, 夏薦麥, 秋薦黍, 冬薦稻. ③韭以卵, 麥以魚, 黍以豚, 稻以鴈.

번역 천자의 사직에 대한 제사에는 모두 태뢰의 희생물을 사용하고, 제후의 사직에 대한 제사에는 모두 소뢰의 희생물을 사용하며, 대부와 사의 종묘에 대한 제사에 있어서, 그들 중 채읍이 있는 자들은 정식적인 제사를 지내지만, 채읍이 없는 자들은 정식 제사가 아닌 천(薦)제사를 지낸다. 서인들은 봄에 부추를 올려 천제사를 지내고, 여름에는 보리를 올려 천제사를 지내며, 가을에는 기장를 올려 천제사를 지내고, 겨울에는 쌀을 올려 천제사를 지낸다. 부추를 올릴 때에는 계란을 곁들이고, 보리를 올릴 때에는 물고기를 곁들이며, 기장을 올릴 때에는 돼지고기를 곁들이고, 쌀을 올릴 때에는 기러기고기를 곁들인다.

① 皆太牢[又]皆少牢.

補註 按: 兩皆字, 似以社與稷分言也.

번역 살펴보니, 두 개의 개(皆)자는 아마도 사(社)에 대한 것과 직(稷)에 대한 것을 나눠서 말한 것 같다.

② 有田則祭無田則薦.

補註 鄭註: 有田者旣祭, 又薦新. 祭以首時, 薦以仲月. 士薦牲用特豚, 大夫以上用羔.

번역 정현의 주에서 말하길, 채읍을 가진 자는 정규 제사를 지내고 새로 수확된 것이 있을 때 천(薦)도 지낸다. 정규 제사는 각 계절의 첫 번째 달에 지내고, 천제사는 가운데 달에 지낸다. 사가 천제사를 지낼 때에는 희생물로 한 마리의 새끼 돼지를 사용하고, 대부 이상의 계층은 새끼 양을 사용한다.

③ 韭以卵[止]以鴈.

補註 鄭註: 庶人無常牲, 取與新物相宜而已.

번역 정현의 주에서 말하길, 서인들의 제사에는 정해진 희생물이 없으니, 새로 수확한 것 중에 합당한 것을 취해서 사용할 따름이다.

「왕제」 63장

참고─經文

諸侯①無故, 不殺牛, 大夫無故, 不殺羊, 士無故, 不殺犬豕, 庶
人無故, 不食珍.

번역 제후는 특별한 이유 없이 소를 살생하여 사용하지 않고, 대부는 특별한 이유
없이 양을 살생하여 사용하지 않으며, 사는 특별한 이유 없이 개와 돼지를 살생하
여 사용하지 않고, 서인도 특별한 이유 없이는 맛좋은 음식들을 먹지 않는다.

① ○無故不殺牛.

補註 鄭註: "故, 謂祭饗." 疏曰: "祭饗, 謂祭及饗."
번역 정현의 주에서 말하길, "고(故)자는 제사나 잔치 등을 뜻한다."라고 했
다. 소에서 말하길, "제향(祭饗)은 제사와 잔치를 뜻한다."라고 했다.

「왕제」 64장

①庶羞, 不踰牲, 燕衣, 不踰祭服, 寢, 不踰廟.

번역 평소 식사 때 먹는 여러 맛좋은 음식을 갖추는 것은 제사 때 사용하는 희생물을 갖추는 것보다 사치스러워서는 안 되고, 평소에 입는 복장이 제사 때 입는 복장보다 사치스러워서는 안 되며, 평소 거처하는 침(寢)이 제사를 지내는 장소인 묘(廟)보다 사치스러워서는 안 된다.

① ○庶羞不踰牲.

補註 疏曰: 有司徹云, "宰夫羞房中之羞", 註, "酏食糝食." 內則云, "糝取牛羊豕之肉." 祭旣用少牢, 則糝亦不用牛肉, 以羊肉爲羞.

번역 소에서 말하길, 『의례』「유사철(有司徹)」편에서는 "재부는 방안의 음식을 올린다."[1]라고 했고, 주에서는 "이식과 삼식이다."라고 했다. 『예기』「내칙(內則)」편에서는 "삼(糝)을 만들 때에는 소고기·양고기·돼지고기 등으로 만든다."[2]라고 했다. 제사를 지내며 이미 소뢰를 사용한다고 했다면, 삼을 만들 때에도 또한 소고기를 사용할 수 없으니, 양고기로 음식을 만들었을 것이다.

補註 ○按: 此少牢, 主人酬尸設羞之禮, 而又家禮時祭附註, 高氏曰, 庶羞不踰牲, 言祭以羊, 則不以牛爲羞也. 今人鮮用牲庶羞而已云, 而亦以庶羞爲祭時豆登之屬. 並與陳註異.

---

1) 『의례』「유사철(有司徹)」: 尸·侑·主人皆升筵, 乃羞. <u>宰夫羞房中之羞</u>于尸·侑·主人. 主婦, 皆右之. 司士羞庶羞于尸·侑·主人·主婦, 皆左之.

2) 『예기』「내칙(內則)」: <u>糝: 取牛·羊·豕之肉</u>三如一, 小切之與稻米, 稻米二, 肉一, 合以爲餌, 煎之.

번역 ○살펴보니, 여기에서 말한 소뢰(少牢)는 주인이 시동에게 술잔을 돌리며 음식을 마련하는 예법에 해당한다. 또『가례』에서는 시제(時祭)에 대한 부주에서 고씨는 서수(庶羞)가 희생물을 뛰어넘지 못한다고 했는데, 양으로 제사를 지냈다면 소로는 음식을 만들지 못한다는 뜻이다. 오늘날의 사람들 중에는 희생물로 음식을 만드는 자가 드물다고 말했다. 그리고 또 서수(庶羞)를 제사 때 두(豆)에 올리는 음식 등으로 여겼다. 이 모두는 진호의 주와 차이를 보인다.

「왕제」 70장

①夫圭田, 無征.

번역 제사에 필요한 제물의 소용을 돕는 규전(圭田)에 대해서는 세금을 거두지 않았다.

① ○夫圭田無征.

補註 楊梧曰: 夫, 餘夫也. 餘夫者, 業外之田. 圭田者, 祿外之田. 故皆不稅, 所以厚單弱而優賢能也.

번역 양오가 말하길, '부(夫)'자는 여부(餘夫)를 뜻한다. '여부(餘夫)'라는 것은 생업과 관련되지 않은 이외의 땅을 뜻한다. '규전(圭田)'이라는 것은 녹봉과 관련이 없는 이외의 땅을 뜻한다. 그렇기 때문에 모두에 대해 세금을 거두지 않으니, 외롭고 연약한 자들을 후하게 대하고 현명하고 능력이 있는 자들을 우대하기 위해서이다.

補註 ○按: 餘夫, 見孟子·滕文公. 楊說, 不爲無見, 而未知其必然.

번역 ○살펴보니, '여부(餘夫)'는 『맹자』「등문공(滕文公)」편에 나온다.[1] 양오의 주장은 찾아본 것이 없다고 할 수 없지만, 과연 반드시 그러했는지는 알 수 없다.

---

1) 『맹자』「등문공상(滕文公上)」: 請野九一而助, 國中什一使自賦. 卿以下必有圭田, 圭田五十畝, 餘夫二十五畝.

圭田者, 祿外之田, 所以供祭祀, 不稅, 所以厚賢也. 曰①圭者, 潔白之義也. 周官制度云 圭田, 自卿至士, 皆五十畝. 此專主祭祀, 故無征. 然王制言大夫士宗廟之祭, 有田則祭, 無田則薦, 孟子亦曰 惟士無田, 則亦不祭. 旣云皆有田, 何故又云無田則薦. 以此知賜圭田, 亦似有功德則賜圭瓚耳.

번역 규전(圭田)이란 것은 녹봉 이외에 별도로 받는 토지로 제사에 필요한 제물을 공급하는 땅이니, 세금을 거두어들이지 않는 것은 현인을 대접하기 위해서이다. 규(圭)라고 말한 것은 결백하다는 뜻이다. 『주관제도』에서 말하길, "규전은 경부터 사까지 모두 50무씩 받는 것으로, 이것은 전적으로 제사를 주관하는데 사용하기 때문에, 세금을 거두어들이지 않는 것이다."라고 했다. 그러나 「왕제」편에서는 "대부와 사의 종묘에 대한 제사에 있어서, 그들 중 채읍이 있는 자들은 정식적인 제사를 지내지만, 채읍이 없는 자들은 정식 제사가 아닌 천(薦)제사를 지낸다."[2]고 말했고, 『맹자』에서도 또한 "오직 사 중에서 채읍이 없으면 또한 제사를 지내지 않는다."[3]고 했다. 이미 경에서 사까지 모두 제사를 지내기 위한 규전을 가지고 있다고 말하고서, 무슨 까닭으로 또 채읍이 없는 자는 천제사를 한다고 했겠는가? 이로써 규전을 하사하는 것은 또한 공덕이 있는 자에게만 규찬(圭瓚)을 하사했던 것과 같을 따름임을 알 수 있다.

① 圭者潔白之義.

補註 疏曰: 言卿大夫德行潔白, 乃與之田.

번역 소에서 말하길, 경과 대부의 덕행이 깨끗하다면 그에게 이 땅을 준다는 뜻이다.

---

2) 『예기』「왕제(王制)」: 天子社稷, 皆太牢, 諸侯社稷, 皆少牢, <u>大夫士宗廟之祭, 有田則祭, 無田則薦</u>. 庶人, 春薦韭, 夏薦麥, 秋薦黍, 冬薦稻. 韭以卵, 麥以魚, 黍以豚, 稻以鴈.

3) 『맹자』「등문공하(滕文公下)」: 惟士, 無田則亦不祭.

補註 ○按: 以其供祭, 故得潔白之名.

번역 ○살펴보니, 이 땅을 통해서는 제사에 제물을 공급한다. 그렇기 때문에 결백을 뜻하는 명칭을 붙일 수 있었다.

「왕제」72장

田里, 公家所授, 不可得而粥. 墓地, 有族葬之序, 人不得而請求, 己亦不得以擅與, 故爭墓地者, ①墓大夫聽其訟焉.

번역 전리(田里)¹⁾는 공가에서 준 것으로 팔 수 없다. 묘지는 족장(族葬)²⁾의 질서가 있는 곳으로, 남이 그 땅을 얻고자 청탁할 수 없고, 자기 또한 제멋대로 남에게 줄 수 없다. 그렇기 때문에 묘지의 분쟁에 대해서는 묘대부(墓大夫)가 그 송사를 처리하는 것이다.³⁾

① ○墓大夫.

補註 周禮宗伯屬官.

번역 『주례』의 종백에게 속한 관리이다.

---

1) 전리(田里)는 경(卿), 대부(大夫) 등이 제후로부터 하사받은 토지와 주택을 뜻한다. 『춘추좌씨전』「양공(襄公) 31년」편에는 "豐卷奔晉, 子産請其田里, 三年而復之, 反其田里及其入焉."이라는 기록이 있다. 또 『맹자』「이루하(離婁下)」편에는 "去三年不反, 然後收其田里."라는 기록이 있는데, 이에 대한 조기(趙岐)의 주에서는 "田, 業也, 里, 居也."라고 풀이하여, 전(田)은 경작하는 토지를 받은 것이고, 리(里)는 주택을 받은 것으로 설명한다.

2) 족장(族葬)은 선조(先祖)와 그 자손(子孫)들의 무덤이 모여 있는 무덤군을 뜻한다. 『주례』「춘관(春官)·묘대부(墓大夫)」편에는 "令國民族葬, 而掌其禁令."이라는 기록이 있는데, 이에 대한 정현의 주에서는 "族葬, 各從其親."이라고 풀이했다.

3) 『주례』「춘관(春官)·묘대부(墓大夫)」: 凡爭墓地者, 聽其獄訟.

「왕제」 73장

①司空執度, ②度地居民, 山川沮澤, 時四時, 量地遠近, 興事任力.

번역 사공(司空)[1]은 길이를 재는 자인 도(度)를 잡고서, 토지를 측량하여 백성들을 거주하게 하니, 산지역과 강이 있는 지역, 습지대로 수초가 무성한 지역은 사계절마다 어떠한 날씨인지 그 적절한 때에 그곳을 살피고, 지형의 멀고 가까움을 측량하며, 부역의 일을 일으켜 노동을 시킨다.

① 司空執度.

補註 鄭註: 度, 丈尺也.

번역 정현의 주에서 말하길, 도(度)는 장과 척을 재는 도구이다.

② 度地居民.

補註 按: 當爲一句.

번역 살펴보니, 이것이 한 구문이 되어야 한다.

補註 ○楊梧曰: 周書, "司空掌邦土, 居四民, 時地利", 卽此也.

---

1) 사공(司空)은 주(周)나라 때의 관리로, 토목 공사 및 각종 건설과 기물 제작 등을 주관했다. 전설상으로는 소호(少昊) 시대 때부터 설치되었다고 전해진다. 주나라의 육경(六卿) 중 하나였으며, 동관(冬官)의 수장인 대사공(大司空)에 해당한다. 한(漢)나라 때에는 어사대부(御史大夫)를 '대사공'으로 고쳐 불렀고, 대사마(大司馬), 대사도(大司徒)와 함께 삼공(三公)의 반열에 있었다. 후대에는 대(大)자를 빼고 '사공'으로 불렀다. 청(淸)나라 때에는 공부상서(工部尙書)를 '대사공'으로 부르고, 시랑(侍郎)을 소사공(少司空)으로 불렀다.

번역 ○양오가 말하길, 『서』「주서(周書)」에서 "사공은 나라의 땅을 담당하여, 사방의 백성들을 거주토록 하고 땅의 이로움을 시기에 맞게 일으킨다."[2]라고 했으니, 바로 이것을 가리킨다.

---

2) 『서』「주서(周書)·주관(周官)」: 司空掌邦土, 居四民, 時地利.

「왕제」 75장

凡居民材, 必因天地寒暖燥濕, ①廣谷大川, 異制. 民生其間者, 異俗. 剛柔輕重遲速, 異齊. 五味異和, 器械異制, 衣服異宜. 修其教, 不易其俗. 齊其政, 不易其宜.

번역 무릇 백성들이 생활하는데 필요한 재료를 비축함에는 반드시 천지의 춥거나 덥고 건조하거나 습한 기후적 차이에 따라서 하니, 넓은 계곡과 큰 하천의 지형적 차이는 그 형태를 달리 한다. 백성들은 그러한 차이 속에서 살고 있는 것이니, 풍속을 달리 한다. 그들의 성격도 강유 · 경중 · 지속의 차이가 나서, 그것을 정제할 방법도 달리 한다. 그들이 느끼는 오미(五味)[1]의 차이는 맛의 조화를 다르게 하고, 그들이 사용하는 기계의 차이는 제작 방법을 다르게 하며, 그들이 입는 의복의 차이는 옷의 적정한 기준을 다르게 한다. 그렇기 때문에 교화를 다스리지만, 그들의 풍속을 바꾸지는 않는다. 그 정치를 정제하지만 그들이 마땅하다고 생각하는 여타 기준들을 바꾸지는 않는다.

① ○廣谷大川異制.

補註 按: 以古註疏及陳註觀之, 廣谷大川異制當爲一句, 而諺讀連上文, 以必因天地寒暖燥濕廣谷大川十二字爲一句, 誤矣. 又此異制, 指地形也. 異制下當着是羅吐, 異俗下當着爲也吐.

번역 살펴보니, 옛 주와 소 및 진호의 주를 통해 살펴보면 '광곡대천이제(廣谷大川異制)'는 한 구문이 되어야 하는데, 『언독』에서는 앞의 구문과 연결

---

1) 오미(五味)는 다섯 가지 맛을 뜻한다. 맛의 종류를 총칭하는 용어로도 사용된다. '오미'는 구체적으로 산(酸: 신맛), 고(苦: 쓴맛), 신(辛: 매운맛), 함(鹹: 짠맛), 감(甘: 단맛)을 가리킨다. 『예기』「예운(禮運)」편에는 "五味, 六和, 十二食, 還相爲質也."라는 기록이 있는데, 이에 대한 정현의 주에서는 "五味, 酸, 苦, 辛, 鹹, 甘也."라고 풀이하였다.

을 시켜, '필인천지한난조습광곡대천(必因天地寒暖燥濕廣谷大川)'이라는 12개 글자를 하나의 구문으로 읽었으니 잘못된 해석이다. 또 여기에 나오는 '이제(異制)'는 땅의 형태를 가리킨다. 따라서 이제(異制) 뒤에는 마땅히 이라[是羅]토를 붙여야 하고, 이속(異俗) 뒤에는 마땅히 하야[爲也]토를 붙여야 한다.

참고-集說

居, 謂儲積以備用, 如①懋遷有無化居之居. 材者, 夫人日用所須之物, 如②天生五材之材. 天地之氣, 東南多煖, 西北多寒. 地勢高者必燥, 卑者必濕, 因其地之所宜而爲之備, 如氈裘可以備寒, 絺綌可以備暑, 車以行陸, 舟以行水, 此皆因天地所宜也. 廣谷大川, 自天地初分, 其形制已不同矣. 民生異俗, 理有固然, 其情性之緩急, 亦氣之所稟殊也. 飲食器械衣服之有異, 聖王亦豈必强之使同哉. 惟修其三綱五典之敎, 齊其禮樂刑政之用而已, 所謂裁成輔相以左右民也.

번역 거(居)는 재료들을 비축하고 모아서 쓰임에 대비하는 것이니, "힘써 풍부한 곳의 것을 부족한 곳으로 옮겨서 쌓아둠을 조화케 한다."고 할 때의 거(居)자와 같다. 재(材)라는 것은 뭇 백성들이 날마다 사용하는 데에 필요한 물건이니, "하늘이 오재(五材)[2]를 낳았다."고 할 때의 재(材)와 같다. 천지의 기후는 동남쪽은 더운

---

2) 오재(五材)는 다섯 가지 물질을 뜻한다. 오행(五行)에 맞춰서, '오재'를 금(金), 목(木), 수(水), 화(火), 토(土)로 보기도 하며, 금(金), 목(木), 가죽[皮], 옥(玉), 토(土)로 보기도 한다. 또한 인간의 생활에서 필요로 하는 물질들을 총칭하는 의미로도 사용된다. 『춘추좌씨전』「양공(襄公) 27년」편에는 "天生五材, 民竝用之, 廢一不可."라는 기록이 있는데, 이에 대한 두예(杜預)의 주에서는 "五材, 金, 木, 水, 火, 土也."라고 풀이했다. 그리고 『주례』「동관고공기(冬官考工記)」편에는 "或審曲面藝, 以飭五材, 以辨民器."라는 기록이 있는데, 이에 대한 정현의 주에서는 "此五材,

기운이 많고, 서북쪽은 추운 기운이 많다. 지형의 형세는 고지대는 반드시 건조하고, 저지대는 반드시 습하니, 그 지역의 알맞은 것에 연유하여서 그 대비를 하는 것으로, 마치 양탄자와 가죽이 추운 것을 방비할 수 있고, 고운 갈포와 거친 갈포가 더운 것을 방비할 수 있으며, 수레로써 육지에서 빠르게 다니고, 배로써 물에서 다닐 수 있는 것과 같은 뜻이다. 이것들은 모두 천지의 알맞음에 연유한 것들이다. 넓은 계곡과 큰 하천은 천지가 최초 갈라졌을 때부터 그 지형의 형태가 이미 같지 않은 것이다. 백성들이 다른 풍속에서 살아가는 것은 그 이치가 당연한 것이며, 그들의 성격이 완만하고 급한 차이도 또한 기를 품수 받은 차이 때문이다. 그들이 먹는 음식들과 사용하는 기계들과 입는 의복들에도 차이가 있는 것인데, 성왕이 또한 어찌 반드시 강제로 해서 그것들로 하여금 동일하게 만들었겠는가? 오직 삼강(三綱)과 오상(五常)의 가르침을 다스리고, 예악(禮樂)과 형정(刑政)의 쓰임을 정제할 따름이니, 이른바 "천지의 도를 계획하여 이루고, 천지의 마땅함을 도와서, 백성들을 돕는다."[3]는 것이다.

① 懋遷有無化居.

補註 書·益稷文.
번역 『서』「익직(益稷)」편의 글이다.[4]

② 天生五材.

補註 左傳襄二十七年文. 本註曰: "水·火·金·木·土也."
번역 『좌전』양공 27년의 기록이다.[5] 본래의 주에서는 "수·화·금·목·토를 뜻한다."라고 했다.

金, 木, 皮, 玉, 土."라고 풀이했다.
3) 『역』「태괘(泰卦)·상전(象傳)」: 象曰, 天地交, 泰, 后以財(裁)成天地之道, 輔相天地之宜, 以左右民.
4) 『서』「우서(虞書)·익직(益稷)」: 暨稷播, 奏庶艱食鮮食, 懋遷有無化居.
5) 『춘추좌씨전』「양공(襄公) 27년」: 天生五材, 民並用之, 廢一不可,

「왕제」 76장

中國戎夷①<u>五方之民</u>, ②<u>皆有性也</u>, ③<u>不可推移</u>.

번역 중앙의 중국과 사방 오랑캐들의 오방 백성들은 모두 각자의 성격을 가지고 있는데, 이것을 변화시킬 수는 없다.

① 五方之民.

補註 疏曰: 五方, 謂中國與四夷也. 擧戎夷, 則蠻狄可知.

번역 소에서 말하길, '오방(五方)'은 중국과 사방 오랑캐를 뜻한다. 서융(西戎)과 동이(東夷)를 제시했으니, 남만(南蠻)과 북적(北狄) 또한 포함된다는 사실을 알 수 있다.

② 皆有性也.

補註 按: 性, 卽程子所謂氣質之性也.

번역 살펴보니, '성(性)'이라는 것은 정자가 말한 기질지성에 해당한다.

③ 不可推移.

補註 按: 此謂五方之民, 其性隨方各異也. 馮氏氣稟昏明之說, 殊不襯.

번역 살펴보니, 이것은 다섯 방위의 백성들은 기질지성이 각 방위에 따라 각기 다르다는 뜻이다. 풍씨가 기질을 품수 받은 것이 어둡거나 밝다는 식으로 설명을 했는데, 다소 적절하지 못하다.

「왕제」 77장

참고—經文

東方曰夷, 被髮①文身, 有不火食者矣. 南方曰蠻, 雕題交趾,
有不火食者矣. 西方曰戎, 被髮衣皮, 有不粒食者矣. 北方曰
狄, 衣羽毛穴居, 有不粒食者矣.

번역 동쪽 방위에 있는 오랑캐들을 이(夷)라고 부르니, 머리를 풀어헤치고, 몸에 문신을 했으며, 음식을 익혀 먹지 않는 경우도 있다. 남쪽 방위에 있는 오랑캐들을 만(蠻)이라고 부르니, 이마에 먹물을 새기고, 상호간에 엄지발가락이 서로 마주보게 하고 지내며, 음식을 익혀 먹지 않는 경우도 있다. 서쪽 방위에 있는 오랑캐들을 융(戎)이라고 부르니, 머리를 풀어헤치고, 짐승 가죽으로 옷을 만들어 입고, 곡식을 먹지 않는 경우도 있다. 북쪽 방위에 있는 오랑캐들을 적(狄)이라고 부르니, 깃과 털로 된 옷을 만들어 입고, 혈거를 하며, 곡식을 먹지 않는 경우도 있다.

① ○文身[止]交趾有不火食者.

補註 鄭註: "雕, 文, 謂刻其肌, 以丹靑涅之." 疏曰: "漢書·地理志, 越俗
斷髮文身, 以避蛟龍之害, 故刻其肌, 以丹靑涅之. 以東方南方皆近於
海, 故俱文身." 又曰: "南方, 非唯雕刻其額, 亦文身也." 又曰: "以其地
氣多煖, 雖不火食, 不爲害也. 言有不火食者, 亦有火食者." 又曰: "言蠻
臥時頭向外, 而足在內而相交, 故云交趾."

번역 정현의 주에서 말하길, "조(雕)는 문신을 새긴다는 뜻이니, 피부에 문신을 새겨서 단청색을 사용하여 물들이는 것을 말한다."라고 했다. 소에서 말하길, "『한서』「지리지(地理志)」에서는 월(越) 땅의 풍속은 머리카락을 짧게 자르고 몸에 문신을 하여 교룡의 해를 피한다. 그렇기 때문에 피부에 문신을 새겨 단청색으로 물들이는 것이다. 동쪽과 남쪽은 모두 바다와 가깝기 때문에 모두 몸에 문신을 새긴다."라고 했다. 또 말하길, "남쪽은 이마에만 문신을 새긴 것이 아니라 몸에도 문신을 했다."라고 했다. 또 말하길, "땅의 기후가 대체로 덥기 때문에 비록 화식을 하지 않더라도 해가 되지 않는다. 즉 화식을 하지 않는 경우도 있고 화식을 하는 경우도 있다는 뜻이다."라고 했다. 또 말하길, "남만은 누웠을 때 머리는 바깥을 향하며 발은 안쪽을 향하도록 하여 서로 교차한다. 그렇기 때문에 교지(交趾)라고 했다."라고 했다.

「왕제」 80장

凡居民, 量地以制邑, 度地以居民, ①地邑民居, 必參相得也.

번역 무릇 백성들을 거주시킴에는 땅을 측량해서 읍을 만들고, 땅을 구획하여 백성들을 거주하게 하니, 땅과 읍과 백성들이 거주하는 것에는 반드시 이 세 가지가 서로 알맞아야 한다.

① ○地邑民居必參相得.

補註 按: 三相成之謂參, 謂地也, 邑也, 民居也, 皆相得也.

번역 살펴보니, 세 가지가 서로 완성시키는 것을 삼(參)이라고 부르니, 땅, 읍, 백성들이 거주하는 것들이 모두 서로 합당하다는 의미이다.

「왕제」82장

참고─經文

司徒修六禮, 以節民性, 明七敎, 以興民德, ①齊八政, 以防淫,
一道德, 以同俗, 養耆老, 以致孝, 恤孤獨, 以逮不足, 上賢, 以
崇德, 簡不肖, 以絀惡.

번역 사도(司徒)[1]는 육례(六禮)[2]를 다스려서 백성들의 성격을 절제시키고, 칠교
(七敎)[3]를 밝혀서 백성들의 덕을 흥기시키며, 팔정(八政)[4]을 정제하여 음란함을

---

1) 사도(司徒)는 대사도(大司徒)라고도 부른다. 본래 주(周)나라 때의 관리로, 국가의
   토지 및 백성들에 대한 교화(敎化)를 담당했다. 전설상으로는 소호(少昊) 시대 때부
   터 설치되었다고 전해진다. 주나라의 육경(六卿) 중 하나였으며, 전한(前漢) 애제
   (哀帝) 원수(元壽) 2년(B.C. 1)에는 승상(丞相)의 관직명을 고쳐서, 대사도(大司
   徒)라고 불렀고, 대사마(大司馬), 대사공(大司空)과 함께 삼공(三公)의 반열에 있
   었다. 후한(後漢) 때에는 다시 '사도'로 명칭을 고쳤고, 그 이후로는 이 명칭을 계속
   사용하다가 명(明)나라 때 폐지되었다. 명나라 이후로는 호부상서(戶部尚書)를 '대
   사도'라고 불렀다.
2) 육례(六禮)는 관례(冠禮), 혼례(昏禮: =婚禮), 상례(喪禮), 제례(祭禮), 향례(鄕禮),
   상견례(相見禮)를 뜻한다.
3) 칠교(七敎)는 부자(父子), 형제(兄弟), 부부(夫婦), 군신(君臣), 장유(長幼), 붕우
   (朋友), 빈객(賓客) 사이에서 지켜야 할 도리를 뜻한다. 『예기』「왕제(王制)」편에는
   "司徒脩六禮以節民性, 明七敎以興民德."이라는 기록이 있는데, 이에 대한 공영달
   (孔穎達)의 소(疏)에서는 "七敎, 卽父子一·兄弟二·夫婦三·君臣四·長幼五·
   朋友六·賓客七也."라고 풀이했다.
4) 팔정(八政)은 국가의 정책 시행에 있어서, 주요 대상이 되는 여덟 가지 방면을 뜻한
   다. 그러나 여덟 가지가 가리키는 구체적 대상들에 대해서는 이견이 많다. 첫 번째
   는 '팔정'을 농사[食], 재화[貨], 제사[祀], 사공(司空), 사도(司徒), 사구(司寇), 빈객
   [賓], 군대[師]로 보는 주장이다. '사공', '사도', '사구'는 관직명이기도 한데, 이들이
   구체적으로 가리키는 것에 대해 설명하자면, '사공'은 토목 공사에 힘써서 백성들의
   거주지를 마련해주는 것이며, '사도'는 백성들을 예의(禮義)에 따라 교화하는 것이
   고, '사구'는 도적 등을 근절하여, 백성들이 간사한 무리에 휩쓸리지 않도록 하는

방지하고, 도덕을 한결같이 해서 백성들의 습속을 동일하게 만들며, 노인을 봉양해서 효를 이루고, 고아와 늙어 자식이 없는 자들을 구휼하여 의식이 부족한 자에게까지 은택이 미치게 하며, 현인을 높여서 덕을 숭상하게 하고, 불초한 자들을 가려내서 악을 내쫓는다.

① ○齊八政以防淫.

補註 疏曰: 淫, 謂過奢侈.

번역 소에서 말하길, '음(淫)'자는 지나치게 사치를 부린다는 뜻이다.

것이다. 『서』「주서(周書)・홍범(洪範)」편에는 "三, 八政. 一曰食, 二曰貨, 三曰祀, 四曰司空, 五曰司徒, 六曰司寇, 七曰賓, 八曰師."라는 기록이 있다. '팔정'을 언급할 때에는 대부분 첫 번째 의미로 사용된다. 두 번째는 음식(飮食), 의복(衣服), '공인들의 재주[事爲]', '각 지역에서 사용되는 기구의 차이[異別]', 길이[度], 수량[量], 숫자[數], '견직물의 치수[制]'로 보는 주장이다. 『예기』「왕제(王制)」편에는 "齊八政以防淫."이라는 기록이 있다. 또한 「왕제」편에는 "八政, 飮食・衣服・事爲・異別・度・量・數・制."라는 기록이 있는데, 이에 대한 정현의 주에서는 "飮食爲上, 衣服次之. 事爲, 謂百工技藝也. 異別, 五方用器不同也. 度, 丈尺也. 量, 斗斛也. 數, 百十也. 制, 布帛幅廣狹也."라고 풀이했다. 세 번째는 부처(夫妻), 부자(父子), 형제(兄弟), 군신(君臣)의 대상들로 보는 주장이다. 『일주서(逸周書)』「상훈(常訓)」편에는 "八政, 夫妻・父子・兄弟・君臣. 八政不逆, 九德純恪."이라는 기록이 있다.

「왕제」 83장

참고-經文

命鄕, 簡不帥敎者, 以告. 耆老, ①皆朝于庠, 元日, 習射上功, 習鄕上齒. 大司徒帥國之俊士, 與執事焉.

번역 지방 행정단위인 향(鄕)에 명령하여, 가르침을 따르지 않는 자를 간별하여 보고하게 한다. 향의 노인들은 모두 향학인 상(庠)¹⁾에 모여서, 길하다고 정한 날에 사례(射禮)를 익히며, 적중을 많이 시킨 공이 있는 자를 높이고, 향음주례를 익히며, 연배가 많은 자를 높인다. 대사도는 나라의 준사(俊士)²⁾들을 거느리고 가서, 그러한 일들을 집정하는 데 참여한다.

① ○皆朝于庠.

補註 鄭註: 朝, 猶會也.

번역 정현의 주에서 말하길, '조(朝)'자는 모인다는 뜻이다.

---

1) 상(庠)은 본래 향(鄕) 밑의 행정단위인 당(黨)에 건립된 학교를 뜻한다. 『예기』「학기(學記)」편에는 "古之敎者, 家有塾, <u>黨有庠</u>, 術有序, 國有學."이란 기록이 있는데, 이에 대한 공영달(孔穎達)의 소(疏)에서는 "庠, 學名也. 於黨中立學, 敎閭中所升者也."라고 풀이했다. 또 '상'은 국학(國學)에 대비되는 향학(鄕學)을 뜻하는 용어로도 사용되었으며, 학교를 범칭하는 용어로도 사용되었다. 『예기』「향음주의(鄕飮酒義)」편에는 "主人拜迎賓於<u>庠門</u>之外"란 기록이 있고, 이에 대한 정현의 주에서는 "庠, 鄕學也."라고 풀이했다. 또 『맹자』「등문공상(滕文公上)」편에는 "夏曰校, 殷曰序, <u>周曰庠</u>, 學則三代共之, 皆所以明人倫也."라는 기록이 있다. 한편 학교를 뜻하는 용어로 '상'이라는 명칭이 생긴 이유는 '상'자에 봉양한다는 양(養)의 뜻이 포함되어 있기 때문이다.

2) 준사(俊士)는 선사(選士)들 중에서도 덕행과 재주가 뛰어나서, 국학(國學)에 입학하였던 자들을 뜻한다. 참고로 향학(鄕學)의 사(士)들 중에서 덕행과 재예(才藝)가 뛰어난 사를 수사(秀士)라고 불렀고, 수사들 중에서도 뛰어난 사람은 사도(司徒)에게 천거되는데, 그 사람을 선사(選士)라고 불렀다.

「왕제」 84장

참고—經文

①不變, 命國之右鄉, 簡不帥敎者, 移之左. 命國之左鄉, 簡不帥敎者, 移之右, 如初禮.

번역 그런데도 교화되지 않으면, 수도의 우측에 있는 향에 명령하여, 그 향에서 가르침을 따르지 않는 자들을 간별하여 좌측의 향으로 옮기고, 수도의 좌측에 있는 향에 명령하여, 그 향에서 가르침을 따르지 않는 자들을 간별하여 우측의 향으로 옮기며, 옮긴 이후에는 최초 이전의 향에서 사례와 향음주례를 시행하며 예를 가르친 것처럼 한다.

① ○不變命國之右鄉章.

補註 鄭註: "中年考校也." 疏曰: "謂間一年而考校之."
번역 정현의 주에서 말하길, "한 해를 걸러 시험을 본다."라고 했다. 소에서 말하길, "한 해를 걸러서 시험을 한다는 뜻이다."라고 했다.

「왕제」 85장

> 不變, 移之郊, 如初禮. 不變, 移之遂, 如初禮. ①<u>不變, 屛之遠方</u>, 終身不齒.

번역 그런데도 교화되지 않으면, 옮긴 향에서도 가르침을 따르지 않는 자들을 원교에서도 끝 경계지역인 교로 옮기며, 옮긴 이후에는 이전의 옮긴 향에서 사례와 향음주례를 시행하며 예를 가르친 것처럼 한다. 그런데도 교화되지 않으면, 재차 옮겨간 교에서도 가르침을 따르지 않는 자들을 수(遂)로 옮기며, 옮긴 이후에는 이전의 재차 옮긴 교에서 사례와 향음주례를 시행하며 예를 가르친 것처럼 한다. 그런데도 교화되지 않으면, 그들을 먼 변방으로 내치고, 그가 죽을 때까지도 불러들이지 않는다.

① ○不變屛之遠方.

補註 疏曰: 謂九年之時. 學記"一年視離經辨志, 三年視敬業樂群, 五年視博習親師, 七年視論學取友, 謂之小成. 九年知類通達, 謂之大成."

번역 소에서 말하길, 9년의 기간을 뜻한다. 『예기』「학기(學記)」편에서는 "1년째에는 경전의 구문을 끊어서 읽는 수준과 그들의 뜻이 올바른지를 변별한다. 3년째에는 과업을 공경스럽게 익히고 동급생들과 친하게 지내는지를 살펴본다. 5년째에는 널리 익히고 스승을 친애하는지를 살펴본다. 7년째에는 학문의 오묘한 뜻을 연구하고 자신보다 나은 벗들을 사귀고 있는지를 살펴본다. 이처럼 할 수 있다면 이러한 자들을 소성(小成)이라고 부른다. 9년째가 되면, 의리를 깊이 연구하여 같은 부류에 대해서도 그 지식을 확장해서 달통하지 않음이 없게 되니, 이러한 자들을 대성(大成)이라고 부른다."[1]라고 했다.

---

1) 『예기』「학기(學記)」: 古之敎者, 家有塾, 黨有庠, 術有序, 國有學. 比年入學, 中年考校. <u>一年視離經辨志, 三年視敬業樂群, 五年視博習親師, 七年視論學取友, 謂之小成. 九年知類通達</u>, 强立而不反, <u>謂之大成</u>.

「왕제」 88장

참고─經文

①樂正, 崇四術, 立四敎, ②順先王詩書禮樂, 以造士. 春秋, 敎
以禮樂, 冬夏, 敎以詩書.

번역 악정(樂正)[1]은 사술(四術)을 숭배하고, 사교(四敎)를 세우니, 선왕이 남긴
시·서·예·악에 따라서 사들을 완성시킨다. 봄과 가을에는 예와 악으로 가르치
고, 겨울과 여름에는 시와 서로 가르친다.

① ○樂正.

補註 鄭註: 樂官之長, 掌國子之敎. 虞書曰: "命汝典樂, 敎胄子."

번역 정현의 주에서 말하길, 악관(樂官)의 수장으로 국자(國子)[2]들의 교육

---

1) 악정(樂正)은 음악을 담당했던 관리들의 우두머리를 뜻한다. 정(正)자는 우두머리
를 뜻하는 장(長)자와 같다. 한편 『주례』에는 '악정'이라는 직책은 보이지 않으며,
대신 대사악(大司樂)이라는 직책이 있다. 한편 『의례』「향사례(鄕射禮)」편에는 "樂
正先升, 北面立于其西."라는 기록이 있는데, 이에 대한 가공언(賈公彦)의 소(疏)
에서는 "案周禮有大司樂, 樂師, 天子之官. 此樂正, 諸侯及士大夫之官."이라고
풀이했다. 즉 '악정'은 제후 및 대부(大夫)의 관리였고, 천자에게는 대신 '대사악'과
악사(樂師)라는 관리가 소속되어 있었다. 따라서 간혹 '악정'을 '대사악'과 같은 의미
로 사용하기도 한다.
2) 국자(國子)는 천자 및 공(公), 경(卿), 대부(大夫)의 자제들을 말한다. 때론 상황에
따라 천자의 태자(太子) 및 왕자(王子)를 포함시키지 않는 경우도 있다. 『주례』「지
관(地官)·사씨(師氏)」편에는 "以三德敎國子"라는 기록이 있고, 이에 대한 정현의
주에서 "國子, 公卿大夫之子弟."라고 풀이한 용례와 『한서(漢書)』「예악지(禮樂
志)」편에서 "朝夕習業, 以敎國子. 國子者, 卿大夫之子弟也."라고 풀이한 용례가
바로 여기에 해당한다. 그러나 이것은 천자에 대한 언급을 가급적 회피했기 때문에,
생략하여 기술하지 않은 것이다. 청대(淸代) 유서년(劉書年)의 『유귀양설경잔고
(劉貴陽說經殘稿)』「국자증오(國子證誤)」편에서 "國子者, 王大子, 王子, 諸侯公
卿大夫士之子弟, 皆是, 亦曰國子弟."라고 풀이하고 있는 것처럼, '국자'에는 천자

을 담당했으니, 『서』「우서(虞書)」에서는 "너에게 명하여 전악(典樂)으로 삼으니, 주자(胄子)³)들을 교육해라."⁴)라고 했다.

② 順先王[止]以造士.

補註 鄭註: 順此四術而敎, 以成是士也.

번역 정현의 주에서 말하길, 이러한 사술에 따라 가르쳐서 사를 완성시킨다는 뜻이다.

참고-集說

此以下, 言國學敎國子民俊, 及取賢才之法. 樂正, 掌其敎, 司馬, 則掌選法也. 術者, 道路之名, 言詩書禮樂四者之敎, 乃入德之路, 故言術也. 文王世子 言春誦夏絃, 與此不同者, 古人之敎, 雖曰四時各有所習, 其實, 亦未必截然棄彼而習此, 恐亦互言耳, 非春秋不可敎詩書, 冬夏不可敎禮樂也. ①舊註, 陰陽之說, 似爲拘泥.

번역 이곳 경문부터 아래의 문장들은 국학에서 국자와 백성들 중 빼어나서 선발된 자들을 교육하는 법과 현명하고 재덕있는 자를 선발하는 법을 말하고 있다. 악정(樂正)은 그 교육을 담당하고, 사마(司馬)는 선발하는 법을 담당한다. 사술(四術)

─────────────

의 태자와 왕자들까지도 포함된다.

3) 주자(胄子)는 국자(國子)와 같은 뜻이다. 자 및 공(公), 경(卿), 대부(大夫)의 자제들을 말한다. 때론 상황에 따라 천자의 태자(太子) 및 왕자(王子)를 포함시키지 않는 경우도 있다. 『서』「우서(虞書)·순전(舜典)」편에는 "帝曰, 蘷, 命汝典樂, 敎胄子."라는 기록이 있는데, 이에 대한 공안국(孔安國)의 전(傳)에서는 "胄, 長也, 謂元子以下至卿大夫子弟."라고 풀이했다.

4) 『서』「우서(虞書)·순전(舜典)」: 帝曰, 蘷, <u>命汝典樂, 敎胄子</u>.

이라고 할 때의 술(術)은 도로의 명칭으로, 시·서·예·악의 네 가지 교육이 곧 덕으로 들어가는 길이 됨을 말한다. 그렇기 때문에 술이라고 말한 것이다. 『예기』「문왕세자(文王世子)」편에서 "봄에는 암송하고, 여름에는 악기를 연주한다."[5]라고 하여 여기에서 말한 것과 같지 않은 것은 옛 사람들이 교육을 함에 있어서, 비록 사계절마다 각각 익히는 바가 있다고 말했지만, 그 실상은 또한 반드시 확연하게 저것은 버려두고 익히지 않고, 이것만을 익히는 것이 아니니, 아마도 또한 서로 호응되도록 말했을 따름이다. 그러므로 봄과 가을에 예와 악으로 가르친다고 해서, 시와 서를 가르치지 못하고, 겨울과 여름에는 시와 서로 가르친다고 해서, 예와 악을 가르치지 못하는 것이 아니다. 시·서·예·악과 사계절을 확연히 구분했던 옛 주석들은 음양의 설에 구애되었던 것 같다.

① **舊註陰陽之說.**

補註 鄭註: "春·夏, 陽也. 詩·樂者, 聲, 聲亦陽也. 秋·冬, 陰也, 書·禮者, 事, 事亦陰也. 互言之者, 皆以其術相成." 疏曰: "交互言之, 明春敎樂, 兼有禮, 秋敎禮, 兼有樂, 夏敎詩, 兼有書, 冬敎書, 兼有詩. 故云皆以其術相成. 但逐其陰陽以爲偏主耳."

번역 정현의 주에서 말하길, "봄과 여름은 양의 계절이다. 시와 악은 소리이니, 소리는 또한 양의 부류이다. 가을과 겨울은 음의 계절이다. 서와 예는 일이니, 일은 또한 음의 부류이다. 상호 호환이 되도록 말한 것은 모두 사술로 사를 상호 완성시키기 때문이다."라고 했다. 소에서 말하길, "교차하여 호환이 되도록 말했으니, 봄에는 악을 가르치며 함께 예도 가르친 것이고, 가을에는 예를 가르치며 함께 악도 가르친 것이고, 여름에는 시를 가르치며 함께 서도 가르친 것이고, 겨울에는 서를 가르치며 함께 시도 가르쳤음을 나타낸다. 그렇기 때문에 모두 사술로 사를 상호 완성시킨다고 말한 것이다. 다만 음양의 운행에 따라서 어느 한 쪽을 주된 것으로 삼은 것일 뿐이다."라고 했다.

---

5) 『예기』「문왕세자(文王世子)」: 春誦, 夏弦, 大師詔之.

「왕제」 89장

王大子, 王子, ①群后之大子, 卿大夫元士之適子, 國之俊選,
皆造焉. 凡入學, 以齒.

번역 천자의 태자, 나머지 왕자들, 여러 제후들의 태자, 경·대부·원사의 적자들,
민간에서 선발된 나라의 인재들은 모두 태학에서 악정(樂正)에게 교육을 받는다.
모두 태학에 입학해서는 나이로 순서를 정한다.

① **群后之大子**.

補註 鄭註: 群后, 公及諸侯.

번역 정현이 말하길, '군후(群后)'는 삼공과 제후를 뜻한다.

「왕제」 90장

將出學, 小胥大胥小樂正①簡不帥敎者, 以告于大樂正, 大樂
正以告于王. ②王命三公九卿大夫元士, 皆入學. 不變, 王親視
學. 不變, 王三日不擧, 屛之遠方. 西方曰棘, 東方曰寄, 終身
不齒.

번역 국학에 입학했던 자들이 학업을 끝내고 장차 국학을 졸업할 때, 소서(小
胥)[1] · 대서(大胥)[2] · 소악정(小樂正)[3]은 가르침을 따르지 않았던 자들을 간별하
여, 대악정에게 보고하고, 다시 대악정은 천자에게 보고한다. 그러면 천자는 삼공 ·
구경(九卿)[4] · 대부 · 원사에게 명령하여, 모두 국학에 들어가서 가르침을 따르지

---

1) 소서(小胥)는 악관(樂官)에 소속된 하위관리이다. 학사(學士)들에 대한 음악 교육
을 돕고, 태만하게 행동하는 자에 대해서는 회초리를 치기도 하였다. 『주례』「춘관
(春官) · 소서(小胥)」편에는 "小胥掌學士之徵令而比之, 觵其不敬者, 巡舞列而
撻其怠慢者, 正樂縣之位."라는 기록이 있다.
2) 대서(大胥)는 악관(樂官)에 소속된 하위관리이다. 학사(學士)들의 호적 기록부를
담당하였고, 봄에는 태학(太學)에 들어가서 학사들에게 춤을 가르쳤고, 가을에는
분반을 편성하여, 노래를 가르치는 일 등을 담당했다. 『주례』「춘관(春官) · 대서(大
胥)」편에는 "大胥, 掌學士之版以待致諸子. 春入學舍采合舞. 秋頒學合聲. 以六
樂之會正舞位."라는 기록이 있다.
3) 소악정(小樂正)은 대악정(大樂正)의 부관으로, 『주례(周禮)』의 체제에 따르면 악
사(樂師)에 해당한다. 악사는 『주례』에 나온 관직명으로, 음악을 담당했던 관리
중 하나이다. 총 책임자였던 대사악(大司樂)의 부관으로, 국학(國學)에 있는 국자
(國子)들에게 소무(小舞) 등을 가르쳤다고 기록되어 있다. 『주례』「춘관(春官) · 악
사(樂師)」편에는 "樂師, 掌國學之政, 以敎國子小舞."라는 기록이 있다.
4) 구경(九卿)은 천자의 조정에 있었던 9명의 고위 관직자들을 뜻한다. 삼고(三孤)와
육경(六卿)을 합하여 '구경'이라고 부른다. '삼고'는 삼공(三公)을 보좌하며, 정책의
큰 방향을 잡는 자들이었고, 육경은 여섯 관부의 일들을 담당하였던 자들이다. 『주
례』「동관고공기(冬官考工記) · 장인(匠人)」편에는 "外有九室, 九卿居焉."이라는
기록이 있고, 이에 대한 정현의 주에서는 "六卿三孤爲九卿, 三孤佐三公論道, 六卿

않는 자들을 재차 가르치게 한다. 그런데도 고쳐지지 않으면, 천자가 친히 국학에 가서 살펴본다. 그런데도 고쳐지지 않으면, 천자는 3일 동안 식사 때에 마시는 음주와 음악을 거행하지 않고, 가르침을 따르지 않는 자들을 먼 변방으로 내쫓는다. 서쪽 변방으로 쫓아낸 것을 극(棘)이라 부르고, 동쪽 변방으로 쫓아낸 것을 기(寄)라 부르니, 그가 죽을 때까지도 불러들이지 않는 것이다.

① ○簡不帥[止]大樂正.

補註 鄭註: 此所簡者, 謂王大子王子, 群后之大子, 卿大夫元士之適子.

번역 정현의 주에서 말하길, 여기에서 간별되는 대상은 천자의 태자와 왕자, 삼공과 제후들의 태자, 경·대부·원사의 적장자를 말한다.

② 王命三公[止]皆入學.

補註 鄭註: 亦謂使習禮以化之.

번역 정현의 주에서 말하길, 이 또한 그들로 하여금 예를 익혀서 교화되도록 한다는 뜻이다.

참고-集說

古之敎者, 九年而大成, 出學, 九年之期也. 小胥大胥, 皆樂官之屬. ①鄭注以棘爲僰, 又以僰訓偪, 僰本西戎地名. 愚謂不若讀如本字, 急也, 欲其遷善之速也. 寄者, 寓也, 暫寓而終歸之意. 蓋雖屛之, 終身不齒, 然猶爲此名, 以示不忍終棄之意. 蓋國子, 皆世族之親, 與庶人疏賤者異, 故親親而有望焉.

治六官之屬."라고 풀이했다. 『주례』의 체제에 따르면, '구경'은 소사(少師), 소부(少傅), 소보(少保), 총재(冢宰), 사도(司徒), 종백(宗伯), 사마(司馬), 사구(司寇), 사공(司空)이 된다. 또한 육경(六卿)에 삼공(三公)을 더하여 '구경'이라고도 부른다.

번역 옛적의 가르침에서는 9년이면 학문적으로 크게 성취한다고 하였으니, 출학은 9년의 기간을 뜻한다. 소서와 대서는 모두 악관의 무리이다. 정현의 주에서는 극(棘)을 북(僰)으로 여겼고, 또 극(棘)을 핍박하다로 뜻풀이 했으나 북(僰)은 본래 서융에 있는 지명이다. 내가 생각하건데, 정현의 풀이는 극자를 본래의 글자와 같이 읽는 것만 같지 못하니, 극은 급박하다는 뜻으로, 그가 선한 곳으로 옮겨가기를 빠르게 하고자 함이다. 기(寄)는 맡긴다는 뜻으로, 먼 변방 지방에 잠시 맡기지만 끝내는 돌아온다는 뜻이다. 비록 가르침을 따르지 않는 자들을 먼 변방으로 내쳐서, 그가 죽을 때까지도 불러들이지 않았지만, 오히려 이러한 극이나 기로 명칭을 삼아서, 끝까지 그를 버린다는 것을 차마 할 수 없다는 뜻을 보인 것이다. 무릇 국자는 모두 세족(世族)5)의 친족들이니, 서인들처럼 관계가 소원하고 신분이 천한 자들과는 다르다. 그렇기 때문에 국자들에게는 친근한 자를 친근하게 대하면서도 고쳐지기를 바라는 면이 있다.

① **鄭註以棘[止]訓偪.**

補註 鄭註: "棘, 當爲僰. 僰之言偪, 使之偪寄於夷戎. 不屏於南北, 爲其大遠." 疏曰: "漢書西南有僰夷, 知非彼夷而讀爲偪者, 以與寄文相對. 寄非東方夷名, 則僰亦非西方夷名, 故以爲偪寄於夷狄也. 又云: '南北萬三千里, 東西九千里.'"

번역 정현의 주에서 말하길, "극(棘)은 마땅히 북(僰)이 되어야 한다. 북(僰)자는 핍박하다는 뜻이니, 그들을 핍박하여 동이와 서융에게 맡기는 것이다. 남만과 북적으로 내치지 않았던 것은 그곳이 매우 멀리 떨어져 있기 때문이다."라고 했다. 소에서 말하길, "『한서』에서는 서남쪽에 북이(僰夷)가 있다고 했는데, 오랑캐를 뜻하는 말이 아니고 핍(偪)자의 뜻으로 풀이해야 한다는 사실을 알 수 있는 것은 기(寄)자와 서로 대비가 되기 때문이다. 기(寄)는 동쪽의 오랑캐를 뜻하는 말이 아니니, 북(僰) 또한 서쪽의 오랑캐를 뜻하

---

5) 세족(世族)은 세공(世功)과 관족(官族)을 합쳐 부르는 말이다. '세족'은 선대(先代)에 공적(功績)을 쌓았던 관족(官族)을 뜻한다. 후대에는 대대로 녹봉을 받는 명문 있는 가문을 뜻하는 용어로도 사용하였다. 『춘추좌씨전』「은공(隱公) 8년」편에는 "官有世功, 則有官族."라는 기록이 있다.

는 말이 아니다. 그렇기 때문에 핍박하여 동이와 서융에게 맡긴다고 여긴 것이다. 『한서』에서는 또한 '남북 방향의 길이는 13000리이고, 동서 방향의 길이는 9000리이다.'"라고 했다.

補註 ○按: 使之偪寄於戎夷, 並釋西方曰僰, 東方曰寄也. 僰, 蒲北反. 偪, 被力反. 聲相近, 故僰訓偪.

번역 ○살펴보니, 그들을 핍박하여 서융과 동이에게 맡긴다고 했고, 아울러 서쪽 지역을 북(僰)이라 부르고 동쪽 지역을 기(寄)라고 부른다고도 풀이했다. '僰'자는 '蒲(포)'자와 '北(북)'자의 반절음이다. '偪'자는 '被(피)'자와 '力(력)'자의 반절음이다. 소리가 서로 비슷하기 때문에 '僰'자를 '偪'자로 풀이한 것이다.

大樂正論造士之秀者, 以告于王, 而①升諸司馬, 曰進士.

번역 대악정은 조사(造士)¹⁾ 중 빼어난 자를 논정해서 천자에게 보고하고, 사마(司馬)²⁾에게 천거하니, 그러한 자들을 진사(進士)라고 부른다.

① **升諸司馬曰進士**.

補註 鄭註: 進士, 可進受爵祿者.

번역 정현의 주에서 말하길, 진사(進士)는 조정에 나아가 작위와 녹봉을 받을 수 있는 자들이다.

---

1) 조사(造士)는 학업을 이룬 자들을 뜻한다. 향학(鄕學)의 사(士)들 중에서 덕행(德行)과 재예(才藝)가 뛰어난 사를 수사(秀士)라고 불렀으며, 수사들 중에서도 뛰어난 사람은 사도(司徒)에게 천거되는데, 그 사람을 선사(選士)라고 불렀다. 준사(俊士)는 선사들 중에서도 뛰어난 사람으로, 국학(國學) 입학하여 공부를 하였으며, 학업(學業)을 이룬 뒤에는 '조사'라고 불렀다.

2) 사마(司馬)라는 관직은 전설상으로는 소호(少昊) 시대부터 설치되었다고 전해진다. 주(周)나라 때에는 육경(六卿) 중 하나였으며, 하관(夏官)의 수장이며, 대사마(大司馬)라고도 불렀다. 군대와 관련된 일을 담당했다. 한(漢)나라 무제(武帝) 때에는 태위(太尉)라는 관직명을 고쳐서 대사마(大司馬)라고 불렀고, 후한(後漢) 때에는 다시 태위(太尉)로 고쳐 불렀다. 남북조시대(南北朝時代)에는 대장군(大將軍)과 함께 이대(二大)로 칭해지기도 했으나, 청(淸)나라 때 폐지되었다. 후세에서는 병부상서(兵部尚書)의 별칭으로 사용하기도 했고, 시랑(侍郞)을 소사마(少司馬)로 칭하기도 하였다.

참고—經文

①司馬辨論官材. 論進士之賢者, 以告于王, 而定其論. 論定然後, 官之, 任官然後, 爵之, 位定然後, 祿之.

번역 사마는 논정을 판별하고 국자 중 인재를 관리로 등용한다. 진사 중 현명한 자를 논정하여 천자에게 보고하고, 논정을 결정한다. 논정함이 결정된 연후에 그에게 관직을 주고, 관직을 임명한 연후에 그에게 작위를 주며, 작위가 결정된 연후에 그에게 녹봉을 준다.

① ○司馬辨論官材.

補註 鄭註: 辨其論, 官其材.

번역 정현의 주에서 말하길, 논정을 판별하고 인재를 관리로 등용한다.

補註 ○按: 上文云, "凡官民材, 必先論之, 論辨然後使之." 鄭註蓋出於此, 然以辨論其官材釋之亦通.

번역 ○살펴보니, 앞에서는 "백성들 중 재능 있는 자를 관리로 등용할 때에는 반드시 먼저 논정하고, 논정을 판별한 연후에 그를 부린다."[1]라고 했다. 정현의 주는 아마도 여기에서 도출된 것 같다. 그러나 관리의 재목을 논변한다고 해석하더라도 뜻이 통한다.

補註 ○又按: 辨論官材, 恐捴謂司馬之職, 實掌辨論官材也. 下文乃其覆解.

번역 ○또 살펴보니, '변론관재(辨論官材)'라는 말은 아마도 사마의 직무는

---

1) 『예기』「왕제(王制)」: 凡官民材, 必先論之, 論辨然後, 使之, 任事然後, 爵之, 位定然後, 祿之. 爵人於朝, 與士共之, 刑人於市, 與衆棄之.

실제로 논정을 판별하고 인재를 관리로 등용하는 일을 담당한다는 뜻을 총괄적으로 말한 것 같다. 그 뒤의 문장은 이 내용을 다시 풀이한 것이다.

「왕제」 94장

延平周氏曰: 辨論官才, 責之司馬, 敎習車甲, 責之司徒, 何也.
先王之用人, 非有成材不取. 唯其有成材, 則責之以事, 而無
不能也. 又況司馬掌政典, 則其所辨論官材者, 豈特文而已. ①
司馬掌敎典, 則其所敎習者, 豈特武而已. 此文武, 所以混爲
一途也.

번역 연평주씨가 말하길, 논정을 분별하고 인재를 관리로 임용하는 것은 사마에게
책무를 주고, 수레와 병장기 다루는 일을 교육시키는 것은 사도에게 책무를 주는
것은 어째서인가? 선왕이 사람을 등용함에 있어서는 자질을 완성하지 않은 자는 등
용하지 않았다. 오직 그 자질을 완성한 자여야만 일로 책무를 주니 잘되지 못함이
없었다. 또한 하물며 사마는 군정의 제도를 담당하니, 그가 논정을 분별하고 인재를
관리로 임용하는 것이 어찌 단지 문(文)에만 의해서였겠는가? 사도는 교육의 제도
를 담당하니, 그가 수레와 병장기 다루는 것을 가르치는 것이 어찌 무(武)만이었겠
는가? 이것이 문무가 혼용되어 한 길이 되는 까닭이다.

① ○司馬掌敎典.

補註 馬, 當作徒.
번역 '마(馬)'자는 마땅히 도(徒)자가 되어야 한다.

「왕제」 95장

①凡執技, 論力. 適四方, 贏股肱, 決射御.

번역 무릇 기술을 가지고 있는 하급 관리에 대해서는 그 실력을 논정한다. 기능을 가진 관리가 사방으로 갈 일이 생기면, 팔과 다리를 걷어 올리고, 활쏘기와 수레를 모는 기술로 결판을 내서 선별한다.

① 凡執技論力[止]射御.

補註 疏曰: 言此旣無道藝, 論力以事上, 故適往四方境界之外, 則使之攘露臂脛, 角材力, 決射御勝負, 見勇武.

번역 소에서 말하길, 이들에게는 이미 도와 재예가 없어서 힘을 논정해서 윗사람을 섬기게 한다. 그렇기 때문에 사방의 국경 밖으로 나갈 일이 생기면 그들로 하여금 팔다리를 걷어 올리고 재주와 힘을 겨루게 하고 활쏘기와 수레를 모는 기술로 승부를 내서 결정하니, 용맹과 무력을 보기 위한 것이다.

補註 ○楊梧曰: 論力者, 上人論之也. 鄉學國學論其德, 此只論力也.

번역 ○양오가 말하길, 힘을 논정한다는 것은 그보다 윗사람이 논정하는 것이다. 향학과 국학에서는 덕을 논정하는데, 여기에서는 단지 힘만을 논정한다.

「왕제」 96장

凡執技以事上者, 祝史射御醫卜, 及百工. 凡執技以事上者, ①<u>不</u><u>貳事</u>, <u>不移官</u>. <u>出鄕</u>, <u>不與士齒</u>. ②<u>仕於家者</u>, <u>出鄕</u>, <u>不與士齒</u>.

번역 무릇 기술을 가지고서 윗사람을 섬기는 하급 관리들은 축(祝)·사(史)·사(射)·어(御)·의(醫)·복(卜) 및 백공(百工)들이다. 무릇 기술을 가지고서 윗사람을 섬기는 하급 관리들은 자기가 맡은 일 외의 다른 일을 맡지 않으며, 다른 관직으로 옮기지도 않는다. 소속된 향을 나가서는 사와 더불어서 나란히 서지 못한다. 대부의 가에서 일하는 하급 관리들도 소속된 향을 나가서는 사와 더불어 나란히 서지 못한다.

① ○不貳事[止]士齒.

補註 疏曰: 執技, 有三條, 上條論課試武夫技藝之事, 中條論執技之人, 幷射御之外祝史醫卜之等, 下條論執技之人, 不得二事, 不與士齒.

번역 소에서 말하길, 기술을 소지하고 있는 자에 대해서는 세 가지 조목이 있으니, 첫 번째 조목에서는 용맹한 무사의 기술과 재예를 시험하는 일을 논의하였으며, 두 번째 조목에서는 기술을 소지하고 있는 자에 있어서 활을 쏘고 수레를 모는 자 외에도 축(祝)·사(史)·의(醫)·복(卜) 등에 대해서도 논의하고 있고, 세 번째 조목에서는 기술을 소지하고 있는 자는 두 가지 일을 겸직할 수 없고 사와 나란히 서지 못한다는 사안을 논의하고 있다.

補註 ○按: 出鄕二字, 陳註與小註方說異, 而皆通.

번역 ○살펴보니, '출향(出鄕)'이라는 두 글자에 대해서 진호의 주와 소주에 나온 방씨의 주장은 차이를 보이지만, 두 주장 모두 뜻이 통한다.

② 仕於家者.

補註 楊梧曰: 一說, 仕於家, 謂執技爲家臣者, 若但以仕於家說, 則季路·冉有將不得與士齒乎?

번역 양오가 말하길, 일설에 따르면 '사어가(仕於家)'라는 것은 기술을 소지한 자 중 가신이 된 자를 뜻한다. 만약 대부에게 벼슬을 한다는 주장에 따른다면 계로나 염유는 다른 사와 나란히 설 수 없게 된단 말인가?

補註 ○按: 旣云執技以事上者, 出鄕, 不與士齒, 則如祝史之仕於公者, 猶然, 何必家臣乎? 陳註本於古註, 可從.

번역 ○살펴보니, 이미 기술을 소지하고서 윗사람을 섬기는 자는 소속된 향을 나서서 사와 나란히 서지 못한다고 했으니, 축(祝)이나 사(史) 중에 제후에게 소속된 자들도 여전히 이처럼 하는데 하필이면 가신(家臣)에 대해 이처럼 설명하겠는가? 진호의 주는 옛 주에 근본을 두고 있으니 따를만한 주장이다.

「왕제」 97장

참고−經文

司寇正刑明辟, 以聽獄訟, 必三刺. 有旨①<u>無簡, 不聽</u>. 附從輕, ②<u>赦從重</u>.

번역 사구(司寇)¹⁾는 형벌을 바르게 하고 죄를 밝혀서, 옥송의 일들을 처리하는데, 벌을 줄 때에는 반드시 세 번 검토한다. 의도는 있었으나 시행함이 없었다면, 옥송으로 처리하지 않는다. 다만 죄에 따른 벌을 내릴 때에는 형벌을 시행하길 될 수 있는 한 가볍게 하고, 사면할 때에는 죄를 용서해주길 될 수 있는 한 두텁게 한다.

① ○無簡不聽.

補註 書 · 呂刑文. 本註: "聽獄以簡核爲本, 苟無情實, 在所不聽."

번역 『서』「여형(呂刑)」편의 기록이다.²⁾ 본래의 주에서 말하길, "송사를 처리할 때에는 핵심을 살피는 것을 근본으로 삼으니 만약 진실함이 없다면 처리하지 않는 대상이다."라고 했다.

---

1) 사구(司寇)는 주(周)나라 때 설치되었던 관직이다. 하(夏)나라와 은(殷)나라 때에도 이미 존재했었다고 주장하기도 한다. 주나라 때에는 육경(六卿) 중 하나였으며, 대사구(大司寇)라고도 불렀다. 형벌이나 옥사에 관련된 일을 담당하였고, 감찰 임무를 맡기도 하였다. 춘추시대(春秋時代)에는 여러 제후국들에 이 관직이 설치되었으며, 공자(孔子) 또한 노(魯)나라에서 '사구'를 지냈다고 전해지기도 한다. 청(淸)나라 때에는 형부상서(刑部尙書)를 '대사구'로 불렀으며, 시랑(侍郎)을 소사구(少司寇)로 불렀다.

2) 『서』「주서(周書) · 여형(呂刑)」: 五刑之疑有赦, 五罰之疑有赦, 其審克之. 簡孚有衆, 惟貌有稽, <u>無簡不聽</u>, 具嚴天威.

② 赦從重.

補註 鄭註: 雖是罪可重, 猶赦之.

번역 정현의 주에서 말하길, 비록 죄가 중대할 수 있더라도 오히려 그것을 용서해준다.

①周禮以三刺斷庶民獄訟之中, 一曰訊群臣, 二曰訊群吏, 三曰訊萬民. 刺, 殺也. 有罪當殺者先問之群臣, 次問之群吏, 又問之庶民, 然後決其輕重也. 若有發露之旨意, 而無簡覈之實迹, 則難於聽斷矣. 於是有附有赦焉, 附而入之, 則施刑從輕, 赦而出之, 則宥罪從重. 所謂與其殺不辜, 寧失不經也.

번역 『주례』에서는 "삼자(三刺)로써 서민들의 옥송에 대한 합당함을 판별한다고 하니, 삼자 중 첫 번째는 여러 신하들에게 하문하는 것을 말하고, 두 번째는 여러 하급 관리들에게 하문하는 것을 말하며, 세 번째는 만민에게 하문하는 것을 말한다."3)라고 하였다. 자(刺)는 죽인다는 것이니, 그 죄로 보아 마땅히 죽여야 할 자가 있으면, 우선 여러 신하들에게 하문하고, 다음으로 여러 하급 관리들에게 하문하며, 또한 서민들에게 하문한 연후에야, 그 죄에 따른 처벌의 경중을 결정하는 것이다. 만약 겉으로 드러난 범죄의 뜻이 있었더라도, 그 실상을 조사함에 있어서 실제로 시행함이 없었다면, 옥송을 들어 죄를 판정하기가 어렵다. 이때에는 형벌을 가할 경우도 있고, 사면해줄 경우도 있으니, 형벌을 가해서 감옥에 들여보낼 때에는 형벌을 시행하길 될 수 있는 한 가볍게 하고, 사면해서 내보냄이 있을 때에는 죄를 용서해주길 될 수 있는 한 두텁게 한다. 이것은 이른바 "무고한 사람을 죽이느니, 차라리 법대로 하지 못한 실수를 범하겠다."4)는 것이다.

---

3) 『주례』「추관(秋官)·소사구(小司寇)」: 以三刺斷庶民獄訟之中. 一曰訊群臣, 二曰訊群吏, 三曰訊萬民.

4) 『서』「우서(虞書)·대우모(大禹謨)」: 罪疑惟輕, 功疑惟重, 與其殺不辜, 寧失不經.

① 周禮以三刺[止]訊萬民.

補註　秋官·司刺文.

번역　『주례』「추관(秋官)·사자(司刺)」편의 기록이다.[5]

補註　○按: 此與司刺本文字, 有少異.

번역　○살펴보니, 이것은 「사자」편의 본문과 다소 차이를 보인다.

---

5) 『주례』「추관(秋官)·사자(司刺)」: 司刺; 掌三刺·三宥·三赦之法, 以贊司寇聽
獄訟. 壹刺曰訊群臣, 再刺曰訊群吏, 三刺曰訊萬民.

「왕제」 98장

참고-經文

凡制五刑, ①必卽天論, ②郵罰, 麗於事.

번역 무릇 오형(五刑)을 판결함에는 반드시 천륜(天倫)에 따르고, 벌을 규명하여 밝힐 때에는 실정에 맞게 한다.

① 必卽天論.

補註 鄭註: 卽, 就也.

번역 정현의 주에서 말하길, '즉(卽)'자는 따른다는 뜻이다.

補註 ○論, 家語作倫.

번역 ○'논(論)'자를 『공자가어』에서는 윤(倫)자로 기록했다.

② 郵罰麗於事.

補註 楊梧曰: 一說, 豈但五刑, 卽郵罰亦必麗於事? 郵, 呂刑所謂五過也, 罰, 呂刑所謂五罰也.

번역 양오가 말하길, 일설에 따르면 어찌 오형(五刑)에 해당해야만 벌을 책하고 또 실정에 부합되도록 하겠는가? 따라서 '우(郵)'는 『서』「여형(呂刑)」편에서 말한 오과(五過)에 해당하고, '벌(罰)'은 「여형」편에서 말한 오벌(五罰)에 해당한다.

「왕제」 99장

참고—經文

凡聽五刑之訟, 必①原父子之親, 立君臣之義, 以權之. ②意論
輕重之序, 愼測淺深之量, 以別之. 悉其聰明, 致其忠愛, 以盡
之. 疑獄, 氾與衆共之, 衆疑, 赦之. 必察大小之比, 以成之.

번역 무릇 오형의 송사를 처리함에는 반드시 부자간의 친함의 도리에 근원하고, 군
신간의 의로움의 도리에 입각하여, 저울질하여 처리한다. 죄의 경중의 순서를 깊이
논의하며, 죄의 천심의 양을 신중히 헤아려서, 형량을 구별한다. 사구는 총명함을
다하고, 충애를 지극히 하여서, 직무를 다한다. 옥사가 의심스러우면, 널리 여러 사
람들과 함께 그 일을 처리하되, 여러 사람들이 그 일이 죄가 될지 의심스러워한다
면, 그를 사면해 준다. 반드시 옛 일들 중에 있었던 크고 작은 사례들을 살펴서,
그 일을 완수한다.

① ○原父子[止]以權之.

補註 疏曰: 凡犯罪之人, 或子爲父隱, 臣爲國諱. 雖觸刑禁, 而非其本惡,
故聽訟者, 必本其宿情, 立其恩義, 爲平量之恕而免放.

번역 소에서 말하길, 죄를 범한 자들 중에는 간혹 자식이 부모를 위해 숨겨
주거나 신하가 나라를 위해 숨기는 경우가 있다. 이러한 경우 비록 형벌과
금령에 접촉되더라도 그가 본래 악해서가 아니기 때문에 송사를 처리할 때
에는 반드시 그가 본래 가지고 있던 정감에 근본을 두고 은혜와 도의에 입각
하여 고르게 헤아려서 용서하고 사면한다.

補註 ○按: 原父子之親, 立君臣之義, 以赦過言之, 則如疏之所云, 以懲
惡言之, 則周禮有不孝之刑及刑亂國用重典, 是也. 疏說, 只擧赦過一
邊, 旣未允當. 陳註則各擧赦過懲惡一事, 蓋欲互發其義, 而終有未瑩.

번역 ○살펴보니, 부자간의 친함의 도리에 근원하고, 군신간의 의로움의 도

리에 입각한다는 것은 잘못을 용서해준다는 뜻으로 말한다면 소에서 말한 것과 같고, 악을 징벌한다는 뜻으로 말한다면 『주례』에서 불효를 저지르거나 나라를 문란하게 만든 자에게 형벌을 내릴 때 무거운 법을 적용한다고 한 것이 바로 이러한 경우에 해당한다. 소의 주장은 단지 과실을 용서한다는 한 측면만을 제시했으니, 충분하지 못하다. 진호의 주는 과실을 용서하고 악을 징벌한다는 사안에 대해 각각 한 가지 사례를 들고 있으니, 상호 그 뜻을 드러내도록 하고자 했던 것이지만, 끝내 명확하지 못한 점이 있다.

② 意論.

補註 鄭註: 意, 思念也.

번역 정현의 주에서 말하길, '의(意)'자는 생각한다는 뜻이다.

①父爲子隱, 子爲父隱, 而直在其中者, 以其有父子之親也. ② 刑亂國用重典, 以其無君臣之義也. 推類可以通其餘, 顧所以權之何如耳. 父子君臣, 人倫之重者, 故特擧以言之, 亦承上文天倫之意. 所犯雖同, 而有輕重淺深之殊者, 不可槪議也, 故別之, 所謂權也. 明視聰聽, 而察之於詞色之間, 忠愛惻怛, 而體之於言意之表, 庶可以盡得其情也. 汎, 猶廣也, 其或在所可疑, 則泛然而廣詢之衆見焉. 衆人共謂可疑, 則宥之矣. 比, 猶例也. 小者有小罪之比, 大者有大罪之比, 察而成之, 無往非公也.

번역 "아비는 자식을 위해 숨겨주고, 자식은 아비를 위해 숨겨주니, 정직함이 그 가운데 있다."는 것은 부자간에 친함이 있기 때문이다. "어지러운 나라를 형벌할 때에는 중대한 법률을 적용한다."는 것은 군신간에 의로움이 없기 때문이다. 이것을 유추하여 그 나머지에도 통용할 수 있는 것은 분별함이 어떠했는지를 살펴보는 것일 뿐이다. 부자와 군신은 인륜 중에서도 중대한 것이기 때문에, 다만 이 둘을 들어서 말했을 따름이며, 또한 앞 문장에 말한 천륜의 뜻을 이은 것이다. 죄를 범한 것이 비록 같다고 하더라도, 경중과 천심의 차이가 있는 것이니, 개괄적으로 의론할 수 없는 것이기 때문에 구별하는 것으로, 이른바 저울질하는 권(權)이라는 것이다. 보는 것과 듣는 것이 총명하면서도, 죄인의 언어와 낯빛 사이에서 그것을 살피고, 충애롭고 진심으로 슬퍼하면서도, 판결자의 말과 생각의 표출함에서 그것을 체현해내면, 아마도 그 죄의 실정을 다 알 수 있을 것이다. 범(汎)은 넓다는 광(廣)자의 뜻과 같으니, 그 사안이 혹여 의심할 만한 데가 있다면, 널리 많은 사람들의 견해를 묻는다. 많은 사람들이 모두 죄가 될지 의심스러워할 만하다고 판단한다면, 그를 용서해준다. 비(比)라는 것은 유사한 사례라는 예(例)자와 같다. 사안이 작은 것에 대해서는 작은 죄를 처벌했을 때의 사례가 있고, 큰 것에 대해서는 큰 죄를 처벌했을 때의 사례가 있으니, 그것들을 살펴서 일을 완수한다면, 일을 처리함마다 공평하지 않음이 없게 된다.

① 父爲[止]直在其中.

補註 論語·子路文.

번역 『논어』「자로(子路)」편의 기록이다.[1]

② 刑亂國用重典.

補註 周禮·大司寇文.

번역 『주례』「대사구(大司寇)」편의 기록이다.[2]

---

1) 『논어』「자로(子路)」: 孔子曰, 吾黨之直者異於是, 父爲子隱, 子爲父隱, 直在其中矣.

2) 『주례』「추관(秋官)·대사구(大司寇)」: 大司寇之職, 掌建邦之三典以佐王刑邦國詰四方. 一曰刑新國用輕典. 二曰刑平國用中典. 三曰刑亂國用重典.

嚴陵方氏曰: 父子之親, 本乎情, 故曰原. 君臣之義, 錯諸事, 故
曰立. 親主於愛而已, 一於愛, 則刑有所不忍加. 義主於敬而
已, 一於敬, 則刑有所不敢及. 一皆如是, 豈足以爲法之經哉.
其或於親有所原, 於義有所立者, 特從法之權而已, 故曰以權
之也. 事之輕重, 各有序也, 而不可亂焉. 行其事者, ①其可以
無倫乎, 亦在乎論之而已. 情之淺深, 各有量也, 而不可過焉.
原其情者, 其可無測乎, 亦在乎測之而已. 事非有惑, 無所用
論, 故曰意論, 以意生乎有惑故也. 情非用誠, 不可以測, 故曰
愼測, 以愼由乎用誠故也. 若是則輕重淺深, 各得其辨矣, 故曰
以別之也. 悉其聰, 則所聽者無遺矣, 悉其明, 則所見者無遺
矣. 致其忠, 則不欺之至矣, 致其愛, 則不忍之至矣. 若是則有
不盡於刑之道乎, 故曰以盡之也. 汎與泛愛之汎同. 可信則斷
之以己, 可疑則資之於衆也. 衆疑赦之者, 又不以偏愛而有所
釋. 必察其罪之在大辟, 則比於大辟, 以成其獄, 察其罪之在小
辟, 則比於小辟, 以成其獄, 比之爲言, 附也. 呂刑, 所謂上下比
罪, 是矣. 其序則首言權之者, 以見先王之用刑, 非以爲常也.
然事情不可以不辨, 故繼言以別之. 別之則理無遺矣, 故繼言
以盡之. 盡之則獄可以決矣, 故言以成之終焉.

번역 엄릉방씨가 말하길, 부자간의 친함은 정에 근본하기 때문에 근원한다고 말한 것이다. 군신간의 의로움은 일에 규착되어 있기 때문에 입각한다고 말한 것이다. 친함은 애를 위주로 할 따름이지만, 애에만 한결같이 한다면, 형을 차마 더할 수 없는 경우가 있게 된다. 의로움은 경을 위주로 할 따름이지만, 경에만 한결같이 한다면, 형이 감히 미칠 수 없는 경우가 있게 된다. 하나같이 모두 이와 같다면, 어찌 그것으로써 법의 경도로 삼을 수 있겠는가? 그 중 어떤 것은 부자간의 친함에 근원한 것이 있고, 어떤 것은 군신간의 의로움에 입각한 것이 있으니, 다만 법의 권도를 따를 따름이다. 그렇기 때문에 그것으로써 저울질 한다고 말한 것이다. 일의 경중에는 각각 차례가 있으니 어지럽힐 수 없는 것이다. 그 일을 시행하는 것에 차례가 없을 수 있겠는가? 또한 논의함에 달려 있을 따름이다. 정의 천심에는 각각 헤아려야 할 것이 있으니, 지나칠 수 없는 것이다. 그 정에 근원하는 것에 대해서 헤아림이 없을 수 있겠는가? 또한 헤아림에 달려 있을 따름이다. 일에 의혹이 있지 않다면 논의함을 쓸 일이 없다. 그렇기 때문에 의론이라고 말했는데, 생각이라는 것은 의혹됨이 있는 곳에서 생겨나기 때문이다. 정은 진실되지 않으면 헤아릴 수 없는 것이다. 그렇기 때문에 신측이라고 말했는데, 신중함은 진실한 데에서 연유하기 때문이다. 만약 이와 같다면 경중과 천심이 각각 그 분변함을 얻게 되기 때문에, 그것으로써 구별한다고 말한 것이다. 밝게 들음을 다하게 되면 듣는 것에 미진하여 빠트리는 것이 없게 되고, 밝게 봄을 다하게 되면 보는 것에 미진하여 빠트리는 것이 없게 된다. 충을 지극히 하는 것은 속이지 않음의 지극함이고, 애를 지극히 하는 것은 차마 하지 못함의 지극함이다. 만약 이와 같다면 형의 도리에서 미진함이 있겠는가? 그렇기 때문에 그것으로써 다한다고 말한 것이다. 범(汎)은 "널리 사랑한다."라고 할 때의 범(汎)자와 같다. 확신할 수 있다면 그것을 판결하길 자기의 뜻으로써 하고, 의혹스럽다면 여러 사람들에게 그것을 자문한다. 여러 사람들이 그것을 의혹스러워 해서 그를 사면해준다는 것은 또한 편애로써 사면해줌이 있는 것이 아니다. 반드시 그 죄가 큰 죄에 해당함을 살펴 알았다면, 큰 죄를 판결했던 사례에 견주어서, 그 옥송의 일을 완수한다. 그 죄가 작은 죄에 해당함을 살펴 알았다면, 작은 죄를 판결했던 사례에 견주어서, 그 옥송의 일을 완수하니, 비(比)의 말뜻은 곧 붙인다는 부(附)자의 뜻이다. 「여형」편의 "올리고 낮춰서 죄에 붙인다."[3]는 것이 이것이다. 경문의 순서에서 먼저 저울질한다고 말한 것은 선왕이 형벌을 사용함이 항상 고정된 것이 아니었음을 드러내는 것이다. 그러나 사정에는 분별하지 않을 수가 없기 때문에, 이어서 구별한다고 말한 것이다. 구별하게 됨에는 이치상 미진한 것이 없게 되기 때문에, 이어서 다한다고 말한 것이다. 다하게 되면 옥송의 일을 판결할 수 있기 때문에, 완수한다고 말하여 끝맺은 것이다.

① 其可以無倫乎.

補註 倫, 論之誤.

번역 '윤(倫)'자는 논(論)자를 잘못 기록한 것이다.

---

3) 『서』「주서(周書)·여형(呂刑)」: 墨罰之屬千, 劓罰之屬千, 剕罰之屬五百, 宮罰之屬三百, 大辟之罰, 其屬二百, 五刑之屬三千. <u>上下比罪</u>, 無僭亂辭. 勿用不行, 惟察惟法, 其審克之.

「왕제」 100장

참고─經文

成獄辭, 史以獄成告於正. 正聽之, 正以獄成告於大司寇. 大司寇聽之①棘木之下, 大司寇以獄之成告於王. 王②命三公, 參聽之. 三公以獄之成告於王. 王③三又, 然後制刑.

번역 옥과 관련된 보고서가 완성되면, 문서 담당관인 사가 옥에 대한 조사가 끝났음을 정에게 보고한다. 정은 그것을 검토하고 이상이 없으면, 정은 옥에 대한 조사가 끝났음을 대사구에게 보고한다. 대사구는 극목 아래에서 그것을 검토하고 이상이 없으면, 대사구는 옥에 대한 조사가 최종적으로 끝났음을 천자에게 보고한다. 천자는 삼공에게 명령하여, 참여해서 그것을 검토하게 한다. 이상이 없으면 삼공은 옥에 대한 최종보고가 이상이 없음을 천자에게 보고한다. 그러면 천자는 세 번 용서해줄 것을 생각한 연후에야 최종 형을 결정한다.

① 棘木之下.

補註 沙溪曰: 三公位, 槐木之下, 九卿位, 棘木之下, 故後世仍稱三公爲三槐, 九卿爲九棘.

번역 사계가 말하길, 삼공의 자리는 괴목 아래가 되고, 구경의 자리는 극목 아래가 된다. 그렇기 때문에 후세에서는 삼공에 대해서 '삼괴(三槐)'라 부르고 구경에 대해서 '구극(九棘)'이라 부르게 되었다.

補註 ○按: 此外朝之位, 見秋官·朝士.

번역 ○살펴보니, 이것은 외조(外朝)에서의 자리이니, 『주례』「추관(秋官)·조사(朝士)」편에 나온다.[1]

---

1) 『주례』「추관(秋官)·조사(朝士)」: 朝士; 掌建邦外朝之法, 左九棘, 孤卿大夫位焉, 群士在其後. 右九棘, 公侯伯子男位焉, 群吏在其後. 面三槐, 三公位焉, 州長衆庶在其後. 左嘉石, 平罷民焉. 右肺石, 達窮民焉.

② 命三公參聽之.

補註 鄭註: 王使三公復與司寇及正共平之.

번역 정현의 주에서 말하길, 천자가 삼공으로 하여금 사구 및 정과 함께 다시 공정하게 검토하게 한 것이다.

③ 三又.

補註 疏曰: 以三事命宥之也.

번역 소에서 말하길, 세 가지 사안에 따라 관대하게 처분하도록 명령하는 것이다.

補註 ○按: 此與文王世子三宥之文同, 謂三次命宥之.

번역 ○살펴보니, 이것은 『예기』 「문왕세자(文王世子)」편에서 세 차례 관대하게 처분하라고 한 문장2)과 같으니, 세 차례 명령하여 용서해주라고 한다는 뜻이다.

참고-集說

①成獄詞者, 謂治獄者責取犯者之言辭, 已成定也. 史, 掌文書者. 正, 士師之屬. 聽, 察也. 棘木, 外朝之卿位也. 又, 當作宥, ②周禮一宥曰不識, 再宥曰過失, 三宥曰遺忘, 謂行刑之時, 天子猶欲以此三者免其罪也. 自下而上, 咸無異說, 而天子猶必三宥, 而後有司行刑者, 在君爲愛下之仁, 在臣有守法之義也.

---

2) 『예기』 「문왕세자(文王世子)」: 獄成, 有司讞于公. 其死罪, 則曰"某之罪在大辟." 其刑罪, 則曰"某之罪在小辟." 公曰"宥之." 有司又曰"在辟." 公又曰"宥之." 有司又曰"在辟." 及三宥, 不對走出, 致刑于甸人. 公又使人追之曰"雖然, 必赦之." 有司對曰"無及也." 反命于公. 公素服不擧, 爲之變. 如其倫之喪, 無服, 親哭之.

번역 옥사를 완성했다는 것은 옥을 담당하는 자가 범죄를 저지른 자를 책문한 글이 이미 완성되었다는 것을 말한다. 사(史)는 문서를 담당하는 관리이다. 정(正)은 사사(士師)3)의 부류이다. 청(聽)은 살핀다는 것이다. 극목(棘木)은 외조에서 경의 자리이다. 우(又)자는 마땅히 유(宥)자로 써야 하니, 『주례』에는 "첫 번째 관대하게 처리해주는 대상은 '인식하지 못한 것'에 대한 것을 말하며, 두 번째 관대하게 처리해주는 대상은 '과실에 의한 것'에 대한 것을 말하고, 세 번째 관대하게 처리해주는 대상은 '약간의 망각함이 있는 것'에 대한 것이다."라고 했으니, 형을 집행할 때에도, 천자는 오히려 이 세 가지로써 그의 죄를 사면해주고자 함을 말한다. 아래의 실무 관리로부터 위로의 고위직의 관리까지 모두 다른 의견이 없는데도, 천자가 오히려 반드시 이 세 가지 관대하게 해주는 것으로써 고려한 이후에야, 유사가 형을 집행하는 것은 군주에게는 아랫사람을 사랑하는 인함이 있고, 신하에게는 법을 수호하는 의로움이 있기 때문이다.

① 成獄詞者.

補註 詞, 當作辭.
번역 '사(詞)'자는 마땅히 사(辭)자로 기록해야 한다.

② 周禮一宥[止]遺忘.

補註 按: 此亦司刺文, 皆原恕犯罪者情實之辭.
번역 살펴보니, 이 또한 『주례』「사자(司刺)」편의 기록으로,4) 이 모두는 죄를 범한 자를 용서해주고자 하는 진심에서 하는 말에 해당한다.

---

3) 사사(士師)는 사사(士史)라고도 부르며, 고대에 금령(禁令)이나 형벌 및 옥사 등을 담당하던 관리이다. 『주례』「추관(秋官)・사사(士師)」편에는 "士師之職, 掌國之五禁之法, 以左右刑罰. 一曰宮禁, 二曰官禁, 三曰國禁, 四曰野禁, 五曰軍禁."이란 기록이 있다.

4) 『주례』「추관(秋官)・사자(司刺)」: 司刺, 掌三刺三宥三赦之法, 以贊司寇聽獄訟. …… 壹宥曰不識, 再宥曰過失, 三宥曰遺忘.

「왕제」 103장

참고—經文

析言破律, 亂名改作, 執①<u>左道</u>, 以亂政, 殺.

번역 말을 쪼개 분석하여 교묘히 하고, 법률을 파괴하며, 바른 명칭을 혼란스럽게 하고, 제도를 제멋대로 고치며, 이단의 사악한 도리에 따라서 정사를 혼란케 하면 사형을 내린다.

① **左道**.

補註 疏曰: 地道尊右, 右爲貴, 故漢書云: "右賢左愚", 正道爲右, 不正道 爲左.

번역 소에서 말하길, 땅의 도리에서는 우측을 존귀하게 높이니, 우측은 귀한 것이 된다. 그렇기 때문에 『한서』에서는 "우측은 현명하고 좌측은 어리석다."라고 한 것이다. 따라서 바른 도리는 우측이 되고 바르지 못한 도리는 좌측이 된다.

「왕제」 104장

作①淫聲異服, 奇技奇器, 以疑衆, 殺. ②行僞而堅, ③言僞而辨, 學非而博, 順非而澤, 以疑衆, 殺. 假於鬼神時日卜筮, 以疑衆, 殺. 此四誅者, ④不以聽.

번역 선왕의 음악이 아닌 음란한 음악과 선왕의 복식이 아닌 바르지 못한 복식을 만들고, 기이한 재주와 기이한 기물을 만들어서 민중을 현혹시키면 사형을 내린다. 거짓을 행하면서도 굳건하여 빈틈이 없고, 거짓을 말하면서도 변설이 뛰어나 굽히지 않으며, 부정한 학문을 배웠음에도 박식하고, 부정한 것을 꾸며서 유창하게 해서 민중을 현혹시키면 사형을 내린다. 귀신이나 날짜 점치는 것이나 점치는 것에 가탁해서 민중을 현혹시키면 사형을 내린다. 이 네 가지 주살될 죄에 해당하는 자는 판결을 듣지 않고 즉각 처분한다.

① ○淫聲異服.

補註 鄭註: 淫聲, 鄭·衛之屬. 異服, 若聚鷸冠瓊弁也.

번역 정현의 주에서 말하길, 음성(淫聲)이란 것은 정나라나 위나라의 음악과 같은 부류이다. 이복(異服)은 휼(鷸)이란 새의 깃털을 모아 만든 관(冠)이나 가죽으로 만들고 둥근 옥으로 장식한 고깔 모양의 모자와 같은 것이다.

補註 ○按: 聚鷸冠, 鄭子臧事, 瓊弁, 楚子玉事, 竝見左傳僖二十八年.

번역 ○살펴보니, '취휼관(聚鷸冠)'이란 정나라 자장의 일화이며,[1] 경변(瓊弁)은 초나라 자옥의 일화인데,[2] 둘 모두 『좌전』 희공 28년 기록에 나온다.

---

1) 『춘추좌시전』 「희공(僖公) 24년」: 鄭子華之弟子臧出奔宋, 好聚鷸冠. 鄭伯聞而惡之, 使盜誘之.

② 行僞[止]而澤.

補註 按: 孔子誅少正卯, 以此.

번역 살펴보니, 공자가 소정묘를 주살했던 것도 바로 이러한 이유 때문이다.

③ 言僞而辨.

補註 辨, 與辯通. 古經正作辯.

번역 '변(辨)'자는 변(辯)자와 통용된다. 『고경』에서는 변(辯)자로 바로잡아 기록했다.

④ 不以聽.

補註 家語註: 不聽棘木之下.

번역 『공자가어』의 주에서 말하길, 극목 아래에서 듣지 않는다는 뜻이다.

참고-集說

淫聲, 非先王之樂也, 異服, 非先王之服也. 奇技奇器, 如①僑師舞木之類. 書云 紂作奇技淫巧以悅婦人. 所行雖僞, 而堅不可攻, 所言雖僞, 而辨不可屈, 如②白馬非馬之類. 所學雖非正道, 而涉獵甚廣, 則亦難於窮詰. 順非, 文過也. 所行雖非, 而善於文飾, 其言滑澤無滯, 衆皆疑其爲是也. 至於假託鬼神之禍福, 時日之吉凶, 卜筮之休咎, 皆足以使人惑於見聞, 而違悖禮法. 故亂政者一, 疑衆者三, 皆決然殺之, 不復審聽, 亦爲其害大而辭不可明也.

---

2) 『춘추좌씨전』 「희공(僖公) 28년」 : 初, 楚子玉自爲瓊弁・玉纓, 未之服也.

번역 음란한 음악은 선왕이 만든 음악이 아니며, 바르지 못한 복식은 선왕이 제정한 복식이 아니다. 기이한 재주와 기이한 기물은 언사가 주나라 목왕에게 바쳤던 춤추는 나무 인형과 같은 부류이다. 『서』에 이르길, "은의 주왕은 기이한 재주와 지나치게 교묘한 것들을 만들어서, 부인을 기쁘게 하였다."[3]라고 했다. 행동하는 것이 비록 거짓되나 굳건하여 빈틈을 공략할 수 없고, 말하는 것이 비록 거짓되나 변설이 뛰어나 굽힐 수가 없는 것은 공손룡이 말한 흰 말은 말이 아니라는 변설과 같은 부류이다. 배운 것이 비록 정도가 아니나 학문을 섭렵함이 매우 넓어서, 또한 따져 묻기가 어려운 것이다. 순비(順非)라는 것은 꾸밈이 지나친 것이다. 행동하는 것이 비록 바르지 못하나 꾸미는데 뛰어나서, 그 말이 유창하여 막힘이 없으니, 민중들이 모두 그것이 옳다고 의심하는 것이다. 귀신이 내려준다는 화복, 시일에 따른 길흉, 복서에 나타난 좋고 나쁨에 가탁하는데 대해서는 이것들은 모두 사람들로 하여금 견문을 미혹시켜서, 예법을 어그러트리기에 충분하다. 그렇기 때문에 정사를 혼란시키는 경우 한 가지와 민중을 현혹시키는 경우 세 가지는 모두 과감하게 그런 사람들을 사형에 처하며, 다시 심문하여 판결하지 않는 것은 또한 그들이 끼치는 해가 크고 그들의 언설에 의해 옥사가 명확해지지 않기 때문이다.

① 僞師舞木.

補註 事文類聚: 師僞, 周穆王時人. 縛草爲人使之舞, 又作木人以手招王美人, 王怒殺師僞.

번역 『사문류취』에서 말하길, '사언(師僞)'은 주나라 목왕 때의 사람이다. 풀을 엮어서 사람 모양으로 만들어 춤을 추게 만들었고, 또 나무로 사람 모양을 만들어 손으로 천자의 여인을 유혹하니, 천자가 성을 내며 사언을 죽였다.

② 白馬非馬.

補註 沙溪曰: 按戰國策云, "夫刑名之家, 皆曰白馬非馬也. 已如使白馬實馬, 乃使有白馬之爲也." 註曰: "如使白馬實馬, 必有白馬之爲, 天下

---

3) 『서』「주서(周書)・태서하(泰誓下)」: 作奇技淫巧, 以悅婦人

之馬不皆白, 故曰非馬也."

번역 사계가 말하길, 『전국책』을 살펴보면 "형명학파에 속한 자들은 모두 흰 말은 말이 아니라고 한다. 백마를 실제 말이라고 해야만 백마에 대한 이론이 있게 된다."라고 했다. 주에서 말하길 "백마를 실제 말이라고 해야만 반드시 백마에 대란 이론이 생기게 되는데, 천하의 말은 모두 백색이 아니기 때문에 말이 아니라고 한 것이다."라고 했다.

「왕제」 105장

①凡執禁以齊衆, 不赦過.

번역 무릇 금지하는 법령을 집행하여 백성들을 다스릴 때에는 작은 과실이라도 사면해주지 않는다.

① 凡執禁以齊衆.

補註 按, 家語衆下有者字.

번역 살펴보니, 『공자가어』에는 '중(衆)'자 뒤에 자(者)자가 기록되어 있다.

「왕제」 106장

有圭璧金璋, ①不粥於市. 命服命車, 不粥於市. 宗廟之器, 不粥於市. 犧牲, 不粥於市. 戎器, 不粥於市.

번역 규(圭)와 벽(璧) 및 금으로 장식한 장(璋)은 시장에서 팔아서는 안 된다. 하사받은 의복과 수레는 시장에서 팔아서는 안 된다. 종묘에서 사용하는 기물은 시장에서 팔아서는 안 된다. 제사에 사용하는 희생물은 시장에서 팔아서는 안 된다. 하사받은 병장기는 시장에서 팔아서는 안 된다.

① ○不粥於市.

補註 鄭註: 粥, 賣也.

번역 정현의 주에서 말하길, 육(粥)자는 판다는 뜻이다.

方氏曰: 此所以禁民之不敬. 金璋, 以金飾之. ①考工記大璋中璋黃金勺青金外者, 是矣.

번역 방씨가 말하길, 이 문장은 백성들의 불경스러움을 금지하는 것이다. 금장(金璋)은 금으로 장식한 장이니, 『고공기』에 있는 대장(大璋)·중장(中璋)에 대해 자루를 황금으로 장식하고 겉을 청금으로 장식한다는 것이 바로 이것을 가리킨다.

① 考工記[止]青金外.

補註 周禮·考工記·玉人文.

번역 『주례』「고공기(考工記)·옥인(玉人)」편의 기록이다.¹⁾

---

1) 『주례』「동관고공기(冬官考工記)·옥인(玉人)」: <u>大璋中璋</u>九寸, 邊璋七寸, 射四寸, 厚寸, <u>黃金勺, 靑金外</u>, 朱中, 鼻寸, 衡四寸, 有繅, 天子以巡守, 宗祝以前馬.

「왕제」 107장

참고-經文

用器不中度, 不粥於市. ①兵車不中度, 不粥於市. ②布帛, 精
麤不中數, 幅廣狹不中量, 不粥於市. 姦色, 亂正色, 不粥於市.

번역 일상적으로 사용하는 기물 중에서 정해진 기준 척도에 맞지 않는 것은 시장에
서 팔아서는 안 된다. 전쟁용 수레 중에서 정해진 기준 척도에 맞지 않는 것은 시장
에서 팔아서는 안 된다. 포와 백 중에서 곱고 거친 올의 수가 정해진 기준 승수에
맞지 않고, 폭의 넓고 좁음이 정해진 기준 양에 맞지 않는 것은 시장에서 팔아서는
안 된다. 간색이 정색을 어지럽히는 것들은 시장에서 팔아서는 안 된다.

① 兵車不中度.

補註 按: 上文曰戎器不粥於市, 兵車非戎器乎? 中度則可粥乎? 家語但
言兵車旌旗不粥於市, 恐是.

번역 살펴보니, 앞에서는 병장기는 시장에서 팔아서는 안 된다고 했는데,[1]
전쟁용 수레는 병장기가 아니란 말인가? 그렇다면 기준 척도에 맞으면 팔아
도 된단 말인가? 『공자가어』에서는 단지 전쟁용 수레와 깃발은 시장에서 팔
아서는 안 된다고 했는데, 아마도 이 기록이 옳은 것 같다.

補註 ○楊梧曰: 以丘乘出車賦, 而兵車之粥, 不可禁也.

번역 ○양오가 말하길, 세금을 걷는 행정단위에 있어 구(丘)와 승(乘)에서
수레에 대한 조세를 출자하니, 전쟁용 수레를 파는 것은 금지할 수 없다.

---

1) 『예기』「왕제(王制)」: 有圭璧金璋, 不粥於市. 命服命車, 不粥於市. 宗廟之器, 不
粥於市. 犧牲, 不粥於市. 戎器, 不粥於市.

② 布帛精麤不中數.

補註 疏曰: 若朝服之布十五升, 斬衰三升, 齊衰四升之類.

번역 소에서 말하길, 조복(朝服)을 만들 때의 포가 15승이고, 참최복(斬衰服)을 만들 때의 포가 3승이며, 자최복(齊衰服)을 만들 때의 포가 4승인 부류와 같다.

「왕제」 108장

①錦文珠玉成器, 不粥於市. ②衣服飲食, 不粥於市.

번역 무늬를 수놓은 비단, 값비싼 주옥, 좋은 기물들은 시장에서 팔아서는 안 된다. 의복과 음식은 시장에서 팔아서는 안 된다.

① ○錦文珠玉成器.

補註 按: 家語此一句作文錦珠玉之器.

번역 살펴보니, 『공자가어』에서는 이곳 구문을 '문금주옥지기(文錦珠玉之器)'로 기록했다.

② 衣服飲食不粥於市.

補註 家語註: 禁賣成衣服及賣熟食.

번역 『공자가어』의 주에서 말하길, 완성된 의복을 팔거나 완성된 음식을 파는 것을 금지하는 것이다.

참고-經文

五穀不時, 果實未熟, 不粥於市. 木①不中伐, 不粥於市. 禽獸魚鱉②不中殺, 不粥於市.

번역 오곡(五穀)¹⁾이 제철이 아니어서 익지 않은 것과 과실 중 아직 익지 않은 것은 시장에서 팔아서는 안 된다. 벌목한 나무 중에 벌목할 시기에 해당되지 않는데도 성장 중에 있는 나무를 벌목한 것은 시장에서 팔아서는 안 된다. 수렵한 짐승과 물고기 및 자라 중 수렵할 시기에 해당되지 않는데도 불법으로 수렵한 것은 시장에서 팔아서는 안 된다.

① ○不中伐.

補註 鄭註: 伐之非時, 不中用.
번역 정현의 주에서 말하길, 벌목하길 알맞은 시기가 아닌 때로 한다면 쓰임에 알맞지 못하다.

---

1) 오곡(五穀)은 곡식을 총칭하는 말로 사용되는데, 본래 다섯 가지 곡식을 뜻한다. 그러나 다섯 가지 곡식이 구체적으로 무엇을 가리키는지에 대해서는 이견이 많다. 『주례』「천관(天官)·질의(疾醫)」편에는 "以五味·五穀·五藥養其病."이라는 기록이 있고, 이에 대한 정현의 주에서는 "五穀, 麻·黍·稷·麥·豆也."라고 풀이했다. 즉 이 문장에서는 '오곡'을 마(麻)·메기장[黍]·차기장[稷]·보리[麥]·콩[豆]으로 설명하고 있다. 그리고 『맹자』「등문공상(滕文公上)」편에는 "樹藝五穀, 五穀熟而民人育."이라는 기록이 있고, 이에 대한 조기(趙岐)의 주에서는 "五穀謂稻·黍·稷·麥·菽也."라고 풀이했다. 즉 이 문장에서는 '오곡'을 쌀[稻]·메기장[黍]·차기장[稷]·보리[麥]·대두[菽]로 설명하고 있다. 그리고 『초사(楚辭)』「대초(大招)」편에는 "五穀六仞."이라는 기록이 있는데, 이에 대한 왕일(王逸)의 주에서는 "五穀, 稻·稷·麥·豆·麻也."라고 풀이했다. 즉 이 문장에서는 '오곡'을 쌀[稻]·차기장[稷]·보리[麥]·콩[豆]·마(麻)로 설명하고 있다. 이 외에도 각종 주석에 따라 해당 작물이 달라진다.

② 不中殺.

補註 鄭註: 殺之非時, 不中用.

번역 정현의 주에서 말하길, 살생하길 알맞은 시기가 아닌 때로 한다면 쓰임에 알맞지 못하다.

補註 ○徐志修曰: 不中伐, 不中殺, 恐皆謂不中尺度, 如魚不滿尺, 市不得粥之類.

번역 ○서지수가 말하길, '부중벌(不中伐)'이나 '부중살(不中殺)'이라는 말은 아마도 정해진 척도에 맞지 않았다는 뜻인 것 같으니, 예를 들어 물고기가 정해진 크기에 미치지 못한 경우 시장에서는 팔 수 없다는 부류와 같다.

「왕제」 110장

石林葉氏曰 以令示於衆而使之避者, 禁也. 一弛其禁而赦之,
則犯者必多, 故不赦過. 自圭璧金璋, 至於禽獸魚鼈, 皆設禁於
市者也. 至於關者, 人所道以出入, 而其所禁, 尤嚴於市, 故衣
服貳而民德不歸于一, 則禁異服. 議論異, 而道德不合於一, 則
識異言. 異服見於用, 則易知, 故曰禁. 異言必辨而後審之, 故
曰識. 先王一道德以同俗. ①明刑以析言異服者殺, 所以誅其
已然. 正法而異言異服者譏, 所以禁其未然. 凡此皆治民之具.
諱惡者, 亦人情所不免, 故下太史執簡, 以記其言動, 奉諱惡,
以示禁者, 所以治天下之終也.

번역 석림섭씨[1]가 말하길, 법령을 민중에게 제시하여 그들로 하여금 범법을 피하
도록 하는 것을 금지법이라고 한다. 하나라도 금지법을 시행하며 느슨히 하여 사면
을 해주게 된다면, 범법을 하는 자가 반드시 많아지게 된다. 그렇기 때문에 과오에
대해서 사면해주지 않는 것이다. 규벽과 금장을 시장에서 팔지 않는다는 것으로부
터, 금수와 어별을 시장에서 팔지 않는다는 문장까지는 모두 시장에서 금지법을 적
용하는 것들이다. 관문에서 기찰한다는 것에 있어서는 관문이란 사람들이 길로 삼
아서 출입하는 곳이니, 금지하는 것이 시장보다 더욱 엄격하다. 그렇기 때문에 의복
을 달리 하는 것은 백성들의 덕이 한결같음에 귀의하지 않은 것이니, 다른 복식을
금지하는 것이다. 의론이 달라지고 도덕이 한결같음에 합치되지 않으니, 다른 언어
를 기록하는 것이다. 다른 복식이라는 것은 사람들이 착용하여 사용하는 데에서 드
러나기 때문에 쉽게 알 수 있다. 그렇기 때문에 금지한다고 말한 것이다. 다른 언어
라는 것은 반드시 분별한 이후에야 그것들을 살펴볼 수 있다. 그렇기 때문에 기록
한다고 말한 것이다. 선왕은 도덕을 한결같이 하여 풍속을 같게 만든다. 형벌을 밝

---

1) 석림섭씨(石林葉氏, ?~A.D.1148) : =섭몽득(葉夢得) · 섭소온(葉少蘊). 남송(南
宋) 때의 유학자이다. 자(字)는 소온(少蘊)이고, 호(號)는 몽득(夢得)이다. 박학다
식했다고 전해지며, 『춘추(春秋)』에 대한 조예가 깊었다.

혀서 말을 교묘히 하고 바르지 못한 복식을 만드는 자를 죽이는 것은 이미 그렇게 된 상태에서 주살하는 방법이다. 법을 바르게 해서 언어를 달리하고 복식을 달리하는 것을 기찰하는 것은 아직 그렇게 되지 않은 상태에서 금지하는 방법이다. 무릇 이것들은 모두 백성들을 다스리는 도구들이다. 기피하고 싫어하는 것들은 또한 인정상에서 벗어나지 않는 것들이다. 그렇기 때문에 아래문장에서 태사가 간책을 가지고, 마땅히 행해야할 언동을 기록하고, 기피하고 싫어하는 것들을 들어서, 금지해야 할 것들을 제시하는 것은 천하를 다스리는 것의 종결이 된다.

① **明刑以析**.

補註 以, 恐當作而.

번역 '이(以)'자는 아마도 이(而)자로 기록해야 할 것 같다.

「왕제」 111장

참고-經文

①**大史典禮**, 執簡記, **奉諱惡**, 天子齊戒, 受諫.

번역 태사는 예에 대한 전적을 담당하니, 간책에 기록된 것을 가지고 와서, 기피해야할 것과 싫어하는 것들을 기재하여 바치면, 천자는 몸을 가다듬고 스스로를 경계하며, 긴인해준 깃을 받이들인디.

① **大史典禮[止]諱惡.**

補註 大史, 周禮 · 宗伯屬官.

번역 '대사(大史)'는 『주례』 종백(宗伯)에게 소속된 관리이다.

補註 ○鄭註: "諱, 先王名. 惡, 忌日, 若子 · 卯." 疏曰: "忌日, 謂先王亡日, 子 · 卯, 紂以甲子日死, 桀以乙卯日亡."

번역 ○정현의 주에서 말하길, "휘(諱)하는 것은 선왕의 이름이다. 싫어하는 것은 기일(忌日)이니, 마치 주임금이 죽었던 갑자일이나 걸임금이 죽었던 을묘일과 같은 것들이다."라고 했다. 소에서 말하길, "기일(忌日)은 선왕이 죽은 날을 뜻하며, 자(子)와 묘(卯)라고 했는데, 주임금은 갑자일에 죽었고, 걸임금은 을묘일에 죽었다."라고 했다.

「왕제」112장

司會以①<u>歲之成</u>, ②<u>質於天子</u>, ③<u>冢宰齊戒, 受質</u>.

번역 사회가 한 해의 성과에 대한 회계를 완성한 것으로 천자에게 질정하고, 총재는 몸을 가다듬고 스스로 경계하며, 사회가 질정한 것을 받아들인다.

① ○歲之成.

補註 鄭註: "成, 計要也." 疏曰: "周禮註, '歲計曰會, 月計曰要, 日計曰成', 彼對文耳. 此則総而言之, 故云成計要也."

번역 정현의 주에서 말하길, "성(成)이란 성과를 계산한 것이다."라고 했다. 소에서 말하길, "『주례』의 주에서는 '한 해의 성과를 계산한 것을 회(會)라 부르고, 한 달의 성과를 계산한 것을 요(要)라 부르며, 하루의 성과를 계산한 것을 성(成)이라 부른다.'라고 했는데, 『주례』의 기록은 문장을 대비해서 기록했기 때문이다. 이곳의 경우는 총괄적으로 말했기 때문에 성(成)이란 성과를 계산한 것이라고 했다."라고 했다.

② 質於天子.

補註 鄭註: "質, 平也." 疏曰: "謂奏上文簿, 聽天子平量之."

번역 정현의 주에서 말하길, "질(質)이란 고르게 한다는 뜻이다."라고 했다. 소에서 말하길, "문서와 장부를 바치고 천자가 고르게 하는 것을 듣는 것이다."라고 했다.

③ 冢宰齊戒受質.

補註 按: 小註方說, 與陳註異, 而較長.

번역 살펴보니, 소주에 나온 방씨의 주장은 진호의 주와는 차이가 나지만, 보다 더 나은 것 같다.

司會, 冢宰之屬, 掌治法之財用會計, 及①王與冢宰廢置等事.
故歲之將終也, 質平其一歲之計要於天子, 而先之冢宰. 冢宰
重其事, 而齊戒以受其質. 質者, 質於上而考正其當否也.

번역 사회는 총재에게 소속된 관리로, 법 시행에 있어서의 재물 사용과 회계, 그리고 천자 및 총재에게 폐해야 할 것과 임명해야 할 것 등을 건의하는 일을 담당한다.[1] 그렇기 때문에 한 해가 장차 끝나려고 함에 그 해의 성과를 천자에게 질정하여 바로잡는데, 총재에게 먼저 바친다. 총재는 그 일을 중대하게 여기기 때문에, 몸을 가다듬고 스스로 경계하며 질정한 내용을 받아들인다. 질(質)이라는 것은 윗사람에게 질정하여, 마땅함과 그렇지 않음을 상고하여 바로잡는 것이다.

① 王與冢宰廢置等事.

補註 周禮司會本文: "周知四國之治, 以詔王及冢宰廢置." 疏曰: "以是鉤考之官, 須知諸侯得失, 以此治職文書, 告王及冢宰, 有功者升進而置之, 有罪者黜退以廢之."

번역 『주례』 「사회(司會)」편의 본문에서 말하길, "사방 제후국의 정책을 두루 파악하여 천자 및 총재에게 폐해야 할 것과 임명해야 할 것을 아뢴다."라고 했다. 소에서 말하길, "감찰하고 평가하는 관리는 제후들의 득실을 파악해야 하고, 그들의 치적을 문서에 기록하여 천자 및 총재에게 아뢰어 공적을 세운 자는 진작시켜 임명하고, 죄를 범한 자는 내쳐서 폐하게 한다."라고 했다.

---

1) 『주례』 「천관(天官)·사회(司會)」: 掌國之官府郊野縣都之百物財用, 凡在書契版圖者之貳, 以逆群吏之治, 而聽其會計. …… 以周知四國之治, 以詔王及冢宰廢置.

「왕제」 114장

참고-經文

百官各以其成, ①質於三官, 大司徒大司馬大司空, 以百官之
成, 質於天子, 百官, 齊戒, 受質, 然後②休老勞農, 成歲事, 制
國用.

번역 백관이 각기 그 한 해의 성과에 대한 회계를 완성한 것으로써, 세 명의 관리인
대악정·대사구·사시에게 질정함을 청하면, 이들은 다시 대사도·대사마·대사공
에게 보고하고, 대사도·대사마·대사공은 백관이 제출한 성과에 대한 회계를 완성
한 것으로 천자에게 질정하고, 천자가 질정한 내용에 대한 결과를 백관에게 내려주
면, 백관은 몸을 가다듬고 스스로를 경계하며, 질정한 결과물을 받아들이니, 그런
연후에야 나이든 사람을 휴식시키고, 농부를 위로해주며, 한 해의 일을 마무리 짓
고, 다음해 국가의 재용을 제정한다.

① 質於三官.

補註 按: 古註疏則以此三官爲大司徒·大司馬·大司空, 以百官爲此三
官之屬, 而陳註謂之上文三官, 蓋以三官二字之相近, 而恐未然.

번역 살펴보니, 옛 주와 소의 경우 여기에서 말한 세 관리를 대사도·대사
마·대사공으로 여겼고, 백관은 이러한 세 관리에게 소속된 자들로 여겼다.
그런데 진호의 주에서는 앞 문장에 나오는 세 관리라고 했다. 아마도 삼관
(三官)이라는 두 글자가 서로 가까이 붙어 있기 때문에 이처럼 여긴 것 같은
데, 아마도 그 주장은 잘못된 것 같다.

② 休老[止]制國用.

補註 疏曰: 休老勞農, 卽蜡祭之時, 飮酒勞農也. 成歲事者, 斷定計要也,
一歲事成, 乃制來歲之國用, 故云制國用也.

번역 소에서 말하길, 노인을 휴식시키고 농부들을 위로하는 것은 사제(蜡祭)[1]를 지낼 때 술을 마시며 농부들을 위로 하는 것에 해당한다. '성세사(成歲事)'라는 것은 한 해의 결산을 확정한다는 뜻이니, 한 해의 결산이 마무리되면 다음 해의 국가 재용에 대해서 제정한다. 그렇기 때문에 "국가의 재용을 제정한다."라고 했다.

참고─大全

嚴陵方氏曰: 齊以齊其內志之動, 戒以防其外物之侵. 古之人, 將有思也, 將有爲也, 未嘗不齊戒者, 凡以致其謹而已. 故君之齊戒, 所以謹其所受之諫於下也. 臣之齊戒, 所以謹其所受之質於上也. 然而一歲之內, 所諫所質多矣. 必於歲之終, 乃齊戒受之, 何哉. 蓋今歲於是乎歲終, 來歲於是乎更始, 朔易之事, 將有所平在, 始和之政, 將有所布宣. 旣驗者, 可因爲之監, 未然者, 可豫爲之防. 君臣上下, 其可以不愼乎, 則齊戒以受之, 不爲過矣. 成, 卽周官司會之職, 以歲會考歲成者, 是矣. 謂之成, 以其計要所成之績故也. 計要正, 司會之所掌, 故其質於天子, 獨先於衆焉. 冢宰齊戒受質者, 蓋天子以司會之成, 降於冢宰, 必降於冢宰者, 以冢宰爲天官之長, 司會則天官之屬故也. 大樂正大司寇市三官, 雖非冢宰之屬, 然以計要①<u>正, 司馬之所掌</u>. 故以其成, 質於天子, 特從司會而已. 大司徒大司馬大司空, 齊戒受質者, 是蓋各以其類受之也. 大司徒, 掌邦教敷五典者也, 而樂正, 則崇四術, 立四教焉. 故樂正之質, 則司徒受之.

---

1) 사제(蜡祭)는 연말에 지내는 큰 제사를 말한다. 『예기』「잡기하(雜記下)」편에는 "子貢觀於蜡."라는 기록이 있고, 이에 대한 정현의 주에서는 "蜡也者, 索也. 歲十二月, 合聚萬物而索饗之祭也."라고 풀이했다.

司馬, 掌邦政統六師者也, 而司寇, 則詰姦慝刑暴亂焉. 故司寇
之質, 則司馬受之. 司空, 掌邦事居四民者也, 而司市, 則掌僞
飾之禁在民在商在賈在工者各十有二焉. 故司市之質, 則司空
受之. 此非各以其類乎. 百官, 蓋三官之屬, 以其職卑而不敢專
達. 故必質於三官然後, 其成得達於天子也. 然後休老勞農, 蓋
物作於春, 長於夏, 斂於秋, 藏於冬, 則一歲之終, 固可休之時
也. 帝出乎震, 見乎離, 說乎兌, 勞乎坎, 則一歲之終, 固可勞之
時也. 老者, 血氣旣衰, 是爲可休之人. 農之稼穡, 亦已勤矣, 是
爲可勞之人. 於可休之時, 而休其可休之人, 於可勞之時, 而勞
其可勞之人. 蓋先王所以奉天時而爲政者, 如是而已. 成歲事,
則所以計今歲之所入, 制國用, 則所以待來歲之所出也. 前經,
言量入以爲出, 故成歲事, 然後可以制國用焉. 且歲事繫乎天,
則成其終者, 存乎人, 國用出乎下, 則制其始者, 本乎上. 故於
歲事曰成, 於國用曰制也.

번역 엄릉방씨가 말하길, 가다듬어서 내적인 뜻의 움직임을 삼가는 것이고, 스스로
경계하여서 외적인 사물의 침범을 방지하는 것이다. 옛 사람들은 장차 생각을 하고
행동함이 있을 때에는 일찍이 몸을 가다듬고 스스로 경계하지 않은 적이 없었으니,
무릇 이로써 삼감을 지극히 하는 것일 따름이다. 그렇기 때문에 군주가 가다듬고
경계하는 것은 아랫사람으로부터 간언을 받아들이는 것을 삼가는 방법이다. 신하가
가다듬고 경계하는 것은 윗사람으로부터 질정한 결과를 받아들이는 것을 삼가는 방
법이다. 그러나 한 해 동안에는 간언하고 질정한 결과를 받아들이는 경우가 많은데,
반드시 한 해의 끝이 되고서야 곧 가다듬고 경계하여 그것을 받아들인다는 것은 무
슨 이유인가? 무릇 올해가 이에 곧 연말이 되면, 다음 해가 이에 곧 다시 시작되니,
삭역(朔易)2)의 일들에는 장차 고르게 살펴야 할 것이 있게 되고, 비로소 시행하여

---

2) 삭역(朔易)은 연말과 연초에 정치 및 생활 속에서 오래된 것을 제거하고 새것들을
재차 새롭게 한다는 뜻이다. 『서』「우서(虞書)・요전(堯典)」편에는 "平在朔易."이
라는 기록이 있는데, 이에 대한 채침(蔡沈)의 집전(集傳)에서는 "朔易, 冬月歲事已
畢, 除舊更新, 所當改易之事也."라고 풀이했다.

기존의 것들과 화합시켜야 할 정사들에는 장차 선포하고 선양해야 할 것들이 있게 된다. 이미 징험하였던 것들은 이것으로 연유해서 거울로 삼을 수 있고, 아직 그렇지 못한 것들은 미리 예측하여 방지함으로 삼을 수 있는 것이다. 그러하니 군신 상하가 삼가지 않을 수 있겠는가? 그런즉 연말에 가다듬고 경계하여 받아들이는 것은 지나친 것이 되지 않는다. 경문의 성(成)이란 곧 『주례』에서 사회의 직무 중 "한 해를 회계한 것으로써 한 해의 성과들을 상고한다."[3]는 것에 해당한다. 그런데 그 것을 성(成)이라고 한 것은 성취했던 공적을 계산하고 요약해둔 것이기 때문이다. 성과를 바르게 하는 것은 사회가 담당하는 일이기 때문에, 천자에게 질정하는 것을 유독 다른 사람보다 먼저 하는 것이다. 총재가 몸을 가다듬고 경계하며 질정한 것을 받아들이는 것은 무릇 천자가 사회의 보고서를 총재에게 내려주었기 때문인데, 반드시 다른 사람이 아닌 총재에게 내려주는 것은 총재가 천관의 수장이 되고, 사회는 천관에 소속된 관리이기 때문이다. 대악정·대사구·사시라는 세 관리는 비록 총재에게 소속된 관리는 아니지만, 회계를 하여 정리한 것을 바르게 함은 사회가 담당하는 것이기 때문에, 한 해의 성과에 대한 보고서를 천자에게 질정함에는 특별히 사회를 통해서 할 따름이다. 대사도·대사마·대사공이 몸을 가다듬고 스스로 경계하며 질정한 것을 받아들인다는 것은 이것은 무릇 각기 자기가 담당하는 부류의 내용을 받아들인다는 것이다. 대사도는 나라의 교화를 담당하여 오전의 가르침을 펼치는 자이고,[4] 악정은 사술을 숭상하고 사교를 세우는 자이다.[5] 그렇기 때문에 악정이 질정한 것은 사도가 접수하는 것이다. 사마는 나라의 군정과 관련된 일들을 담당하여 육사를 통솔하는 자이고,[6] 사구는 간특한 이들을 힐책하고 난폭한 이들에게 형벌 주는 자이다.[7] 그렇기 때문에 사구가 질정한 것은 사마가 접수하는 것이다. 사공은 나라의 역사를 담당하여 사민을 거주시키는 자이고,[8] 사시는 백성·상인·행상·공인에게 거짓되게 꾸미는 것을 금지하는 법령을 담당하는 것이

---

3) 『주례』「천관(天官)·사회(司會)」: 以參互攷日成, 以月要攷月成, <u>以歲會攷歲成</u>.

4) 『서』「주서(周書)·주관(周官)」: <u>司徒掌邦教, 敷五典</u>, 擾兆民. 宗伯掌邦禮, 治神人, 和上下.

5) 『예기』「왕제(王制)」: 樂正, 崇四術, 立四教, 順先王詩書禮樂, 以造士. 春秋, 教以禮樂, 冬夏, 教以詩書.

6) 『서』「주서(周書)·주관(周官)」: <u>司馬掌邦政, 統六師</u>, 平邦國. 司寇掌邦禁, 詰姦慝, 刑暴亂.

7) 『서』「주서(周書)·주관(周官)」: <u>司寇掌邦禁, 詰姦慝, 刑暴亂</u>.

8) 『서』「주서(周書)·주관(周官)」: <u>司空掌邦土, 居四民, 時地利</u>.

각각 12개가 있으니, 그렇기 때문에 사시가 질정한 것은 사공이 접수하는 것이다. 이것이 각기 그 부류로써 받아들이는 것이 아니겠는가? 백관은 무릇 대악정·대사구·사시라는 세 관리에게 소속된 하급관리들이니, 직분이 낮아서 감히 직접 전달할 수 없다. 그렇기 때문에 반드시 세 관리에게 질정한 연후에야, 그 성과에 대한 보고서가 천자에게 전달될 수 있는 것이다. 그런 연후에 노인을 쉬게 하고, 농부를 위로해주는 것은 무릇 만물은 봄에 태어나 여름에 성장하고 가을에 거두어지고 겨울에 보관되는 것이니,[9] 한 해의 끝이란 진실로 휴식할만한 때인 것이다. 상제는 진괘에서 나와 이괘에서 만나고, 태괘에서 기뻐하며 감괘에서 위로하니,[10] 한 해의 끝이란 진실로 위로할만한 때인 것이다. 노인은 혈기가 이미 쇠했으니, 이들은 휴식을 시킬만한 사람들이 된다. 농부가 농사를 지음에 또한 이미 부지런히 일했으니, 이들은 위로받을만한 사람들이 된다. 휴식할만한 때에 휴식할 만한 사람들을 휴식시키고, 위로할만한 때에 위로받을만한 사람들을 위로하는 것이다. 무릇 선왕이 천시를 받들어서 정사를 시행하는 방법이 이와 같았을 따름이다. 경문의 성세사(成歲事)라는 것은 곧 금년에 수입된 것을 계산하는 것이고, 제국용(制國用)이란 곧 내년에 지출될 것을 대비하는 것이다. 앞서 경문에서 "수입을 헤아려 지출을 정한다."[11]고 했으니, 그렇기 때문에 성세사한 연후에야 제국용을 할 수 있는 것이다. 또한 한 해 동안 이룬 일들은 하늘에 달린 것이고, 그 끝마무리를 짓는 것은 사람에게 달린 것이며, 국가의 재용은 백성에게서 나오고, 그것의 근원을 제정하는 것은 윗사람에게 달린 것이다. 그렇기 때문에 세사에 대해서는 성(成)이라 말하고, 국용에 대해서는 제(制)라고 말한 것이다.

① 正司馬之所掌.

補註 馬, 當作會.

번역 '마(馬)'자는 마땅히 회(會)자로 기록해야 한다.

---

9) 『예기』「악기(樂記)」: 春作夏長, 仁也. 秋斂冬藏, 義也.

10) 『역』「설괘전(說卦傳)」: 帝出乎震, 齊乎巽, 相見乎離, 致役乎坤, 說言乎兌, 戰乎乾, 勞乎坎, 成言乎艮.

11) 『예기』「왕제(王制)」: 冢宰制國用, 必於歲之杪, 五穀皆入然後, 制國用. 用地小大, 視年之豊耗, 以三十年之通制國用, 量入以爲出.

「왕제」 115장

養老之禮, 其目有四. 養三老五更, 一也. 子孫死於國事, 則養
其父祖, 二也. 養致仕之老, 三也. 養庶人之老, 四也. 一歲之
間, 凡七行之. 飮養陽氣, 則用春夏. 食養陰氣, 則用秋冬. 四時
各一也. 凡大合樂, 必遂養老. 謂①春入學, 舍菜合舞, 秋頒學
合聲, 則通前爲六. 又季春大合樂, 天子視學亦養老, 凡七也.

번역 노인을 봉양하는 예는 절목에 네 가지가 있다. 삼로(三老)와 오경(五更)[1]을 봉양하는 것이 첫 번째이다. 자손이 국가의 공무를 수행하다 죽었다면, 그의 부친과 조부를 봉양하는 것이 두 번째이다. 나이가 들어 관직에서 퇴임한 노인을 봉양하는 것이 세 번째이다. 서인들 중에서 나이든 노인을 봉양하는 것이 네 번째이다. 한 해 동안에는 모두 일곱 번 봉양의 예를 시행한다. 술을 마시게 하여 양기를 키워주는 것은 봄과 여름에 한다. 맛좋은 음식을 먹게 하여 음기를 키워주는 것은 가을과 겨울에 한다.[2] 네 계절에 각각 1번씩 시행한다. 무릇 크게 합악(合樂)[3]할 때에는

---

1) 삼로오경(三老五更)은 삼로(三老)와 오경(五更)을 뜻한다. 이들은 국가의 요직에 있다가 나이가 들어 퇴직한 자들이다. 정현은 '삼로'와 '오경'은 3명과 5명이 아닌 각각 1명씩이라고 풀이했다. 그리고 1명씩인데도 '삼(三)'자와 '오(五)'자를 붙여서 부르는 이유에 대해서, '삼신(三辰)'과 '오성(五星)'에서 명칭을 빌려왔기 때문이라고 해석하였고, 또한 '삼덕(三德)'과 '오사(五事)'를 알고 있는 자들이기 때문에, 이러한 명칭이 붙었다고 풀이하기도 한다. 『예기』「문왕세자」편에는 "適東序, 釋奠於先老, 遂設三老, 五更, 群老之席位焉."이란 기록이 있는데, 이에 대한 정현의 주에서는 "三老五更各一人也, 皆年老更事致仕者也. 天子以父兄養之, 示天下之孝悌也. 名以三五者, 取象三辰五星, 天所因以照明天下者."라고 풀이했고, 또한 『예기』「악기(樂記)」편에는 "食三老五更於大學."이란 기록이 있는데, 이에 대한 정현의 주에서는 "三老五更, 互言之耳, 皆老人更知三德五事者也."라고 풀이했다. 그리고 참고적으로 공영달(孔穎達)의 소(疏)에서는 "三德謂正直, 剛, 柔. 五事謂貌, 言, 視, 聽, 思也."라고 해석하여, '삼덕'은 정직(正直), 강직함[剛], 부드러움[柔]이라고 풀이했고, 오사(五事)는 '올바른 용모[貌]', '올바른 말[言]', '올바르게 봄[視]', '올바르게 들음[聽]', '올바르게 생각함[思]'이라고 풀이했다.

반드시 노인을 봉양하는 의식에 까지 이른다. 봄에 학사들이 학궁에 입학하게 되면, 향기있는 풀인 채를 들고 춤을 화합되게 추게 하고, 가을에는 재목에 따라 배우는 과정을 구분하고, 노래를 화합되게 부르게 한다고 했으니, 앞의 봄과 가을에 합무하고 합성하면서 시행하는 이 두 가지를 통틀어서 다섯 번째와 여섯 번째가 된다. 또한 계춘에는 대합악을 하며, 천자가 태학에 친히 가서 보게 되는데,4) 이 때에도 또한 노인을 봉양하니, 무릇 이것이 그 일곱 번째인 것이다.

① ○春入學[止]合聲.

補註 周禮 · 春官 · 大胥文. 本註: "春始以學士入學宮, 合舞者, 等其進退, 使應節奏. 春使之學, 秋頒其才藝所爲. 合聲者, 亦等其曲折, 使應節奏也." 疏曰: "頒, 分也."

번역 『주례』「춘관(春官) · 대서(大胥)」편의 기록이다.5) 본래의 주에서 말하길, "봄에 처음으로 학사들이 학궁에 들어오게 되면 그들을 가르친다. '합무(合舞)'는 나아가거나 물러나는 행동을 맞춰서, 음악 악절의 연주에 대응하도록 만드는 것이다. 봄에는 그들을 가르치고 가을에는 그들의 재예와 행한 바에 따라 분반을 한다. '합성(合聲)' 또한 몸을 굽히고 꺾는 것 등을 동일하게 맞춰서 음악 악절의 연주에 대응하도록 만드는 것이다."라고 했다. 소에서 말하길, "반(頒)자는 나눈다는 뜻이다."라고 했다.

---

2) 『예기』「교특생(郊特牲)」: 饗禘有樂, 而食嘗無樂, 陰陽之義也. 凡飮, 養陽氣也. 凡食, 養陰氣也. 故春禘而秋嘗, 春饗孤子, 秋食耆老, 其義一也. 而食嘗無樂, 飮, 養陽氣也. 故有樂, 食, 養陰氣也, 故無聲. 凡聲陽也.

3) 대합악(大合樂)은 일반적으로 음악을 합주한다는 합악(合樂)의 뜻과 같다. 한편 계춘(季春)의 달에 국학(國學)에서 성대하게 시행한 합주를 뜻하기도 한다. 계춘에는 천자가 직접 주요 신하들을 이끌고 국학에 와서 합악을 관람하기 때문에, 성대하다는 의미에서 '대(大)'자가 붙여진 것이다.

4) 『예기』「월령(月令) · 계춘(季春)」: 是月之末, 擇吉日大合樂, 天子乃率三公九卿諸侯大夫親往視之.

5) 『주례』「춘관(春官) · 대서(大胥)」: 大胥, 掌學士之版以待致諸子. <u>春入學舍采合舞, 秋頒學合聲</u>.

참고-集說

饗禮者, 體薦而不食, 爵盈而不飮, 立而不坐, 依尊卑爲獻, 數畢而止. 然亦有四焉, 諸侯來朝, 一也. 王親戚及諸侯之臣來聘, 二也. 戎狄之君使來, 三也. 享宿衛及耆老孤子, 四也. 惟宿衛及耆老孤子, 則以酒醉爲度, ①酒正云.

번역 향례(饗禮)라는 것은 희생물을 통째로 바치지만 그것을 먹지는 않으며, 술잔을 가득 채우지만 마시지는 않으며, 서 있고 자리에 앉지 않으며, 신분의 존비 서차에 의거해서 술잔을 바치고, 정해진 술잔 바치는 회수가 끝나면 의식을 끝낸다. 그러나 또한 이 예법에도 네 가지 종류가 있으니, 제후가 천자의 수도로 찾아와 조빙(朝聘)을 할 때 시행하는 것이 첫 번째이다. 천자의 친척이나 제후의 신하가 찾아와서 조빙을 할 때 시행하는 것이 두 번째이다. 오랑캐 군주나 그 사신이 찾아왔을 때 시행하는 것이 세 번째이다. 경호를 담당하는 숙위들과 노인 및 고아들에게 잔치를 열어줄 때 시행하는 것이 네 번째이다. 이때 오직 숙위들과 노인 및 고아들에게 잔치를 열어줄 때 시행하는 것에 한해서만, 술을 취할 때까지 마시게 하는 것을 법도로 삼았으니, 『주례』「주정(酒正)」편에서 이처럼 이야기했다.[1]

① ○酒正云.

補註 按: 周禮 · 天官 · 酒正本文, 則酒正云一句, 當只指唯宿衛以下.
번역 살펴보니, 『주례』「천관(天官) · 주정(酒正)」편의 본문에 따르면, '주정운(酒正云)'이라는 구문은 마땅히 '숙위(宿衛)'로부터 그 이하의 내용만을 가리킨다.

補註 ○酒正: "凡王之燕飮, 共其計, 酒正奉之. 凡饗士庶子, 饗耆老孤子, 皆共其酒, 無酌數." 註曰: "要以醉爲度."

---

1) 『주례』「천관(天官) · 주정(酒正)」: 凡饗士庶子, 饗耆老孤子, 皆共其酒, 無酌數.

번역 ○『주례』「천관(天官)·주정(酒正)」편에서 말하길, "천자가 연회를 하며 술을 마실 때에는 그 수치에 맞게 공급을 하고, 주정이 그것을 받든다. 사와 서자에게 잔치를 열어주고 노인과 고아에게 잔치를 열어주게 되면 모든 경우 사용되는 술을 공급하며, 술 따르는 횟수를 셈하지 않는다."라고 했다. 주에서 말하길, "요점은 취하는 것을 법도로 삼기 때문이다."라고 했다.

補註 ○又按: 上三條泛數饗禮, 只下一條屬饗耆老, 而饗耆老以酒醉爲度, 與爵盈而不飮異矣.

번역 ○또 살펴보니, 앞의 세 조목은 향례(饗禮)에 대해 범범하게 나눈 것인데, 뒤의 한 조목만은 노인들에게 향례를 열어주는 것에만 해당하고, 노인들에게 향례를 열어줄 때에는 술을 취할 때까지 마시는 것을 법도로 삼으니, 잔을 채우지만 마시지 않는 것과는 다르다.

食禮者, 有飯有殽, 雖設酒而不飮, 其禮以飯爲主, 故曰食也.
然亦有二焉, ①大行人云: 食禮九擧, 及②公食大夫之類, 謂之
禮食. 其臣下自與賓客旦夕共食, 則謂之燕食也. 饗食禮之正,
故行之於廟. 燕以示慈惠, 故行之於寢也.

번역 사례(食禮)라는 것은 그 행사에 밥이 있고 반찬이 있는 것이니, 비록 술도 두
었지만 마시지는 않고, 그 예법에서는 밥을 위주로 한 것이기 때문에 사(食)라고
부른 것이다. 그러나 또한 이 예법에도 두 가지가 있으니, 첫 번째는 『주례』「대행인
(大行人)」편에서 상공의 사례에서 아홉 차례 밥을 뜬다고 했던 예법[1]과 군주가 대
부에게 사례를 베푸는 예법과 같은 부류를 예사(禮食)라고 부른다. 두 번째는 신하
들이 스스로 빈객과 더불어 아침저녁으로 함께 식사를 하는 것으로 연사(燕食)라
고 부른다. 하후씨 때의 향례와 은나라 때의 사례는 예 중에서도 정식적인 것이기
때문에, 묘(廟)에서 그 예법을 시행한다. 유우씨 때의 연례는 그것으로 자혜로움을
보이는 것이기 때문에, 침(寢)에서 그 예법을 시행한다.

① ○大行人[止]九擧.

補註 周禮·秋官·大行人: "上公饗禮九獻, 食禮九擧." 疏曰: "九擧牲體
而禮畢."

번역 『주례』「추관(秋官)·대행인(大行人)」편에서 말하길, "상공은 향례(饗
禮)에서는 9번 헌(獻)을 하며, 사례(食禮)에서는 9번 밥을 든다."라고 했다.
소에서 말하길, "구거(九擧)는 희생물의 고기를 들며 아홉 차례 밥을 뜨고
예를 끝낸다."라고 했다.

---

1) 『주례』「추관(秋官)·대행인(大行人)」: 上公之禮, 執桓圭九寸, 繅藉九寸, 冕服
九章, 建常九斿, 樊纓九就, 貳車九乘, 介九人, 禮九牢, 其朝位, 賓主之間九十步,
立當車軹, 擯者五人, 廟中將幣三享, 王禮再祼而酢, 饗禮九獻, 食禮九擧, 出入
五積, 三問三勞.

② 公食大夫.

補註 按: 食, 音嗣. 儀禮有公食大夫禮.

번역 살펴보니, '食'자의 음은 '嗣(사)'이다. 『의례』에는 「공사대부례(公食大
夫禮)」편이 있다.

참고-大全

嚴陵方氏曰: 糧則地産以養其陰, 肉則天産以養其陽. 膳, 用六牲以爲膳而已, 珍, 用八物則爲貴. 有膳則肉可知, 有肉則糧可知. 異者, 不必宿, 宿者, 不必貳, 貳者, 不必常, 言之輕重, 其禮之隆殺也. 由八十而下, 飲食或庋於閣而已, 於寢則亦離焉. 膳飲止於所居而已, 於遊固不從焉. 故必九十然後, 飲食不離寢, ①飲食從於遊也.

번역 엄릉방씨가 말하길, 양식은 땅이 낳은 것으로, 그것으로 그의 음기를 기르고, 고기는 하늘이 낳은 것으로, 그것으로 그의 양기를 기른다. 선(膳)은 여섯 가지 희생물을 사용하니, 단지 맛좋은 음식이 될 뿐이며, 진(珍)은 여덟 가지 음식물을 사용한 것이니, 맛도 좋고 또한 귀한 음식이 된다. 선이 있다고 말한다면 이미 고기가 있는 것을 알 수 있고, 고기가 있다고 말한다면 이미 양식이 있는 것을 알 수 있다. 양식을 달리 하여 좋은 것으로 해주어야 하는 자에게는 반드시 격일로 고기를 올려주지 않아도 되고, 격일로 고기를 올려주어야 하는 자에게는 반드시 두 가지 이상의 맛좋은 음식을 준비해주지 않아도 되며, 두 가지 이상의 맛좋은 음식을 준비해주어야만 하는 자에게는 반드시 항상 맛좋고 귀한 음식을 올려주지 않아도 되니, 이러한 말의 경중이 그 예의 융쇄이다. 나이가 80세가 된 자로부터 그 이하의 사람들에겐, 간혹 마실 것과 먹을 것들을 시렁 위에 올려둘 수도 있겠지만, 거처하는 곳에는 또한 원래 그런 것들을 준비해 두지 않는다. 맛좋은 음식과 마실 것들을 준비해서 먹게 하는 것은 그가 머무는 곳에만 해당할 따름이지, 그가 가는 곳마다는 진실로 따라다니며 준비하지는 않는 것이다. 그렇기 때문에 반드시 나이가 90세가 된 연후에야, 마실 것과 먹을 것이 거처하는 곳에서 떨어지지 않고, 마실 것과 먹을 것들을 준비하여, 그가 가는 곳마다 따라가는 것이다.

① ○飲食從於遊.

補註 飲食, 當作膳飲.

번역 '음식(飲食)'은 마땅히 선음(膳飲)으로 기록해야 한다.

「왕제」 123장

①<u>六十歲制</u>, 七十時制, 八十月制, 九十日修, 唯絞紟衾冒, 死
而后制.

번역 나이가 60세가 되면 관을 미리 제작해서 준비해 두고, 70세가 되면 부장하게
될 의복과 기물들 중 비교적 얻기 힘든 것들을 미리 제작해서 준비해 두며, 80세가
되면 부장하게 될 의복과 기물들 중 비교적 얻기 쉬운 것들을 미리 제작해서 준비
해 두고, 90세가 되면 미리 준비해둔 것들을 날마다 손질하며, 오직 염(斂)할 때
시신을 묶는 끈인 교(絞), 홑이불인 금(紟), 이불인 금(衾), 시신을 전체적으로 감
싸는 모(冒)는 그가 죽은 뒤에야 제작한다.

① 六十歲制.

補註 通解曰: 歲制者, 歲一展而脩之, 下時月日倣此.

번역 『통해』에서 말하길, '세제(歲制)'라는 것은 한 해에 한 차례 진열하여
보수한다는 것이며, 그 뒤의 구문에 나오는 시(時)·월(月)·일(日) 또한 이
와 같다.

「왕제」 124장

참고—經文

五十始衰, ①六十非肉不飽, 七十非帛不煖, 八十非人不煖, 九十雖得人不煖矣. 五十杖於家, 六十杖於鄉, 七十杖於國, 八十杖於朝, 九十者, 天子欲有問焉, 則就其室, 以珍從.

번역 나이가 50세가 되면 비로소 쇠약해지기 시작하며, 60세가 되면 고기로 만든 음식이 아니라면 배가 부르지 않게 되고, 70세가 되면 비단으로 된 옷이 아니라면 따뜻해지지 않게 되며, 80세가 되면 다른 사람의 체온이 아니라면 따뜻해지지 않게 되고, 90세가 되면 비록 다른 사람의 체온을 얻게 되더라도 따뜻해지지 않게 된다. 나이가 50세가 되면 그의 집 안에서 지팡이를 짚을 수 있고, 60세가 되면 향(鄉) 안에서 지팡이를 짚을 수 있으며, 70세가 되면 국(國) 안에서 지팡이를 짚을 수 있고, 80세가 되면 조정에서도 지팡이를 짚을 수 있으며, 나이가 90세가 된 자에게 천자가 자문하고자 한다면, 천자가 그의 집에 직접 찾아가서 하되, 맛좋고 귀한 음식물을 가지고 간다.

① ○六十非肉[止]不煖.

補註 按: 孟子五十衣帛, 七十食肉, 與此異.

번역 살펴보니, 『맹자』에서는 50세가 된 자는 비단으로 옷을 해입고, 70세가 된 자는 고기를 먹는다고 하여[1] 이곳과 차이를 보인다.

---

1) 『맹자』「양혜왕상(梁惠王上)」: 五畝之宅, 樹之以桑, 五十者可以衣帛矣. 雞豚狗彘之畜, 無失其時, 七十者可以食肉矣.

「왕제」 125장

참고-集說

①<u>不視朝者</u>, 謂朝君之時, 入至朝位, ②<u>君出揖卽退</u>, 不待朝事畢也, 此謂當致仕之年而不得謝者. 告, 猶問也, 君每月使人致膳告問存否也. 秩, 常也, 日使人以常膳致也.

번역 조(朝)를 기다리지 않는다는 것은 군주를 알현할 때 궁으로 들어가 조정에서 자신의 자리에 이르러, 군주가 조정으로 나와 신하들에게 읍하면 곧바로 물러나오며, 조정의 일이 끝날 때까지 기다리지 않는다는 것을 말하니, 이러한 자들은 퇴임해야 할 나이가 되었음에도 사퇴할 수 없었던 자들을 말한다. 고(告)라는 것은 안부를 묻는다는 뜻과 같은 것으로, 군주는 매월마다 사람을 시켜서, 좋은 음식을 가지고 가서 그의 안부를 묻는 것이다. 질(秩)은 항상이라는 뜻으로, 군주는 날마다 사람을 시켜 항상 맛좋은 음식으로써 그에게 찾아가도록 하는 것이다.

① ○不視朝者.

補註 視, 當作俟.

번역 '시(視)'자는 마땅히 사(俟)자로 기록해야 한다.

② 君出揖卽退.

補註 按: 揖乃君揖, 非老者之揖. 鄭註揖君則退, 通解曰: "揖君, 當作君揖." 疏亦解以君揖.

번역 살펴보니, '읍(揖)'자는 군주가 읍을 한다는 뜻이며, 노신이 읍을 하는 것이 아니다. 정현의 주에서는 군주에게 읍을 하면 물러나온다고 했고, 『통해』에서는 "읍군(揖君)은 마땅히 군읍(君揖)으로 기록해야 한다."라고 했다. 소에서도 군주가 읍을 하는 것으로 풀이했다.

「왕제」126장

五十不從力政, 六十不與服戎, 七十不與賓客之事, 八十①齊
喪之事, 弗及也.

번역 나이가 50세가 되면 힘으로 복역해야 하는 정사에는 나아가지 않고, 60세가
되면 병역의 일에는 참여하지 않으며, 70세가 되면 국가에서 시행하는 행사 중 빈
객을 접대하는 일에는 참여하지 않고, 80세가 되면 재계를 하고 상을 치르는 일이
그에게는 해당하지 않게 된다.

① 齊喪之事弗及.

補註 鄭註: 不齊, 則不祭也. 子代之祭.

번역 정현의 주에서 말하길, 재계를 하지 않으면 제사를 지내지 않는 것이
다. 자식이 대신 제사를 지내게 된다.

補註 ○按: 弗及, 謂不與喪事, 然親喪則何可不與乎? 下文小註方說有
若不受服者, 然恐誤.

번역 ○살펴보니, 불급(弗及)은 상사에 참여하지 않는다는 뜻이다. 그러나
부모의 상이라면 어떻게 참여하지 않을 수 있겠는가? 아래문장 중 소주에는
방씨가 상복을 받지 않는다고 설명한 것이 있는데, 아마도 잘못된 말인 것
같다.

「왕제」 131장

周人養國老於①東膠, 養庶老於虞庠, 虞庠在國之西郊.

번역 주나라 때에는 태학인 동교(東膠)에서 국로(國老)[1]를 봉양하고, 소학인 우상 (虞庠)에서 서로(庶老)[2]를 봉양했는데, 우상은 수도의 서교에 위치했다.

① ○東膠.

補註 鄭註: 膠之言糾也.

번역 정현의 주에서 말하길, 교(膠)는 규명한다는 뜻이다.

---

1) 국로(國老)는 노년으로 인해 관직에서 물러난 경(卿) · 대부(大夫) · 사(士)를 뜻한 다. 또한 고위 관직자 중에서도 유덕한 자를 지칭하는 용어로도 사용되며, '국로' 안에서도 삼로(三老)와 오경(五更)으로 분류되는 자들은 더욱 존귀하게 여겨졌다. 후대에는 중신(重臣)들을 지칭하는 용어로도 사용되었다.

2) 서로(庶老)는 고대에 사(士)의 벼슬을 하다가 노년이 되어 물러난 자를 경칭하는 말이다.

「왕제」136장

①凡三王養老, 皆引年.

번역 무릇 하·은·주 삼대의 삼왕이 노인을 봉양함에는 모두 집집마다 맞이하여 나이를 비교하는 방법으로 하였다.

① ○凡三王[止]引年.

補註 鄭註: 引戶校年, 當行復除也. 老人衆多, 非賢者, 不可皆養.
번역 정현의 주에서 말하길, 집집마다 나이든 사람을 맞아들여 대면해서 나이를 비교해보고, 나이가 많은 사람은 마땅히 부역들을 면제해주는 정책을 시행해야 한다. 노인들은 매우 많으니 현명한 자가 아니라면 모두 봉양을 받을 수 없다.

補註 ○陽村曰: 引, 猶計也. 計其年之多少爲差.
번역 ○양촌이 말하길, '인(引)'자는 계산하다는 뜻이다. 나이의 많고 적음을 계산하여 차등으로 삼는다.

補註 ○按: 此恐謂如五十六歲以上, 則引而比之於六十者之禮, 六十六歲以上, 則引而比之於七十者之禮也.
번역 ○살펴보니, 이것은 아마도 56세 이상이 되면 그 나이를 끌어 올려서 60세인 자들에게 적용하는 예법에 견주어 시행하고, 66세 이상이 되면 그 나이를 끌어 올려서 70세인 자들에게 적용하는 예법에 견주어 시행한다는 뜻인 것 같다.

참고-集說

①左傳崔杼生成及彊而寡, 是無妻者亦可言寡也. 皆有常饎, 謂君上養以饎廩, 有常制也.

번역 『좌전』에는 "제나라 최저(崔杼)가 성(成)과 강(彊)을 낳았으나 홀아비[寡]가 되었다."고 했으니, 아내가 없는 자에 대해서도 또한 과(寡)라고 말할 수 있다. 모두 상희(常饎)를 가진다는 것은 군주가 양식으로 봉양해주는 일정한 제도가 있었다는 것을 말한다.

① ○左傳崔杼[止]寡也.

補註 按: 此本疏說, 而疏則旣釋經文, 又引此以廣異義而已. 陳註殊無著落. 沙溪亦曰: "註之引此, 似無意義."

번역 살펴보니, 이것은 소의 주장에 근본한 것으로, 소에서는 경문에 대한 해석을 마치고 재차 이 문장을 인용하여 다른 의미에 대해서도 폭넓게 설명한 것일 뿐이다. 진호의 주는 자못 귀착되는 곳이 없는 것 같다. 사계 또한 "주에서 이 문장을 인용한 것은 아마도 의미가 없는 일인 것 같다."라고 했다.

補註 ○又按: 崔杼事, 見襄二十七年.

번역 ○또 살펴보니, 최저의 일화는 양공 27년 기록에 나온다.[1]

---

1) 『춘추좌씨전』「양공(襄公) 27년」: 齊崔杼生成及彊而寡, 娶東郭姜, 生明.

참고-集說

瘖者, 不能言. 聾者, 不能聽. 跛者, 一足廢. 躄者, 兩足俱廢. 斷者, 支節脫絶. 侏儒, 身體短小者也. 百工, 衆雜技藝也. 器, 猶能也. ①此六類者, 因其各有技藝之能, 足以供官之役使, 故遂因其能而以廩給食, 養之. ②疏引國語, 戚施植鎛等六者爲證.

번역 음(瘖)이라는 것은 말을 할 수 없는 자들이다. 농(聾)이라는 것은 들을 수 없는 자들이다. 파(跛)라는 것은 한쪽 발을 못 쓰는 자들이다. 벽(躄)이라는 것은 양쪽 발을 모두 못 쓰는 자들이다. 단(斷)이라는 것은 사지 중 한 곳이 없어진 자들이다. 주유(侏儒)는 신체가 짧고 작은 자들이다. 백공(百工)은 여러 잡된 기예를 가진 자들이다. 기(器)는 능력이라는 뜻과 같다. 이 여섯 부류의 사람에 대해서는 그들은 각자 세상에서 필요로 하는 기예들 중에서 잘하는 것을 가지고 있기 때문에, 관청에서 부여하는 부역의 일에 이바지 할 수 있는 것이다. 그렇기 때문에 마침내 그들의 능력에 따라서 일을 부여하고, 그 대가로 양식으로 먹을 것을 제공해서, 그들 자신을 봉양하도록 하는 것이다. 소에서는 『국어』에 기록된 "곱사등이는 종을 치게 한다."[1]는 등의 여섯 가지 기록으로 증명을 하였다.

① ○此六類者.

補註 按: 疏曰: "跛躄, 謂足不能行也." 此則合釋也. 陳註雖各解跛躄, 至其數計六類, 則似以跛躄合作一類也.

번역 살펴보니, 소에서는 "파벽(跛躄)은 다리가 제대로 걷지 못하는 자를 뜻한다."라고 했다. 이것은 두 글자를 함께 해석한 것이다. 진호의 주에서는 비록 파(跛)와 벽(躄)에 대해서 각각 나눠서 해석했지만, 그 수를 합산할 때에는 6가지 부류라고 했으니, 아마도 파(跛)와 벽(躄)을 합쳐서 한 부류로

---

1) 『국어』 「진어사(晉語四)」: 對曰, 官師之所材也, 戚施直鎛.

여긴 것 같다.

② 疏引國語[止]爲證.

補註 晉語文公問八疾, 胥臣對云: "戚施直鎛", 註: "使擊鍾." "籧篨蒙球", 註: "使擊磬." "侏儒扶盧", 註: "使扶戟柄." "矇瞍脩聲, 聾聵司火, 其童 昏·罵喑·僬僥, 官師所不材, 宜於掌土."

번역 『국어』「진어(晉語)」편에서는 문공이 여덟 가지 불구에 대해서 질문하자 서신이 대답하길, "곱사등이는 종을 치도록 합니다."라고 했고, 주에서는 "그로 하여금 종을 치도록 시킨다."라고 했다. 또 "몸을 굽히지 못하는 자는 옥경(玉磬)을 치도록 합니다."라고 했고, 주에서는 "그로 하여금 경을 치도록 시킨다."라고 했다. 또 "난쟁이는 창을 받들도록 합니다."라고 했고, 주에서는 "그로 하여금 창의 자루를 받들도록 시킨다."라고 했다. 또 "장님으로는 악기의 소리를 점검하도록 하고, 귀머거리는 불을 담당하도록 하며, 우매하고 말을 못하며 몸집이 너무 작아서 관리로 쓸 재목이 아니라면 땅을 지키게 하는 것이 마땅합니다."라고 했다.

補註 ○按: 字彙, 鎛, 伯各切. 樂器引國語此文, 以證之. 其下又有鉏鎛 之說, 而若其直鎛之鎛, 明是鎛鍾也. 辨疑解以田器, 恐未察. 植國語作 直, 陳註作植者, 誤.

번역 ○살펴보니, 『자휘』에서는 '鎛'자는 '伯(백)'자와 '各(각)'자의 반절음이라고 했다. 『예기』「악기(樂記)」편에서는 『국어』의 이 문장을 인용하여 증명하였다. 그 뒤에는 또 '서속(鉏鎛)'이라는 설명이 나오는데, 직박(直鎛)의 박(鎛)과 같은 것이라고 했으니, 이것은 박(鎛)이 종이 된다는 사실을 나타낸다. 『변의』에서는 농기구로 풀이를 했는데, 아마도 제대로 살펴보지 못한 것 같다. '식(植)'자를 『국어』에서는 직(直)자로 기록했으니, 진호의 주에서 식(植)자로 기록한 것은 잘못되었다.

「왕제」 140장

참고-經文

道路, ①男子由右, 婦人由左, 車從中央.

번역 도로에서 남자는 멀리 떨어져 부인의 우측으로 다니고, 부인은 멀리 떨어져 남자의 좌측으로 다니며, 수레는 중앙으로 다닌다.

① 男子由右婦人由左.

補註 按: 左右, 謂路之左右, 東爲左而西爲右. 沙溪所謂地道尙右, 故男子由右者, 是也. 陳註大意, 亦同.

번역 살펴보니, '좌우(左右)'는 도로의 좌측과 우측을 뜻하는데, 동쪽이 좌측이 되고 서쪽이 우측이 된다. 사계가 "땅의 도리에서는 우측을 높이기 때문에 남자가 우측으로 다닌다."라고 한 말은 옳다. 진호의 주도 큰 의미에서 이와 동일하다.

「왕제」 142장

①輕任幷, 重任分, 斑白者不提挈.

번역 가벼운 짐을 가지고 길을 갈 때에는 자신이 그것을 짊어지고, 무거운 짐을 가지고 갈 때에는 짐을 둘로 나눠서 젊은 사람과 함께 짊어지고 가며, 머리카락이 반백인 노인은 짐을 가지고 길을 다니지 않는다.

① ○輕任幷[止]不提挈.

補註 鄭註: "皆謂以與少者." 疏曰: "老少竝, 輕則幷與少者擔之. 老少竝, 重則分爲輕重, 重與少者, 輕與老者."

번역 정현의 주에서 말하길, "이 문장의 내용들은 모두 젊은이와 함께 길을 갈 때를 말한다."라고 했다. 소에서 말하길, "노인과 젊은이가 함께 걸어가는데 짐이 가볍다면 모두 젊은이에게 주어 짊어지도록 한다. 노인과 젊은이가 함께 걸어가는데 짐이 무겁다면 가벼운 것과 무거운 것으로 나눠서 무거운 것은 젊은이가 짊어지고 가벼운 것은 노인이 짊어진다."라고 했다.

補註 ○按: 以此觀之, 輕任幷重任分, 皆言少者之爲老者, 而連下斑白者不提挈爲一意. 小學註及吐亦然, 而今諺讀及小註劉說, 以輕任幷重任分爲一事, 以斑白者不提挈爲一事, 大誤.

번역 ○살펴보니, 이를 통해 살펴보면 가벼운 짐을 가지고 가거나 무거운 짐을 나누는 경우는 모두 젊은이가 노인을 위해 하는 경우이니, 뒤에 머리카락이 반백인 노인은 짐을 가지고 다니지 않는다는 것과 연결되어 하나의 의미를 나타낸다. 『소학』의 주와 토 또한 이러한데, 현재 『언독』 및 소주의 유씨 주장에서는 가벼운 짐을 가지고 가거나 무거운 짐을 나누는 것을 별도의 사안으로 여기고, 머리카락이 반백인 자가 짐을 가지고 다니지 않는다는 것을 별도의 사안으로 여기고 있으니, 매우 잘못 이해한 것이다.

「왕제」 144장

①方一百里者, 爲田, 九百畝.

번역 사방 1리가 되는 것은 농지로 따지자면 900무이다.

① ○方一百里[止]九百畝.

補註 沙溪曰: 一百之百, 衍.

번역 사계가 말하길, '일백(一百)'에서의 백(百)자는 연문이다.

補註 ○按: 古經與通解皆無百字, 且以下文方十里·方百里·方千里觀之, 百字之爲衍, 無疑.

번역 ○살펴보니, 『고경』과 『통해』에는 모두 백(百)자가 없고, 또 아래문장에 나오는 방십리(方十里)·방백리(方百里)·방천리(方千里)라는 기록으로 살펴보면 백(百)자가 연문으로 들어간 글자임은 의심할 것이 없다.

步百爲畝, 是長一百步, 闊一步. 畝百爲夫, 是一頃, 長闊一百步. 夫三爲屋, 是三頃, 闊三百步, 長一百步, ①屋三爲井, 則九百畝也, 長闊一里. 孟子曰 方里而井, 井九百畝.

번역 100보(步)가 1무(畝)가 되니 길이는 100보이고, 폭은 1보이다. 1무 100개는 1부(夫)가 되니, 이것은 1경(頃)으로, 길이와 폭이 100보이다. 부 3개가 1옥(屋)이 되니, 이것은 3경으로, 폭은 300보이고, 길이는 100보이며, 옥 3개가 1정(井)이 되니, 900무로, 길이와 폭이 1리인 것이다. 『맹자』에서 말한 "사방 1리가 1정이 되니,

1정은 900무이다."[1]라는 것이다.

① 屋三爲井則九百畝.

補註 鄭註: 一里, 方三百步.
번역 정현의 주에서 말하길, 1리는 사방 300보이다.

---

1) 『맹자』 「등문공상(滕文公上)」: <u>方里而井, 井九百畝</u>, 其中爲公田. 八家皆私百畝,
同養公田, 公事畢, 然後敢治私事, 所以別野人也.

참고-集說

爲田八十萬億一萬億畝者, 以一州方千里, 九州方三千里, 三
三爲九, 爲方千里者九. 一箇千里, , 有九萬億畝. 九箇千里, 九
九八十一, 故有八十一萬億畝. 於八十整之下云萬億, 是八十
箇萬億. 又云一萬億, 言八十箇萬億之外, 更有一萬億, 是共爲
八十一萬億畝. 先儒以萬億二字爲衍, 非也. 此竝疏義, 然愚按
方百里爲田九十億畝, 則方三千里當云八萬一千億畝, ①如疏
義亦承誤釋之也.

번역 농지로 따지자면, 80만억 하고도 1만억무가 된다는 것은 1주(州)는 사방 1000
리인데, 9주는 사방 3000리라는 것으로, 3 곱하기 3은 9가 되니, 사방 1000리가 되
는 땅이 9개가 되는 것이다. 1개의 사방 1000리의 땅은 9만억무가 된다. 9개의 사방
1000리의 땅은 9 곱하기 9는 81이므로, 81만억무가 된다. 경문에서는 80이라는 정
수 아래에 만억이라고 말했으니, 이것은 80개의 만억무이다. 경문에서는 또한 1만
억이라고 말했으니, 80개의 만억무 외에 다시 1만억의 무가 있다는 것을 말하니,
이것은 모두 81만억무가 되는 것이다. 선유들은 앞의 만억 두 글자를 연문이라고
여겼으나 잘못된 판단이다. 이 문장들은 모두 뜻이 소통되지만, 내가 생각해보니
사방 100리의 땅은 농지로 따지자면 90억무가 되니, 사방 3000리의 땅을 농지로 따
지자면 마땅히 8만 1천억무라고 말해야 한다. 소의 주장 또한 이전 경문[1])에 나온
잘못을 이어서 해석했다.

① ○如疏義亦承誤釋之.

補註 按: 所謂承誤者, 蓋方千里者, 當爲九千億畝, 而經上文誤作九萬億
畝, 此又因其誤, 而曰方三千里爲田八十萬億一萬億畝, 疏又承經文之誤而
釋之也.

---

1)『예기』「왕제(王制)」: 方千里者, 爲方百里者百, 爲田, 九萬億畝.

번역 살펴보니, 이른바 잘못을 이었다는 것은 사방 1000리라는 것은 마땅히 9천억무가 되어야 하는데, 앞의 경문은 9만억무라고 잘못 기록하여, 이곳에서도 그 잘못으로 인해 사방 3000리는 농지로 80만억하고 1만억무가 된다고 했고, 소 또한 경문의 잘못된 기록을 이어서 해석했다는 뜻이다.

「왕제」 149장

참고–集說

愚按: 疏義所算亦誤, 當云古者八寸爲尺, 以周尺八尺爲步, 則
一步有六尺四寸. ①今以周尺六尺四寸爲步, 則一步有五尺一
寸二分, 是今步比古步每步剩出一尺二寸八分. 以此計之, 則②古
者百畝, 當今東田百五十六畝二十五步一寸六分千分寸之四,
與此百四十六畝三十步, 不相應. 里亦倣此推之.

번역 내가 생각해보니, 소의 주장에서 계산한 것이 또한 잘못되었다. 마땅히 옛적
에는 8촌이 1척이 되었으니, 주나라 척도로 8척이 1보가 된다면, 1보는 6척 4촌이
되어야 하고, 지금은 주나라 척도로 6척 4촌이 1보가 되니, 1보는 5척 1촌 2분이
된다고 말해야 한다. 이것은 지금의 보 단위가 옛적의 보 단위에 비해, 매 보마다
1척 2촌 8분이 적은 것이다. 이로써 계산을 해본다면, 옛적의 100무는 지금의 농지
156무 25보 1촌 6분과 1000분의 4촌으로, 이곳 경문에서 말하는 146무 30보와는 상
응되지 않는다. 리에 대해서도 이것을 기준으로 추론해야 한다.

① ○今以周尺六尺[止]一寸二分.

補註 按: 周尺一尺, 乃是元尺八寸, 而周尺六尺四寸爲一步, 則六八四十
八, 周尺六尺, 爲元尺四尺八寸, 又加此四寸, 爲五尺二寸, 疏所謂一步
有五十二寸者此也. 然疏之筭尺數則是, 而筭寸數則誤. 周尺一尺, 旣爲
元尺八寸, 則周尺一寸, 亦爲元尺八分, 四八三十二, 周尺四寸, 爲元尺
三寸二分, 并元尺四尺八寸, 則一步正爲五尺一寸二分, 陳說是.

번역 살펴보니, 주나라 척도로 1척은 원나라 척도로 8촌이 되고, 주나라 척
도로 6척 4촌이 1보라면 6곱하고 8은 48이 되어, 주나라 척도로 6척은 원나
라 척도로 4척 8촌이 되는데, 여기에 4촌을 더하면 5척 2촌이 된다. 소에서
1보는 52촌이라고 한 것이 이것을 가리킨다. 그런데 소에서 척을 계산한 것
은 옳지만 촌을 계산한 것은 잘못되었다. 주나라 척도로 1척이 원나라 척도

로 8촌이 된다면, 주나라 척도로 1촌은 또한 원나라 척도로 8분이 되며, 4곱하기 8은 32가 되어, 주나라 척도로 4촌은 원나라 척도로 3촌 2분이 되고, 원나라 척도로 4척 8분을 더하면 1보는 바로 5척 1촌 2분이 되므로, 진호의 주장이 옳다.

② **古者百畝[止]倣此推之.**

補註 鄭註: 古者百畝, 當今百五十六畝二十五步. 古者百里, 當今百二十五里.

번역 정현의 주에서 말하길, 옛날의 100무는 지금의 156무 25보에 해당하고, 옛날의 100리는 지금의 125리에 해당한다.

補註 ○按: 疏說與鄭不同. 陳說與鄭合, 而但百五十六畝二十五步之外, 一寸六分千分寸之四, 比鄭註加剩.

번역 ○살펴보니, 소의 주장은 정현의 주장과 다르다. 진호의 주장은 정현의 주장과 합치된다. 다만 156무 25보 외에 1촌 6분 1000분의 4촌이 더 있다고 했는데, 정현의 주에 비해서 이 만큼 더 많다.

「왕제」152장

참고-經文

①又封方七十里者六十, 爲方百里者二十九, 方十里者四十.

번역 그 나머지 땅 사방 100리 되는 것 70개 중에서, 또한 사방 70리가 되는 땅으로 분봉한 것이 60개이면,[1] 그 땅이 차지하는 것은 사방 100리가 되는 것이 29개이고, 사방 10리가 되는 것이 40개이다.

① 又封方七十里[止]四十.

補註 疏曰: 凡百里之方開方計之, 爲十里之方百, 其七十里之國一, 用十里之方四十九, 七十里之國二, 用十里之方九十八, 則一個百里, 爲七十里之國二, 剩十里之方二. 然則二十個七十里之國, 用百里之方十, 剩十里方有二十. 七十里之國六十, 用百里之方三十, 剩十里之方六十. 今就百里之方三十之中, 抽去十里之方六十, 是用百里之方二十九, 方十里者四十, 故其餘方百里者四十, 方十里者六十.

번역 소에서 말하길, 사방 100리의 땅을 개방법으로 계산해보면 사방 10리의 땅이 100개이니, 사방 70리의 나라 1개는 사방 10리의 땅 49개에 해당하며, 사방 70리의 나라 2개는 사방 10리의 땅 98개에 해당한다. 따라서 1개의 사방 100리의 땅은 사방 70리의 나라가 2개이고 사방 10리의 땅 2개가 남게 된다. 그렇다면 20개의 사방 70리의 나라는 사방 100리의 땅 10개에서 사방 10리의 땅 20개를 덜어낸 크기에 해당한다. 또 사방 70리의 나라가 60개라면 사방 100리의 땅 30개에서 사방 10리의 땅 60개를 덜어낸 크기에 해당한다. 사방 100리의 땅 30개 중에서 사방 10리의 땅 60개를 제거하면, 사방 100리의 땅 29개와 사방 10리의 땅 40개가 남게 된다. 그렇기 때문에 그 나

---

1) 『예기』「왕제(王制)」: 凡四海之內, 九州. 州方千里, 州建百里之國, 三十. <u>七十里之國, 六十.</u>

머지는 사방 100리의 땅 40개와 사방 10리의 땅 60개가 된다.

補註 ○按: 前餘方百里者七十故也.

번역 ○살펴보니, 앞에서는 나머지가 사방 100리의 땅 70개라고 했기 때문이다.

「왕제」153장

①**其餘, 方百里者四十, 方十里者六十. 又封方五十里者百二十, 爲方百里者三十, 其餘, 方百里者十, 方十里者六十.**

번역 1개의 주(州)에서 대국(大國)과 차국(次國)을 분봉해주고 난 다음, 그 나머지 땅은 사방 100리 되는 것이 40개이고, 사방 10리 되는 것이 60개이다. 이 나머지 땅에서 또한 사방 50리가 되는 땅으로 분봉한 것이 120개이면,[1] 그 땅이 차지하는 것은 사방 100리가 되는 것이 30개이니, 그 나머지 땅은 사방 100리가 되는 것이 10개이고, 사방 10리가 되는 것이 60개이다.

① ○**其餘方百里[止]六十.**

補註 疏曰: 凡百里之方一, 封五十里之國四, 則十個百里之方, 封五十里之國四十. 今小國百二十, 故用百里之方三十, 則其餘方百里者十, 方十里者六十.

번역 소에서 말하길, 사방 100리의 땅 1개에 사방 50리의 나라를 분봉해준 것이 4개라면, 사방 100리의 땅 10개에는 사방 50리의 나라를 40개 분봉하게 된다. 현재 소국은 120개이다. 그렇기 때문에 사방 100리의 땅 30개를 사용하면, 나머지는 사방 100리의 땅이 10개이고 사방 10리의 땅이 60개이다.

---

1) 『예기』「왕제(王制)」: 凡四海之內, 九州. 州方千里, 州建百里之國, 三十. 七十里之國, 六十. 五十里之國, 百有二十.

「왕제」 154장

참고-經文

名山大澤, 不以封, 其餘, 以爲附庸閒田. 諸侯之有功者, 取於
閒田, 以祿之, 其有削地者, ①歸之間田.

번역 명산과 대택으로는 분봉하지 않고, 분봉하고 난 나머지 땅들은 부용국을 봉해
줄 땅과 한전으로 삼는다. 제후들 중에 공적이 있는 자는 한전 중에서 땅을 떼어,
그것으로 녹봉을 주고, 제후들에게서 그 봉지를 삭탈한 것은 한전으로 돌린다.

① ○歸之間田.

補註 間, 是閒之誤, 註同.

번역 '간(間)'자는 한(閒)자의 오자이며, 주의 경우도 이와 같다.

「왕제」 155장

①天子之縣內, 方千里者, 爲方百里者百, 封方百里者九. ○其
餘方百里者九十一, 又封方七十里者二十一, 爲方百里者十,
方十里者二十九. ○其餘方百里者八十, 方十里者七十一, 又
封方五十里者六十三, 爲方百里者十五, 方十里者七十五. ○
其餘方百里者六十四, 方十里者九十六.

번역 천자의 수도 안의 땅 사방 1000리라는 것은 사방 100리 되는 땅이 100개이니,
그 중 사방 100리 되는 땅을 분봉해주는 것이 9개이다. ○그 나머지 사방 100리 되
는 땅 91개에서는 또한 사방 70리 되는 땅을 분봉해주는 것이 21개이니, 이 땅은
사방 100리 되는 땅 10개와 사방 10리 되는 땅 29개의 크기가 된다. ○그 나머지
사방 100리 되는 땅 80개와 사방 10리 되는 땅 71개에서는 또한 사방 50리 되는
땅을 분봉해주는 것이 63개이니, 이 땅은 사방 100리 되는 땅 15개와 사방 10리 되
는 땅 75개의 크기가 된다. ○그 나머지는 사방 100리 되는 땅이 64개이고, 사방
10리 되는 땅이 96개이다.

① ○天子之縣內[止]十六.

補註 按: 以上法推之, 自可瞭然.
번역 살펴보니, 앞의 계산법으로 추론해보면 자연히 이해하게 된다.

「왕제」 162장

諸侯世子世國, 大夫不世爵. 使以德, 爵以功. ①未賜爵, 視天子之元士, 以君其國. 諸侯之大夫, 不世爵祿.

번역 제후의 세자는 제후국을 세습하지만, 천자의 대부는 작위를 세습하지 못한다. 사람을 등용할 때에는 덕을 기준으로 하고, 작위를 줄 때에는 공적을 기준으로 한다. 제후의 세자가 천자로부터 아직 작위를 하사받지 못했다면, 그 의복 및 예의 등급 제도는 천자의 원사에 준하며, 작위를 하사받은 이후에야 제후국의 군주가 된다. 제후의 대부는 작위와 녹봉을 세습하지 못한다.

① ○未賜爵[止]以君其國.

補註 鄭註: 列國及縣內之國也.

번역 정현의 주에서 말하길, 천자의 수도 밖에 있는 제후국들과 수도 안에 있는 제후국들을 뜻한다.

補註 ○按: 此見上文天子之縣內諸侯祿也章疏.

번역 ○살펴보니, 이것은 앞에서 천자의 수도 안에 있는 제후들의 녹봉을 설명한 장의 소에 나온다.

「왕제」 163장

①今所存者, 士冠, 士昏, 士喪, ②特牲·少牢饋食, ③鄕飮酒,
士相見.

번역 지금까지 남아있는 것은 사관례, 사혼례, 사상례, 특생궤식례, 소뢰궤식례, 향
음주례, 사상견례이다.

① ○今所存者.

補註 按: 此謂儀禮.

번역 살펴보니, 이것은 『의례』의 편들을 뜻한다.

② 特牲·少牢饋食.

補註 按: 特牲饋食, 士之祭禮, 少牢饋食, 大夫祭禮.

번역 살펴보니, 『의례』「특생궤식례(特牲饋食禮)」편은 사의 제례를 수록한
것이고, 「소뢰궤식례(少牢饋食禮)」편은 대부의 제례를 수록한 것이다.

③ 鄕飮酒.

補註 按: 鄕飮酒下, 當依鄭註, 添入鄕射.

번역 살펴보니, '향음주(鄕飮酒)'라는 말 뒤에는 마땅히 정현의 주에 따라서
향사(鄕射)라는 두 글자를 첨가해야 한다.

「왕제」 164장

七敎, 父子, 兄弟, 夫婦, 君臣, 長幼, 朋友, 賓客. ①八政, 飮食, 衣服, 事爲, 異別, 度, 量, 數, 制.

번역 칠교(七敎)라는 것은 부자 · 형제 · 부부 · 군신 · 장유 · 붕우 · 빈객 간에 지켜야 할 도리에 대한 가르침이다. 팔정(八政)이라는 것은 음식 · 의복, 백공들의 기예인 사위, 오방에 기구를 사용함과 제작함을 달리하는 이별, 길이인 도, 수량인 양, 수, 폭인 제를 다스리는 것이다.

① 八政.

補註 按: 八政, 飮食一也, 衣服二也, 事爲三也, 異別四也, 度五也, 量六也, 數七也, 制八也. 鄭註: "飮食爲上, 衣服次之. 事爲, 百工技藝也. 異別, 五方用器不同也. 度, 丈尺也. 量, 斗斛也. 數, 百十也. 制, 布帛幅廣狹也." 陳註殊欠別白.

번역 살펴보니, 팔정(八政)이라는 것은 음식(飮食)이 1번째이고, 의복(衣服)이 2번째이며, 사위(事爲)가 3번째이고, 이별(異別)이 4번째이며, 도(度)가 5번째이고, 양(量)이 6번째이며, 수(數)가 7번째이고, 제(制)가 8번째이다. 정현의 주에서는 "음식(飮食)을 제일 앞에 두고, 의복(衣服)을 그 다음에 두었다. 사위(事爲)는 백공들의 기예를 말한다. 이별(異別)은 오방에 각각 사용되고 제작되는 기구들이 같지 않다는 뜻이다. 도(度)는 길이를 재는 장이나 척과 같은 것들이다. 양(量)은 수량을 재는 두나 곡과 같은 것들이다. 수(數)는 숫자인 백이나 십과 같은 것들이다. 제(制)는 견직물의 폭에 대한 넓고 좁음의 단위이다."라고 했다. 진호의 주는 다소 명확하지 못하다.

補註 ○又按: 諺讀七敎之君臣八政之度, 皆無吐, 恐有落誤.

번역 ○또 살펴보니, 『언독』에서는 칠교(七敎)에 해당하는 군신(君臣)과 팔정(八政)에 해당하는 도(度)에 대해서 모두 토를 달지 않았는데, 아마도 누락한 잘못이 있는 것 같다.

禮記補註卷之六

『예기보주』 6권

「월령(月令)」제6편

補註 鄭註: 本呂氏春秋十二月記之首章.
번역 정현의 주에서 말하길, 「월령」편은 『여씨춘추』의 수장에 실려 있는 12개월의 기(紀)에 대한 내용을 근본으로 삼고 있다.

補註 疏曰: 案, 呂不韋集諸儒所著爲十二月記, 合十餘萬言, 篇首皆有月令, 與此文同, 一證也. 周無太尉, 唯秦有之, 月令云: "乃命太尉", 二證也. 秦以十月爲歲首, 而月令云: "爲來歲授朔日", 卽是九月爲歲終, 十月爲受朔, 三證也. 周有六冕, 郊天迎氣則用大裘, 乘玉輅, 建太常日月之章, 而月令服飾車旗竝依時色, 四證也.
번역 소에서 말하길, 살펴보건대 여불위가 여러 유학자들의 저술을 모아 12개월의 기(紀)를 만들고, 10여만의 말을 합하여 책으로 만들었다. 책의 첫 편에는 모두 월령(月令)에 대한 내용이 있고, 「월령」편의 문장과 동일한 것이 첫 번째 증거이다. 주나라에는 태위(太尉)라는 관직이 없는데, 진나라에만 태위라는 관직이 있고, 이곳 「월령」편에서도 "태위에게 명령하였다."[1]라고 한 것이 두 번째 증거이다. 진나라는 10월을 정월로 삼았고, 「월령」편에서는 "다음해의 통치를 위해 달력을 준다."[2]라고 했는데, 이것은 9월이 연말이 되어 10월에 달력을 받은 것이니 세 번째 증거이다. 주나라에는 육면(六冕)[3]이 있었고, 하늘에 대한 교제사를 지내거나 영기(迎氣)[4]를 할 때에는

---

1) 『예기』「월령(月令)·맹하(孟夏)」: 命太尉, 贊桀俊, 遂賢良, 擧長大, 行爵出祿, 必當其位.

2) 『예기』「월령(月令)·계추(季秋)」: 合諸侯, 制百縣, 爲來歲, 受朔日, 與諸侯所稅於民輕重之法·貢職之數, 以遠近土地所宜, 爲度, 以給郊廟之事, 無有所私.

3) 육면(六冕)은 천자가 착용하는 여섯 종류의 면복(冕服)을 가리킨다. 호천(昊天) 및 오제(五帝)에게 제사지낼 때에는 대구(大裘)를 입고 면류관[冕]을 쓰며, 선왕(先王)

대구(大裘)[5]를 착용하고, 옥로(玉輅)[6]를 타며, 해와 달 등을 수 놓은 태상(太常)[7]을 세워놓는데, 「월령」편에 나타난 복식·수레·깃발 등의 사용은

에게 제사지낼 때에는 곤면(袞冕)을 착용하고, 선공(先公)에 대한 제사 및 향사례(饗射禮)를 시행할 때에는 별면(鷩冕)을 착용하며, 산천(山川) 등에 제사지낼 때에는 취면(毳冕)을 착용하고, 사직(社稷) 등에 제사지낼 때에는 희면(希冕: =絺冕)을 착용하며, 기타 여러 제사에는 현면(玄冕)을 착용한다. 『주례』「춘관(春官)·사복(司服)」편에는 "掌王之吉凶衣服, 辨其名物, 辨其用事. 王之吉服, 祀昊天上帝, 則服大裘而冕, 祀五帝亦如之. 享先王則袞冕. 享先公, 饗射則鷩冕. 祀四望山川則毳冕. 祭社稷五祀則希冕. 祭群小祀則玄冕."이라는 기록이 있다.

4) 영기(迎氣)는 각 계절이 도래함을 영접하고, 풍년을 기원하며 지내는 제사를 뜻한다. 입춘(立春)에는 청제(靑帝)에게 제사를 지냈고, 입하(立夏)에는 적제(赤帝), 입추(立秋)에는 백제(白帝), 입동(立冬)에는 흑제(黑帝)에게 각각 제사를 지냈다. 후한(後漢) 때에는 입추 18일 전에, 황제(黃帝)에게 지내는 제사가 추가되었다. 『후한서(後漢書)』「명제기(明帝紀)」편에는 "始迎氣於五郊."라는 기록이 있다.

5) 대구(大裘)는 천자가 제천(祭天) 의식을 시행할 때 입었던 복장이다. 『주례』「천관(天官)·사구(司裘)」편에는 "司裘掌爲大裘, 以共王祀天之服."이라는 기록이 있다. 즉 사구(司裘)는 '대구' 만드는 일을 담당하여, 천자가 하늘에 제사를 지낼 때 입는 의복으로 제공한다. 또한 이 기록에 대해 정현의 주에서는 정사농(鄭司農)의 주장을 인용하여, "大裘, 黑羔裘, 服以祀天, 示質."이라고 풀이했다. 즉 '대구'라는 의복은 검은 양의 가죽으로 만든 옷이며, 이것을 입고 하늘에 제사를 지내는 것은 질박함을 보이기 위함이다.

6) 옥로(玉路)는 '옥로(玉輅)'라고도 부른다. 천자가 사용하는 다섯 가지 수레 중 하나이다. 옥(玉)으로 수레를 치장했기 때문에, '옥로'라고 부르게 되었다. 대상(大常)이라는 깃발을 세웠고, 깃발에는 12개의 치술을 달았으며, 주로 제사 때 사용하였다. 『주례』「춘관(春官)·건거(巾車)」편에는 "王之五路, 一曰玉路, 錫, 樊纓, 十有再就, 建大常, 十有二斿, 以祀."라는 기록이 있고, 이에 대한 정현의 주에서는 "玉路, 以玉飾諸末."이라고 풀이했다.

7) 태상(太常)은 대상(大常)이라고도 부른다. 천자가 세우는 깃발 중 해와 달이 수놓아진 것을 뜻한다. 『주례』「춘관(春官)·사상(司常)」편에 기록된 '태상'에 대해서, 정현의 주에서는 "王畫日月, 象天明也."라고 풀이했다. 즉 천자의 깃발에는 해[日], 달[月]을 수 놓아서, 하늘의 밝음을 형상화하는 것이다. 또 정현의 주에 대해서, 가공언(賈公彦)의 소(疏)에서는 "聖人與日月齊其明, 故旌旗畫日月象之. 按桓二年, 臧哀伯云 三辰旂旗, 昭其明也. 三辰, 日月星, 則此太常之畫日月者也. 此直言

모두 각 계절과 해당하는 색깔에 따르고 있으니, 이것이 네 번째 증거이다.

補註 ○陸曰: 蔡伯喈·王肅云周公所作.
번역 ○육덕명이 말하길, 채백개와 왕숙은 주공이 작성한 문헌이라고 했다.

日月, 不言星者, 此擧日月, 其實兼有星也."라고 풀이했다. 즉 성인(聖人)과 일월 (日月)은 그 밝기가 같기 때문에, 천자의 깃발에는 '일월'을 수 놓아서, 하늘의 밝음을 형상화하는 것이다. 그리고 『춘추좌씨전』「환공(桓公) 2년」편에는 "臧哀伯諫曰, …… 三辰旂旗, 昭其明也."라는 기록이 있다. 즉 군주의 깃발에 삼신(三辰)을 수 놓는 이유는 군주의 밝은 덕을 나타내는 것이라는 뜻이다. 여기에서 말하는 '삼신'은 곧 해[日], 달[月], 별[星]을 뜻하는데, 이것은 곧 『주례』에서 말하는 '태상'과 같은 것이다. 다만 『주례』에서는 해와 달에 대해서만 언급하고, 별에 대해서는 언급하지 않았는데, 그 이유는 해와 달 속에 실제로는 별까지도 포함되어 있기 때문이다.

「월령」1장

참고-經文

孟春之月, ①<u>日在營室</u>, 昏參中, 旦尾中.

번역 봄의 첫 달인 맹춘의 달에는 해와 달이 만나는 곳인 일(日)이 28수(宿) 중 영실(營室) 자리에 있고, 저녁 무렵에는 28수 중 하나인 삼수(參宿)가 남쪽 하늘의 중앙에 위치하고, 동틀 무렵에는 28수 중 하나인 미수(尾宿)가 남쪽 하늘의 중앙에 위치한다.

① **日在營室.**

補註 鄭註: "日月會于諏訾." 疏曰: "諏訾是亥次之號, 立春之時, 日在危十六度, 月半雨水之時, 日在營室十四度, 營室號諏訾."

번역 정현의 주에서 말하길, "해와 달이 추자(諏訾)의 자리에서 만난다."라고 했다. 소에서 말하길, "추자(諏訾)는 해(亥)의 자리를 지칭하는 명칭이며, 입춘 때 해는 위수(危宿)에서 16도 떨어진 지점에 있고, 15일이 되면 우수의 절기가 되며 해는 영실에서 14도 떨어진 곳에 있는데, 영실을 추자라고 부른 것이다."라고 했다.

補註 ○按: 小註方說儘好, 宜看.

번역 ○살펴보니, 소주에 나온 방씨의 주장이 매우 좋으니 함께 참고해야만 한다.

「월령」 4장

참고-經文

①其蟲鱗, 其音角, 律中太蔟, 其數八, 其味酸, 其臭羶, 其祀
戶, 祭先脾.

번역 맹춘에 해당하는 생물은 비늘이 달린 종류이고, 오음(五音)[1] 중에서 맹춘에
해당하는 음은 각(角)이며, 십이율(十二律)[2] 중에서 맹춘의 기후에 반응하는 율관
은 양률인 태주(太蔟)에 해당하고, 맹춘에 해당하는 수는 8이며, 오미(五味) 중에
서 맹춘에 해당하는 맛은 신맛이고, 오취(五臭)[3] 중에서 맹춘에 해당하는 냄새는
노린내이며, 오사(五祀) 중에서 맹춘에 해당하는 사는 호(戶)이고, 제사를 지낼 때
에는 희생물의 비장을 먼저 바친다.

---

1) 오음(五音)은 오성(五聲)이라고도 하며, 일반적으로 궁(宮), 상(商), 각(角), 치(徵),
우(羽) 다섯 가지 음을 뜻한다. 당(唐)나라 이후에는 또한 합(合), 사(四), 을(乙),
척(尺), 공(工)으로 부르기도 했다. 『맹자』「이루상(離婁上)」편에는 "不以六律, 不
能正五音."이라는 기록이 있는데, 이에 대한 조기(趙岐)의 주에서는 "五音, 宮商角
徵羽"라고 풀이하였다.

2) 십이율(十二律)은 여섯 개의 양률(陽律)과 여섯 개의 음률(陰律)을 합하여 부르는
말이다. 양성(陽聲: =陽律)은 황종(黃鐘), 대주(大蔟), 고선(姑洗), 유빈(蕤賓), 이
칙(夷則), 무역(無射)이며, 이것을 육률(六律)이라고도 부른다. 음성(陰聲: =陰律)
은 대려(大呂), 응종(應鍾), 남려(南呂), 함종(函鍾), 소려(小呂), 협종(夾鍾)이며,
이것을 육동(六同)이라고도 부른다. '십이율'은 12개의 높낮이가 다른 표준음으로,
서양음악의 악조(樂調)에 해당한다. 고대에는 12개의 길이가 다른 죽관(竹管)으로
음의 높낮이를 보정했다. 관(管)의 높이에는 각각 일정한 길이가 있었다. 긴 관은
저음의 소리를 냈고, 짧은 관은 고음의 소리를 냈다. 관 중에는 대나무가 아닌 동으
로 제작한 것도 있다. 그리고 '육동'은 또한 육려(六呂), 율려(律呂), 육간(六閒),
육종(六鍾)이라고도 부른다.

3) 오취(五臭)는 다섯 가지 냄새를 뜻하는데, 각종 냄새들을 총칭하는 용어로도 사용된
다. '오취'는 일반적으로 전(羶: 노린내), 초(焦: =薰, 탄내), 향(香: 향내), 성(腥:
=鯹, 비린내), 후(朽: =腐, 썩은내)를 가리킨다. 『장자(莊子)』「외편(外篇)·천지(天
地)」편에는 "三曰五臭熏鼻, 困慢中顙."이라는 기록이 있는데, 이에 대한 성현영
(成玄英)의 소(疏)에서는 "五臭, 謂羶, 薰, 香, 鯹, 腐."라고 풀이하였다.

① ○其蟲鱗.

補註 楊梧曰: 東方角・亢・氐・房・心・尾・箕七宿, 有靑龍之象. 凡動物之有鱗者, 皆屬焉.

번역 양오가 말하길, 동방에는 각수(角宿)・항수(亢宿)・저수(氐宿)・방수(房宿)・심수(心宿)・기수(箕宿) 등 7개의 별자리가 있는데, 청룡의 형상을 가지고 있다. 동물 중에 비늘을 가진 것들은 모두 여기에 속한다.

참고─集說

蔡邕獨斷曰: 戶, 春爲少陽, 其氣始出生養, 祀之於戶. 祀戶之禮, ①南面, 設主於門內之西.

번역 채옹[4]의 『독단』에서 말하길, 호(戶)에 대해서 말하자면, 봄은 소양이 되는데, 봄의 기가 비로소 나타나 성장하므로, 호에서 제사를 지내는 것이다. 호에게 제사지내는 예법은 남면을 하고서 문 안의 서쪽에 신주를 설치한다.[5]

① 南面設主[止]之西.

補註 按: 門內之西, 鄭註作戶內之西, 恐是.

번역 살펴보니, 문 안의 서쪽에 대해서 정현의 주에서는 호(戶) 안의 서쪽이라고 기록했는데, 아마도 이 말이 옳은 것 같다.

---

4) 채옹(蔡邕, A.D.131~A.D.192): 후한(後漢) 때의 학자이다. 자(字)는 백개(伯喈)이다. A.D.189년 동탁(董卓)에게 발탁되어, 시어사(侍御史)와 좌중랑장(左中郎將) 등을 역임하였으나, 동탁이 죽은 후 투옥되어 옥중에서 죽었다. 박학하였으며 술수(術數), 천문(天文), 사장(辭章) 등에 조예가 깊었다.

5) 『독단』「오사지별명(五祀之別名)」: 戶, 春爲少陽, 其氣始出生養, 祀之於戶. 祀戶之禮, 南面, 設主於門內之西.

補註 ○疏曰: 設主之人南面, 設主於戶西位上, 使主北面.

번역 ○소에서 말하길, 신주를 설치하는 사람은 남쪽을 바라보며 호(戶)의 서쪽 자리 중에서도 상등의 자리에 신주를 설치하니, 신주가 북쪽을 바라보도록 하기 위해서이다.

참고-經文

> 東風解凍, ①<u>蟄蟲始振</u>, ②<u>魚上冰</u>, ③<u>獺祭魚</u>, ④<u>鴻鴈來</u>.

번역 맹춘의 달에는 동쪽에서 불어오는 바람이 얼음을 녹이고, 칩거했던 생물들이 비로소 움직이기 시작하며, 물고기들이 얼음 위로 뛰어오르고, 수달이 물고기를 제 사지내며, 기러기가 남쪽에서부터 날아온다.

① 蟄蟲始振.

補註 鄭註: 夏小正"正月啓蟄." 漢始亦以驚蟄爲正月中.

번역 정현의 주에서 말하길, 『대대례기』「하소정(夏小正)」편에서는 "정월에 칩거했던 곤충들이 나온다."[1]라고 했으니, 한나라 초기에도 또한 경칩을 정월의 중기(中氣)[2]로 여겼던 것이다.

② 魚上氷.

補註 疏曰: 魚當寒時, 伏於水下至正月陽氣旣上, 魚遊於水上, 近於氷, 故云魚上氷.

번역 소에서 말하길, 물고기는 추운 계절이 되면 물 밑으로 숨었다가 정월에 양기가 올라오게 되면 물고기는 물속 윗면에서 노닐어 얼음과 가까워진다. 그렇기 때문에 물고기가 얼음 위로 뛰어오른다고 했다.

---

1) 『대대례기』「하소정(夏小正)」: <u>正月, 啓蟄.</u> 雁北郷. 雉震呴. 魚陟負冰.

2) 중기(中氣)에 대해서 설명하자면, 태양력(太陽曆)을 기준으로 한 24기(氣)를 음력(陰曆) 12개월에 배분했을 때, 매월마다 2개의 '기'가 해당된다. 이때 월초에 '기'가 있게 되면, 그것을 절기(節氣)라고 부르며, 중순 이후에 '기'가 있게 되면, 그것을 중기(中氣)라고 부른다.

補註 ○按: 夏小正作魚陟負冰, 淮南子作魚上負冰, 蓋意同, 而字有小異.

번역 ○살펴보니, 『대대례기』「하소정(夏小正)」편에서는 "물고기가 수심 깊은 곳에서 위로 올라와 수면에 있는 얼음에 가까워진다[魚陟負冰]."라고 했고, 『회남자』에서는 "깊숙이 머물던 물고기가 수면 쪽으로 올라온다[魚上負冰]."라고 했는데, 의미는 동일하지만 글자상에는 작은 차이가 있다.

③ 獺祭魚.

補註 鄭註: 魚肥美, 獺將食之, 先以祭也.

번역 정현의 주에서 말하길, 물고기들이 살찌고 기름져서, 수달들이 장차 그것을 먹으려고 할 때, 먼저 물가에 늘어놓고 그것으로 제사를 지낸다.

④ 鴻鴈來.

補註 呂氏春秋·淮南子皆作候鴈北.

번역 『여씨춘추』3)와 『회남자』4)에서는 모두 "겨울 철새인 기러기들이 북쪽으로 날아간다[候鴈北]."라고 기록했다.

---

3) 『여씨춘추』「맹춘기(孟春紀)」: 東風解凍, 蟄蟲始振, 魚上冰, 獺祭魚, 候雁北.
4) 『회남자』「시칙훈(時則訓)」: 東風解凍, 蟄蟲始振蘇, 魚上負冰, 獺祭魚, 候鴈北.

「월령」7장

참고−經文

乘鸞路, 駕倉龍, ①載青旂, 衣青衣, 服倉玉, 食麥與羊, 其器, 疏以達.

번역 맹춘의 달에 천자는 난로(鸞路)[1]라는 수레를 타고, 난로에 창룡(倉龍)[2]이라는 말에 멍에를 매게 해서 끌게 하며, 수레에는 청기(青旂)[3]을 세우고, 청의(青衣)[4]를 입으며, 창옥(倉玉)[5]으로 장식을 하고, 곡식 중에서는 보리와 고기 중에서

---

1) 난로(鸞路)는 난로(鸞輅)라고도 부른다. 방울 장식인 난(鸞)과 화(和)를 달고 있는 수레를 뜻한다. '난'은 수레의 형(衡)에 매달고, '화'는 수레의 식(軾)에 매달았는데, 동(銅)으로 그것을 만들고서, 금(金)으로 장식을 했다고 한다. 『여씨춘추(呂氏春秋)』「맹춘기(孟春紀)」편에는 "天子居青陽左个. 乘鸞輅, 駕蒼龍."이라는 기록이 있는데, 이에 대한 고유(高誘)의 주에서는 "輅, 車也. 鸞鳥在衡, 和在軾, 鳴相應和. 後世不能復致, 鑄銅爲之, 飾以金, 謂之鸞輅也."라고 풀이하였다.

2) 창룡(倉龍)은 창룡(蒼龍)이라고도 부른다. 빛깔이 청색을 띠는 준마(駿馬)를 뜻한다. 그런데 마(馬)자 대신 용(龍)자를 쓴 것은 8척(尺) 이상이 되는 말을 '용'으로 불렀기 때문이다. 참고적으로 7척 이상이 되는 말은 래(騋)라고 부르며, 6척 이상 되는 말은 '마'라고 불렀다. 『여씨춘추(呂氏春秋)』「맹춘기(孟春紀)」편에는 "天子居青陽左个. 乘鸞輅, 駕蒼龍, 載青旂, 衣青衣, 服青玉."이라는 기록이 있는데, 이에 대한 고유(高誘)의 주에서는 "周禮, 馬八尺以上爲龍, 七尺以上爲騋, 六尺以上爲馬也."라고 풀이하였다.

3) 청기(青旂)는 청색으로 되어 있으며, 교룡(交龍)이 수 놓인 깃발이다. 고대에는 대표적으로 9종류의 깃발이 있었는데, 이것을 구기(九旗)라고 불렀다. 각각의 깃발에는 수 놓아진 모양이 달랐으며, 사용하는 용도 또한 달랐다. 그 중 기(旂)는 교룡이 수 놓아진 것이다. 『주례』「춘관(春官)·사상(司常)」편에는 "掌九旗之物名, 各有屬以待國事. 日月爲常, 交龍爲旂, 通帛爲旜, 雜帛爲物, 熊虎爲旗, 鳥隼爲旟, 龜蛇爲旐, 全羽爲旞, 析羽爲旌."이라는 기록이 있다.

4) 청의(青衣)는 청색의 비단으로 만든 옷으로, 제작방법은 국의(鞠衣)와 동일하다. 『수서(隋書)』「예의지칠(禮儀志七)」편에는 "青衣, 青羅爲之, 制與鞠衣同."이라는 기록이 있다.

는 양고기를 먹으며, 그것을 담는 그릇은 조각은 세밀하지 않은 거친 문양으로 새겨놓으면서도, 곧고 매끈하게 만든다.

① ○載青旂.

補註 類編曰: 載, 如字.

번역 『유편』에서 말하길, '載'자는 글자대로 읽는다.

참고─集說

鸞路, 有虞氏之車, 有鸞鈴也. 春言鸞, 則夏秋冬皆鸞也. 夏云朱, 冬云玄, 則春青秋白, 可知. 倉, 與蒼同. 馬八尺以上爲龍. 服玉, 冠冕之飾及佩也. 麥以金王而生, 火王而死, 當屬金, 而①鄭云屬木. 兌爲羊, 當屬金, 而②鄭云火畜, 皆不可曉. 疏云, 鄭本五行傳言之, 然陰陽多塗, 不可一定, 故今於四時所食, 及③麭嘗麥, 雛嘗黍之類, 皆略之以俟知者. 疏以達者, 春物將貫土而出, 故器之刻鏤者, 使文理麁疏, 直而通達也.

번역 난로는 유우씨 때의 수레로, 난(鸞)이라는 방울이 달려 있다. 봄에 대한 기록에서 난로라고 말했는데, 여름·가을·겨울에 대해 기록하고 있는 수레는 명칭이 제각기 다르지만, 그 수레들도 봄에 대한 기록에서와 같이 모두 난로들이다. 여름에 대한 기록에서는 주로(朱路)라고 하여 붉은색을 말하고, 겨울에 대한 기록에서는 현로(玄路)라고 하여 검은색을 말했으니, 봄에 타는 수레의 색깔은 청색이고, 가을에 타는 수레의 색깔은 백색임을 알 수 있다. 창(倉)은 푸른색을 뜻하는 창(蒼)자와 같다. 말이 8척 이상이 되는 것을 용(龍)이라고 한다. 복창옥(服倉玉)이라고 하여 옥을 입는다고 하는 것은 관과 면류관에 장식하는 것과 패옥(佩玉)6)을 뜻한다. 보

---

5) 창옥(倉玉)은 창옥(蒼玉)으로도 쓰며, 빛깔이 청색을 띄는 옥이다.

6) 패옥(佩玉)은 의대(衣帶)에 매달아서 장식품으로 삼았던 옥(玉)을 뜻한다. 『예기』「옥조(玉藻)」편에는 "古之君子必佩玉."이라는 기록이 있다.

리는 금(金)이 왕성했을 때 생겨나서 화(火)가 왕성해질 때 죽으니, 마땅히 금에 소속되어야 하는 것인데, 정현은 목(木)에 소속된다고 했다. "태(兌)는 양(羊)이 된다."[7]라고 하였으니, 태는 서방에 해당하므로 마땅히 서방에 해당하는 금에 속하는데, 정현이 화축(火畜)[8]이라고 했으니, 정현의 이 두 말은 모두 이해할 수가 없다. 소에서는 "정현은 『오행전』에 근거하여 말한 것이다. 그러나 음양에 대한 학설은 그 전수됨이 복잡해져서 일정할 수가 없다."라고 했다. 그러므로 오늘날의 입장에서 경문에 기록된 사계절에서 먹어야 하는 것과 "맹하에 천자는 돼지고기로써 보리밥을 맛본다."[9]라 하고, "중하에 천자는 닭고기로써 기장밥을 맛본다."[10]라고 한 부류에 대해서는 모두 간략히 기술하여, 후대의 지혜로운 선비들의 가르침을 기다린다. 경문의 소이달(疏以達)이라는 것은 봄에 만물이 장차 땅을 뚫고 나타나기 때문에, 그릇에 조각하는 것은 문양을 거칠고 정밀하지 않게 하고, 곧게 하여 원만하고 형통하게 만드는 것이다.

① 鄭云屬木.

補註 鄭註本文: 麥實有孚甲, 屬木.

번역 정현의 주 본문에서 말하길, 보리의 알갱이에는 겉껍질이 있으므로 목(木)에 해당한다.

---

7) 『역』「설괘전(說卦傳)」: 乾爲馬, 坤爲牛, 震爲龍, 巽爲雞, 坎爲豕, 離爲雉, 艮爲狗, 兌爲羊.

8) 화축(火畜)은 동물들을 오행(五行)으로 배분했을 때, 화(火)에 해당하는 가축을 뜻한다. 말[馬]이나 양(羊)이 여기에 해당된다. 그 이유에 대해서 명대(明代)의 왕기(王圻)는 『삼재도회(三才圖會)』「조수삼(鳥獸三)·마(馬)」편에서 "馬, 火畜也, 火性健決躁速, 故易乾爲馬."라고 설명하였다. 즉 말이 '화축'에 해당하는데, 가축들 중에서 '화'의 성질을 가지고 있는 것들은 강건하고, 과감하고, 조급하고, 빠르다.

9) 『예기』「월령(月令)·맹하(孟夏)」: 農乃登麥. 天子乃以彘嘗麥, 先薦寢廟.

10) 『예기』「월령(月令)·중하(仲夏)」: 是月也, 農乃登黍, 天子乃以雛嘗黍, 羞以舍桃, 先薦寢廟.

② 鄭云火畜.

補註 鄭註本文: 羊, 火畜. 時尙寒, 食之以安性也.

번역 정현의 주 본문에서 말하길, 양은 화(火)에 해당하는 가축이다. 이 시기에는 아직 춥기 때문에, 이것들을 먹음으로써 자신의 생명을 안정시키는 것이다.

③ 彘嘗麥雛嘗黍.

補註 本篇孟夏 · 仲夏文.

번역 「월령」편 맹하와 중하에 나오는 기록이다.

「월령」 8장

是月也, 以立春, 先立春三日, 太史謁之天子曰, 某日立春, 盛
德在木. 天子乃齊, 立春之日, 天子親帥三公九卿諸侯大夫, 以
迎春於東郊, 還反, ①賞公卿大夫於朝, 命相, 布德和令, 行慶
施惠, 下及兆民, 慶賜遂行, 毋有不當.

번역 맹춘의 달에는 24절기 중의 하나인 입춘이 있기 때문에, 입춘일 3일 전에 태사
가 천자에게 고하며 말하길, "어떠한 날이 입춘이 되며, 그 날에는 천지를 생육시키
는 성대한 덕이 목(木)의 위치에 있게 됩니다."라고 한다. 그러면 천자는 곧 재계를
하고, 입춘 당일 날에는 천자가 삼공·구경·제후·대부들을 친히 이끌고 가서, 동
쪽 교외에서 봄을 맞이하는 행사를 시행하고, 다시 궁성으로 되돌아 와서는 조정에
서 공·경·대부들에게 상을 하사하고, 다시 재상에게 명령하여, 덕을 펼치고, 시행
해야 할 정령을 조화롭게 조율하고, 선한 사람에게 상주는 일을 시행하고, 천자의
은혜로움을 널리 베푸는데, 아래로는 백성들에게까지 미치게 하며, 선한 사람에게
상을 하사해줌을 널리 시행되도록 하여, 선한 자가 상을 받지 못하는 부당한 경우
가 없도록 한다.

① 賞公卿大夫.

補註 按: 古經公卿下有諸侯二字.

번역 살펴보니, 『고경』에는 공경(公卿)이란 글자 뒤에 제후(諸侯)라는 두
글자가 더 기록되어 있었다.

補註 ○疏曰: 春陽氣始著, 仁澤之時, 故順其時而賞朝臣及諸侯也. 夏
陽氣尤盛, 萬物增長, 故用是時慶賜轉廣, 所以無不欣悅也. 秋陰氣始
著, 嚴凝之時, 故賞軍帥及武人也. 至冬陰氣尤盛, 萬物衰殺, 故賞死事
者及其妻子也.

「월령(月令)」 제6편 **237**

번역 ○소에서 말하길, 봄은 양기가 비로소 나타나기 시작하니 인자한 은택이 펼쳐지는 계절이다. 그렇기 때문에 그 계절에 순응하여 조정의 신하 및 제후들에게 상을 하사한다. 여름은 양기가 더욱 왕성하여 만물이 늘어나고 장성하게 된다. 그렇기 때문에 이 계절을 이용하여 상과 하사를 널리 시행하니, 기뻐하지 않는 자가 없도록 하기 위해서이다. 가을은 음의 기운이 비로소 나타나기 시작하니 엄숙하고 추운 계절이다. 그렇기 때문에 군대의 장수 및 무인들에게 상을 주는 것이다. 겨울에 이르게 되면 음기가 더욱 왕성하여 만물이 쇠락하고 죽는다. 그렇기 때문에 임무에 목숨을 던진 자 및 그들의 처자에게 상을 하사한다.

「월령」 9장

乃命太史, ①守典奉法, 司天日月星辰之行, ②宿離不貸, 毋失
經紀, 以初爲常.

번역 맹춘의 달에 천자는 곧 태사에게 명령하여, 육전(六典)을 준수하며 팔법(八
法)[1]을 받들어 시행하게 하고,[2] 하늘의 일·월·성신의 운행 관측을 담당하도록

---

[1] 팔법(八法)은 관속(官屬), 관직(官職), 관련(官聯), 관상(官常), 관성(官成), 관법
(官法), 관형(官刑), 관계(官計)를 뜻한다. 국가를 통치하기 위해 마련된 법(法)을
뜻하는 것으로, 앞서 열거했던 여덟 가지 항목들은 국가에 소속된 관리들과 백성들
에게 통상적으로 적용되는 여덟 가지 법률 가리킨다. 첫 번째 '관속(官屬)'은 『주례』
에 기록된 천관(天官), 지관(地官), 춘관(春官), 하관(夏官), 추관(秋官), 동관(冬
官) 등 여섯 개의 관부를 뜻하는 말이며, 각각의 관부에는 60개의 관직이 소속되어
있다. 그렇기 때문에 '관속'이라고 부르는 것으로, 이러한 '관속'을 통해서 국가의
정치를 시행하게 된다. 두 번째 '관직(官職)'은 여섯 관부에서 각자 맡고 있는 직무
를 뜻한다. 직무는 또한 그 분야에 따라 치직(治職), 교직(敎職), 예직(禮職), 정직
(政職), 형직(刑職), 사직(事職) 등 여섯 가지로 나뉘는데, '관직'은 이러한 여섯
가지 직무를 통해 국가의 정치를 분야별로 구분하는 것이다. 세 번째 '관련(官聯)'은
국가의 큰 행사가 있을 때, 관련된 임무를 협조하여 함께 시행한다는 뜻으로, 이러한
'관련'을 통해 각 관부의 기능과 치적을 규합하게 된다. 네 번째 '관상(官常)'은 각
관부에게 고유하게 주어진 각자의 임무를 뜻한다. 이러한 임무들은 각 관부에서
일상적으로 시행하는 것들을 뜻한다. 다섯 번째 '관성(官成)'은 일종의 규범으로,
각 관부에서 업무를 처리하며 작성한 문서들이다. 각 사안마다 일을 처리하는 방식
을 기록하여, 새로운 업무를 처리할 때 참고하여 따르게 된다. 여섯 번째 '관법(官
法)'은 각 관부에서 따르고 있는 규율 및 법칙을 뜻한다. 즉 각 관부에서는 해당
부서의 규율 및 법칙에 따라 임무를 시행하며, 국가의 각 분야를 통치한다는 뜻이다.
일곱 번째 '관형(官刑)'은 각종 형벌 제도를 뜻한다. '관형'에 따라서 국가의 규율을
세우게 된다. 여덟 번째 '관계(官計)'는 각 관부의 치적을 평가하여 상벌을 시행하는
것이다. 『주례』「천관(天官)·대재(大宰)」편에는 "以八法治官府. 一曰官屬, 以舉
邦治. 二曰官職, 以辨邦治. 三曰官聯, 以會官治. 四曰官常, 以聽官治. 五曰官
成, 以經邦治. 六曰官法, 以正邦治. 七曰官刑, 以糾邦治. 八曰官計, 以弊邦治."

하여, 그것들이 머물고 운행함에 대해서 차질이 나지 않도록 관찰하고, 그것들이 진퇴하고 지속하는 도수인 경기(經紀)를 어긋나지 않도록 하며, 옛 관측법을 상법(常法)으로 삼는다.

① ○守典奉法.

補註 按: 典法, 卽小註方氏所引六典八法也. 本出古註疏, 六典, 天官治典, 地官敎典, 春官禮典, 夏官政典, 秋官刑典, 冬官事典. 八法, 官屬·官職·官聯·官常·官成·官法·官刑·官計.

번역 살펴보니, '전법(典法)'은 소주에서 방씨가 인용하고 있는 육전과 팔법을 뜻한다. 이것은 본래 옛 주와 소의 기록에서 도출된 것으로, '육전(六典)'은 천관에 해당하는 치전(治典), 지관에 해당하는 교전(敎典), 춘관에 해당하는 예전(禮典), 하관에 해당하는 정전(政典), 추관에 해당하는 형전(刑典), 동관에 해당하는 사전(事典)을 뜻한다. '팔법(八法)'은 관속(官屬)·관직(官職)·관련(官聯)·관상(官常)·관성(官成)·관법(官法)·관형(官刑)·관계(官計)를 뜻한다.

② 宿離不貸.

補註 按: 離, 如詩·小雅"月離于畢"之離.

번역 살펴보니, '이(離)'자는 『시』「소아(小雅)」에서 "달이 필성(畢星)에 걸려 있구나."[3]라고 했을 때의 이(離)와 같다.

라는 기록이 있다.

2) 『주례』「춘관(春官)·대사(大史)」: 大史, 掌建邦之六典, 以逆邦國之治, 掌法以逆官府之治, 掌則以逆都鄙之治.

3) 『시』「소아(小雅)·점점지석(漸漸之石)」: 有豕白蹢, 烝涉波矣. 月離于畢, 俾滂沱矣. 武人東征, 不皇他矣.

「월령」10장

참고─經文

是月也, 天子乃以元日, 祈穀于上帝. 乃擇元辰, 天子親載耒
耜, ①措之于參保介之御間, 帥三公九卿諸侯大夫, 躬耕②帝
籍, 天子三推, 三公五推, ③卿諸侯九推. 反, 執爵於太寢, 三公
九卿諸侯大夫皆御, 命曰: ④勞酒.

번역 맹춘의 달에는 천자가 곧 길일을 택하여, 상제에게 오곡이 풍년들기를 기원한
다. 그리고 곧 다음의 길일인 원신(元辰)을 택하여, 천자가 쟁기와 보습을 수레에
싣는데, 참승(參乘)[1]하는 보개(保介)[2]와 그 수레를 모는 사람인 어자(御者) 사이
에 두었으며, 삼공·구경·제후·대부들을 이끌고 가서, 제적(帝籍)[3]에서 직접 경

---

1) 참승(參乘)은 '참승(驂乘)'이라고도 부른다. 수레에 탄다는 뜻이다. 또한 수레에 타
   는 사람을 가리키는 용어로도 사용되었다. 고대 수레 제도에서는 존귀한 자는 수레
   의 좌측에 타고, 수레를 모는 사람은 중앙에 위치했으며, 시중을 들거나 병기를
   들고서 보호하는 임무를 맡은 사람은 수레의 우측에 탔다. 또한 이러한 뜻에서,
   음을 달리하여 삼승(參乘)이라고도 부른다.
2) 보개(保介)는 수레의 우측에 타는 사람을 가리킨다. 수레의 우측에 타서, 주인의
   시중을 들거나, 주인을 보호하는 임무를 맡았다. 『시』「주송(周頌)·신공(臣工)」편
   에는 "嗟嗟保介, 維莫之春, 亦又何求, 如何新畬."라는 기록이 있는데, 이에 대한
   정현의 전(箋)에서는 "保介, 車右也. …… 介, 甲也. 車右勇力之士, 被甲執兵也."
   라고 풀이했다. 즉 '보개'의 개(介)자는 갑옷을 뜻한다. 수레의 우측에 타는 용사(勇
   士)는 갑옷을 입고 병장기를 들고서, 수레를 보호하는 임무를 맡았기 때문에, 이러
   한 명칭이 생기게 되었다.
3) 제적(帝籍)은 제자(帝藉)라고도 부른다. 천자가 직접 경작하던 농작지를 뜻한다.
   직접 농사를 지었다는 뜻은 아니며, 상징적인 의미를 갖는다. 이곳에서 생산된 곡식
   들은 천자가 지내는 제사 때 사용되었다. 『예기』「월령(月令)」편에는 "帥三公九卿
   諸侯大夫, 躬耕帝籍."이라는 기록이 있는데, 이에 대한 손희단(孫希旦)의 집해(集
   解)에서는 "天子藉田千畝, 收其穀爲祭祀之粢盛, 故曰帝藉."이라고 풀이했다. 즉
   천자가 경작하는 땅은 1000무(畝)의 면적인데, 여기에서 수확되는 곡식들을 가지고
   오제(五帝)에 대한 제사에 사용하였으므로, '제적'이라고 부르게 된 것이다.

작을 하였는데, 천자가 3번 밭을 갈면, 삼공은 5번 갈고, 경과 제후는 9번 갈았다. 경작에 대한 행사가 끝나고 천자가 궁성으로 돌아와서는 태침에서 술잔을 잡고, 연례를 시행하면, 삼공·구경·제후·대부들이 모두 이 행사에 참석을 하는데, 이 때 천자가 신하들에게 수고했다는 의미에서 따라주는 술이 있었으니, 그 술을 명명하길 노주(勞酒)라고 부른다.

① ○措之于[止]御間.

補註 按: 陳註以參乘者, 保介及御人之間爲釋, 御字旣在之字下, 則恐文理不然. 且保介訓以衣甲而謂之車右勇士者, 皆因襲古註疏也. 詩·臣工: "嗟嗟保介", 朱子註: "保介, 見月令·呂覽, 蓋農官之副也." 以此觀之, 保介, 是農官, 御, 如御食於君之御, 御間, 謂參與保介御侍之間也. 下文諸侯大夫皆御之御, 亦同義. 但農官, 似無同乘之禮, 此或言其已至籍田後歟.

번역 살펴보니, 진호의 주에서는 참승(參乘)이라는 것을 보개(保介)와 수레를 모는 자 사이로 풀이했는데, 어(御)자는 이미 지(之)자 뒤에 기록되어 있으니, 아마도 문장의 흐름상 그렇지 않은 것 같다. 또 보개(保介)에 대해서는 갑옷을 입는다고 풀이하며 거우(車右)인 용맹한 무사라고 했는데, 이 모두는 옛 주와 소를 답습한 것에서 비롯된 말이다. 『시』「신공(臣工)」편에서는 "아, 보개여."4)라고 했고, 주자의 주에서는 "보개(保介)는 「월령」과 『여람』에 나오는데, 아마도 농사를 주관하는 관리의 부관인 것 같다."라고 했다. 이를 통해 살펴보면 보개(保介)는 농사를 담당하는 관리의 부류가 되고, 어(御)는 "군주를 모시고 식사 시중을 든다."5)라고 했을 때의 어(御)와 같으니, '어간(御間)'은 참승과 보개가 모시고 시중을 드는 사이를 뜻한다. 그 뒤의 기록에서 '제후대부개어(諸侯大夫皆御)'라고 했을 때의 어(御)자 또한

---

4) 『시』「주송(周頌)·신공(臣工)」: 嗟嗟臣工, 敬爾在公. 王釐爾成, 來咨來茹. 嗟嗟保介, 維莫之春, 亦又何求, 如何新畬. 於皇來牟, 將受厥明. 明昭上帝, 迄用康年. 命我衆人, 庤乃錢鎛, 奄觀銍艾.

5) 『예기』「곡례상(曲禮上)」: 御食於君, 君賜餘, 器之漑者不寫, 其餘皆寫.

그 의미가 이와 같다. 다만 농사를 담당하는 관리에 있어서 천자의 수레에 함께 타는 예법은 없는 것 같은데, 이것은 아마도 이미 제적에 도착한 이후의 상황을 설명하는 말인 것 같다.

補註 ○又按: 通解曰, "唐本措作置, 無于參保介之御間字, 有車右字." 此與註疏合. 且朱子詩註雖如此, 通解只載古註, 保介之訓, 以車右亦通. 唯御間解以御侍之間爲好, 參保介皆可通謂之御故也.

번역 ○또 살펴보니, 『통해』에서는 "『당본』에는 조(措)자를 치(置)자로 기록했고, '우참보개지어간(于參保介之御間)'이라는 글자가 없으며 거우(車右)라는 글자가 기록되어 있다."라고 했다. 이것은 주 및 소의 설명과 부합된다. 또 주자는 『시』의 주에서 비록 이와 같이 풀이했지만, 『통해』에서는 단지 옛 주만 수록하였으니, 보개(保介)에 대한 풀이를 거우(車右)로 하는 것 또한 뜻이 통한다. 다만 어간(御間)이라는 말에 있어서는 모시고 시중을 드는 사이로 풀이하는 것이 좋으니, 참(參)과 보개(保介) 모두 시중을 드는 것이라 통용해서 말할 수 있기 때문이다.

② 帝籍.

補註 按: 小註方說出於古註, 而較明.

번역 살펴보니, 소주에 나온 방씨의 주장은 옛 주에서 도출된 것이지만 더 명확하다.

③ 卿諸侯九推.

補註 按: 呂氏春秋侯下有大夫二字.

번역 살펴보니, 『여씨춘추』에는 후(侯)자 뒤에 대부(大夫)라는 두 글자가 더 기록되어 있다.

④ 勞酒.

補註 鄭註: 旣耕而宴飮, 以勞群臣也.

번역 정현의 주에서 말하길, 경작하는 행사가 끝나면 잔치를 베풀어 음주를 하며 뭇 신하들의 노고를 위로한다.

「월령」11장

是月也, 天氣下降, 地氣上騰, 天地和同, 草木萌動, 王命布農事. 命田, 舍東郊, 皆修封疆, ①審端徑術, 善相丘陵阪險原隰, 土地所宜五穀所殖, 以敎道民, 必躬親之. 田事旣飭, ②先定準直, 農乃不惑.

번역 맹춘의 달에는 하늘의 기운이 내려오고 땅의 기운이 상승하여, 천지의 기운이 서로 화합하여 어우러져, 초목들이 발아하며 꿈틀거리기 시작하니, 천자는 이러한 시기에 맞춰 명령을 내려서 농사일을 시행하기를 선포한다. 천자는 전준(田畯)에게 명령하여, 동교에 머물게 해서, 전준과 그의 지시에 따라 움직이는 모두가 경작지의 경계를 바로잡고, 경작지 사이에 있는 소로와 도랑들을 잘 정비하며, 토지의 형세를 파악하기 위해, 언덕지역과 비탈지고 험한 지역과 평원지대와 습한 지역을 잘 살펴보고, 토지마다 경작하기 적합한 식물과 오곡 중에서 심기에 적합한 곳들을 잘 살펴서, 백성들을 가르치고 인도하는데, 이때에는 반드시 천자의 명령을 받은 담당자가 몸소 직접 시범을 보인다. 농사와 관련된 이러한 전사(田事)들을 이윽고 끝낼 수 있었던 것은 우선적으로 표준이 되는 규칙을 확정해서, 농사짓는 사람들이 곧 의혹스러워하지 않았기 때문이다.

① ○審端徑術.

補註 鄭註: 術, 周禮作遂, "夫間有遂, 遂上有徑."
번역 정현의 주에서 말하길, 술(術)을 『주례』에서는 수(遂)자로 기록하며, "1부(夫)[1] 사이에는 수(遂)가 있고, 수 주위에는 경(徑)이 있다."[2]라고 했다.

---

1) 부(夫)는 한 사람의 장정이 경작지로 부여받았던 토지크기를 뜻한다. 토지면적 단위로 사용되었는데, 한 사람이 받는 경작지가 100무(畝)였으므로, 1'부'는 100무의 크기가 된다. 『주례』「지관(地官)・소사도(小司徒)」편에는 "九夫爲井."이라는 문장이 있는데, 이에 대한 정현의 주에서는 "司馬法曰 六尺爲步, 步百爲畝, 畝百爲夫."

② 先定準直.

補註 鄭註: "準直, 謂封疆徑遂." 疏曰: "平均正直之."

번역 정현의 주에서 말하길, "준직(準直)은 봉토의 경계를 확실히 하는 기준과 한쪽으로 치우치지 않고 공정하게 정비한 소로 및 수로를 뜻한다."라고 했다. 소에서 말하길, "균평하고 바르게 하는 것이다."라고 했다.

참고-大全

嚴陵方氏曰: 上言可耕之候, 故此命布農事. 蓋農事布於春, 而斂於秋也. 命田舍東郊, 所以順時氣而居, 且帥民以東作故也. 度土而積之, 謂之封, 界畫以守之, 謂之疆. 封疆, 古所有也, 特以久則不能無壞爾, 故曰修. 每歲孟春, 必修封疆, 審端徑術者, 所以防終歲交爭之患也. ①人以其高, 則謂之丘, 平而可陵, 則謂之陵. 陂而不平者, 爲阪, 水之所行者, 爲險. 廣而平者, 爲原, 下而濕者, 爲隰. 地有岸谷之變, 川流之徙, 非時而修之, 則不足以盡其利, 故丘陵阪險原隰, 不可以不相之也. 周官司空時地利者, 如是而已. 土地所宜者, 所宜之物也. 若②山林之宜阜, 川澤之宜橐之類, 是矣. 五穀所殖者, 所殖之土也. 若黍之利高燥, 稌之利下濕之類, 是矣. 旣曰土, 又曰地者, 蓋土則地之體, 地則土之名, 故周官大司徒言五地, 而又言十有二土者, 以此. 土地之所宜, 五穀之所殖, 以民之愚, 固不必知之也, 則必有以教道之者焉. 蓋教之使能其事, 道之使達其理. 雖有以教道之, 然弗躬弗親, 則民莫之信矣, 故又言必躬親之. 田事旣

라고 풀이하였다. 즉 6척(尺)이 1보(步)가 되고, 100보가 1무가 되며, 100무가 1부가 된다.

2) 『주례』「지관(地官)·수인(遂人)」: 凡治野, 夫間有遂, 遂上有徑.

飭者, 言皆力田而各有脩治也. 田事之所以旣飭者, 良由先定
準直, 農乃不惑之所致而已. 前曰農事, 而後曰田事, 又何也.
蓋農田一也. 以人言之曰農, 以地言之曰田. 人事興於前, 然後
地事成於後, 故先言布農事, 後言田事旣飭, 以其序也.

번역 엄릉방씨가 말하길, 앞 문장은 농사지을 수 있는 시기의 징후를 말한 것이다.
그렇기 때문에 여기에서 천자가 명령을 내려 농사를 시행하는 것이다. 무릇 농사는
봄에 시행하여 가을에 수확을 한다. 전준에게 명령하여 동교에 머무르게 한 것은
때의 기운에 순응하여 기거하게 한 것이며, 또한 백성들을 이끌고서 동작(東作)[3]
을 하기 때문이다. 토지를 측량하여 경계표시를 하기 위해 흙 등을 쌓아두는 것을
봉(封)이라 부르고, 경계를 그어서 그어진 대로 고수하는 것을 강(疆)이라 부른다.
봉강(封疆)이라는 것은 옛적부터 있었던 것이지만 정해진 것이 오랜 시간을 지나
게 되면 경계가 무너지지 않을 수가 없기 때문에, 정비한다고 말한 것이다. 매년
맹춘에 반드시 봉강을 정비하고, 소로와 도랑을 살피고 정비한다는 것은 영역 침범
으로 인해 한 해 동안 벌어질 분쟁의 우려를 방지하기 위해서이다. 사람들은 지대
가 높은 곳을 구(丘)라 불렀고, 언덕처럼 높지만 평평해서 손쉽게 오를 수 있는 곳
을 능(陵)이라 불렀다. 비탈져서 평평하지 않은 곳을 피(陂)라 불렀고, 물길이 지나
는 곳의 비탈진 양쪽 지형을 험(險)이라고 불렀다. 넓으면서도 평탄한 곳을 원(原)
이라 불렀고, 지대가 낮으면서도 습한 곳을 습(隰)이라 불렀다. 땅에는 언덕과 계
곡과도 같은 지형의 변화가 있고, 물길이 변화되어 옮겨지는 현상이 있으므로, 적절
한 때에 그것을 정비하지 않는다면, 토지에서 생산해낼 수 있는 이로움을 다 이끌
어내기에 부족하게 된다. 그렇기 때문에 구릉·판험·원습한 지형에 대해서, 자세
히 살피지 않을 수가 없는 것이다. 「주관」의 사공이 땅의 이로움을 시의 적절하게
한다는 것[4]도 이와 같을 따름이다. 토지에 적합한 것이라는 뜻은 그 땅에 경작하기
적합한 식물이다. 마치 산림 지대에는 조물(皁物)[5]이 적합하고, 천택 지형에는 고

---

3) 동작(東作)은 봄에 밭을 가는 행위를 뜻한다. 『서』「우서(虞書)·요전(堯典)」편에
는 "寅賓出日, 平秩東作."이라는 기록이 있고, 이에 대한 공안국(孔安國)의 전(傳)
에서는 "歲起於東, 而始就耕, 謂之東作."이라고 풀이했다. 즉 한 해는 동쪽에서부
터 시작되며, 이러한 시기에 비로소 밭을 갈게 되기 때문에, '동작'이라는 명칭이
생기게 되었다.

4) 『서』「주서(周書)·주관(周官)」: <u>司空</u>掌邦土, 居四民, <u>時地利</u>.

물(鼻物)6)이 적합하다는 말7)이 바로 이러한 뜻이다. 경문의 "오곡 중에서 심기에 적합한 곳"은 심을 수 있는 땅을 말한다. 마치 기장을 경작할 때에는 지대가 높고 메마른 지역이 이롭고, 벼를 경작할 때에는 지대가 낮고 습한 지역이 이롭다고 한 말들이 바로 이러한 뜻이다. 그런데 경문에서 이미 토(土)라는 말을 썼고, 그 뒤에서 또한 지(地)라는 말을 쓴 이유는 무릇 토(土)라는 것은 지(地)의 실체가 되는 것이고, 지(地)는 토(土)의 대표 명칭이다. 그렇기 때문에 『주례』의 대사도에서 5가지 지(地)라고 말해 놓고도 다시 12가지 토(土)라고 말했던 것8)도 이러한 이유 때문이다. 토지에는 각각 경작하기에 적합한 식물이 있고, 오곡에는 각각 심기에 적합한 토양이 있는데, 백성들은 우매하기 때문에, 진실로 그것들을 일일이 알고 있다고 기필할 수 없으니, 반드시 그것을 교육하고 백성들을 인도해주는 자가 있어야만 하는 것이다. 무릇 교육한다는 것은 그들로 하여금 그 일을 잘 할 수 있게 하는 것이고, 인도한다는 것은 그들로 하여금 그 이치를 통달하게 하는 것이다. 비록 백성들을 교육하고 인도해주더라도, 몸소하지 않고 직접하지 않으면, 백성들은 믿지 않는다. 그렇기 때문에 경문에서 또한 반드시 몸소하고, 직접하라고 말을 한 것이다. 전사가 이윽고 끝난다는 것은 모두가 농사일에 힘써 일해서, 각각 정비하고

5) 조물(皁物)은 조물(旱物)이라고도 부른다. 밤이나 상수리와 같이 견과류의 과실을 맺는 나무들을 뜻한다. 『주례』「지관(地官)·대사도(大司徒)」편에는 "一曰山林, 其物宜毛物, 其植物宜皁物."이라는 기록이 있는데, 이에 대한 정현의 주에서는 정사농(鄭司農)의 주장을 인용하여, "皁物. 柞栗之屬. 今世間謂柞實爲皁斗."라고 풀이했다. 또한 육덕명(陸德明)의 『경전석문(經典釋文)』에서는 "皁音阜, 本或作皁."라고 하여, 조(皁)자와 조(旱)자가 서로 통용되었다고 설명한다.

6) 고물(鼻物)은 고물(膏物)이라고도 부른다. 버드나무처럼 나뭇결이 희고 기름진 식물들을 뜻한다. 『주례』「지관(地官)·대사도(大司徒)」편에는 "二曰川澤, 其動物宜鱗物, 其植物宜膏物."이라는 기록이 있고, 이에 대한 정현의 주에서는 정사농(鄭司農)의 주장을 인용하여, "膏物謂楊柳之屬, 理致且白如膏."라고 풀이했으며, 또한 "謂膏當謂鼻, 字之誤也. 蓮芡之實有鼻韜."라고 하여, 고(膏)자가 고(鼻)자의 오자라고 설명하였다.

7) 『주례』「지관(地官)·대사도(大司徒)」:一曰山林, 其動物宜毛物, 其植物宜皁物, 其民毛而方. 二曰川澤, 其動物宜鱗物, 其植物宜膏物, 其民黑而津.

8) 『주례』「지관(地官)·대사도(大司徒)」:以土會之法, 辨五地之物生. …… 以土宜之法辨十有二土之名物, 以相民宅而知其利害, 以阜人民, 以蕃鳥獸, 以毓草木, 以任土事.

다스려짐이 있게 되었음을 말하는 것이다. 전사를 잘 끝낼 수 있는 이유는 분명히 표준이 되는 규칙을 앞서 확정한 데에서 연유하니, 농사라는 것은 곧 백성들이 의심스러워하지 않는 데에서 이루어지는 것일 따름이다. 그런데 경문에서 앞에서는 농사(農事)라는 말을 쓰고, 뒤에서는 전사(田事)라는 말을 쓴 것은 또한 어째서인가. 무릇 농(農)자와 전(田)자는 같은 뜻이다. 사람을 기준으로 말을 한다면 농(農)이라 하고, 땅을 기준으로 말을 한다면 전(田)이라 한다. 사람이 노력해야 하는 일들을 앞서 시행해야만, 그런 연후에야 땅이 사람의 노력에 보답해주는 일들이 이후에 결실을 맺기 때문에, 경문에서 먼저 농사(農事)를 시행한다고 말하고, 뒤에서는 전사(田事)가 이윽고 끝났다고 말한 것도 바로 이러한 순서 때문이다.

① 人以其高.

補註 其, 他本作爲.

번역 기(其)자를 다른 판본에서는 위(爲)자로 기록했다.

② 山林宜皐川澤宜橐.

補註 橐, 當作藁.

번역 '탁(橐)'자는 마땅히 고(藁)자로 기록해야 한다.

補註 ○按: 此見周禮·司徒, 本註: "皐物, 柞栗之屬, 藁物, 蓮芡之實, 有藁韜."

번역 ○살펴보니, 이것은 『주례』「대사도(大司徒)」편에 나오는데, 본래의 주에서는 "조물(皐物)은 조롱나무나 밤나무와 같은 부류이며, 고물(藁物)은 연꽃의 과실로, 과실 겉에 가죽주머니와 같은 표피가 있다."라고 했다.

「월령」 12장

참고-經文

是月也, 命樂正, ①入學習舞.

번역 맹춘의 달에는 천자가 음악을 관장하는 관리인 악정에게 명령하여, 국학에 들어가서 국자들에게 교육을 실시하여 춤을 익히게 한다.

① 入學習舞.

補註 鄭註: 爲仲春將釋菜.

번역 중춘에 석채(釋菜)[1]를 치르기 위해서이다.

---

1) 석채(釋菜)는 본래 국학(國學)에서 거행되었던 전례(典禮) 중 하나이다. 희생물 없이 소채 등으로 간소하게 차려놓고, 선성(先聖)과 선사(先師)에게 지내는 제사이다. 또한 희생물 없이 간소하게 지내는 제사를 지칭하기도 한다.

「월령」17장

①<u>孟春行夏令</u>, 則雨水不時, 草木蚤落, ②<u>國時有恐</u>.

번역 만약 천자가 맹춘의 달에 맹하에 집행해야 할 정령을 시행하게 된다면, 비 내리는 것이 시기에 맞지 않게 되고, 한참 성장해야 할 초목들이 일찍 시들어 떨어지게 되며, 나라 백성들 사이에는 빈번하게 두려워하는 기류가 생겨나게 된다.

① ○孟春行夏令.

補註 語類: 問, "春行秋令之類, 不知是天行令, 是人行令." 曰, "是人行此令, 則召天之災."

번역 『어류』에서 말하길, "봄에 가을의 정령을 시행한다는 부류에 있어서 이것이 하늘이 정령을 시행하는 것인지 사람이 정령을 시행하는 것인지 모르겠습니다."라고 묻자 "사람이 이러한 정령을 시행하면 하늘의 재앙을 불러온다는 뜻이다."라고 대답했다.

② 國時有恐.

補註 鄭註: 以火訛相驚.

번역 정현의 주에서 말하길, 화재가 발생하게 된다는 거짓된 소문이 사람들을 동요시키기 때문이다.

此①己火之氣所泄也. 言人君於孟春之月, 而行孟夏之政令, 則感召咎證如此, 後皆倣此.

번역 이것은 12지 중에서 맹하에 해당하는 사(巳)의 화(火)[1] 기운이 새어나와서 생긴 것이다. 군주가 맹춘의 달인데도 맹하에 집행해야 할 정령을 시행하게 된다면, 잘못된 시행으로 인해 천지가 재앙과 감응하여 초래한 것이 이와 같음을 말하는 것이니, 뒤의 문장들도 모두 이러한 뜻으로 해석해야 한다.

① 己火.

補註 己, 當作巳.

번역 '기(己)'자는 마땅히 사(巳)자가 되어야 한다.

---

1) 건인(建寅)의 달을 정월로 삼고 있기 때문에, 12지의 순서상으로 사(巳)는 4월, 즉 맹하(孟夏)의 시기가 된다. 그리고 왕충의 『논형』 「물세(物勢)」편에는 "巳, 火也. 其禽, 蛇也."라고 하여, 12지 중의 사(巳)는 오행 중 화(火)에 해당한다고 설명하고 있다. 따라서 사화(巳火)의 기운이라고 표현한 것이다.

「월령」21장

참고−經文

則水潦爲敗, ①雪霜大摯, ②首種不入.

번역 만약 천자가 맹춘의 달에 맹동에 집행해야 할 정령을 시행하게 된다면, 폭우와 그로 인한 홍수가 나라에 피해를 주게 되고, 폭설과 서리가 심각한 피해를 주어서, 곡식 중에 가장 먼저 심는 기장을 수확하지 못하게 된다.

① 雪霜大摯.

補註 按: 摯當訓以至, 而古註疏無釋.

번역 살펴보니, '지(摯)'자는 마땅히 "~에 이르다[至]."는 뜻으로 풀이해야 하는데, 옛 주와 소에는 해석이 없다.

② 首種不入.

補註 按: 此謂種不入土也. 小註云不收入倉廩, 恐非.

번역 살펴보니, 이것은 종자가 땅으로 파고들지 못한다는 뜻이다. 소주에서 수확하여 창고에 보관할 수 없다는 뜻이라고 한 말은 아마도 잘못된 해석인 것 같다.

참고-經文

始雨水, 桃始華, ①倉庚鳴, ②鷹化爲鳩.

번역 중춘의 달에는 비로소 비가 내리기 시작하며, 복숭아나무가 비로소 꽃을 피우고, 꾀꼬리가 노래하며, 매가 변화하여 다시 뻐꾸기가 된다.

① ○倉庚.

補註 字彙: 倉庚, 毛黃色, 羽及尾黑色. 相間, 以雙飛相麗曰黃鸝, 以黃色黑章曰鵹黃, 以鳴嚶嚶曰黃鸎.

번역 『자휘』에서 말하길, '창경(倉庚)'은 털이 황색이고 날개와 꼬리는 흑색이다. 서로 뒤섞여 있을 때, 짝을 지어 나란히 날아가면 황리(黃鸝)라 부르고, 황색에 흑색의 무늬가 들어간 것을 이황(鵹黃)이라 부르며, 앵앵하고 우는 것을 황앵(黃鸎)이라 부른다.

② 鷹化爲鳩.

補註 鄭註: "鳩, 搏穀也." 疏曰: "郭景純云: '今之布穀.'"

번역 정현의 주에서 말하길, "구(鳩)는 박곡(搏穀)이라는 새이다."라고 했다. 소에서 말하길, "곽경순은 '오늘날 포곡(布穀)이라고 부르는 새이다.'"라고 했다.

참고-集說

此記卯月之候. 倉鶊, ①鸝黃也. 鳩, 布谷也. 王制言 鳩化爲鷹, 秋時也. 此言鷹化爲鳩, 以生育氣盛, 故鷙鳥感之而變耳. 孔氏

云: 化者反歸舊形之謂, 故鷹化爲鳩, 鳩復化爲鷹. 如②田鼠化
爲鴽, 則鴽又化爲田鼠. 若腐草爲螢, 雉爲蜃, 爵爲蛤, 皆不言
化, 是不再復本形者也.

번역 이것은 2월의 기후 조짐을 기록한 것이다. 창경(倉鶊)은 이황(鸝黃)이다. 구(鳩)는 포곡(布谷)이다. 『예기』「왕제(王制)」편에서 "뻐꾸기가 변화하여 매가 된다."[1]라고 말했는데, 이것은 가을 때이다. 이곳 경문에서는 반대로 "매가 변화하여 다시 뻐꾸기가 된다."라고 말했는데, 봄에는 낳고 성장시키는 기운이 왕성하기 때문에, 사나운 새도 그 기운이 감응하여 변화하는 것일 따름이다. 공영달은 "화(化)라는 것은 옛 형태로 거꾸로 되돌아가는 것을 말한다."라고 했으니, 그렇기 때문에 매도 변화해서 뻐꾸기가 되며, 뻐꾸기는 가을에 다시 변화하여 매가 되는 것으로, 계춘의 달에 쥐가 변화하여 메추라기가 된다면, 가을에는 메추라기도 또한 변화하여 쥐가 되는 것이다. "계하의 달에 썩은 풀이 반딧불이 된다."[2]는 것과 "맹동의 달에 꿩이 바다에 들어가 이무기가 된다."[3]는 것과 "계추의 달에 참새가 바다에 들어가 조개가 된다."[4]는 것과 같은 것들은 모두 화(化)라고 말하지 않았는데, 이것들은 다시는 본래의 형태로 돌아올 수 없는 것들이기 때문이다.

① 鸝黃.

補註 按: 鸝黃, 鄭註作驪黃, 蓋驪, 黑也, 與鷖黃同義, 驪字是.

번역 살펴보니, 이황(鸝黃)을 정현의 주에서는 이황(驪黃)으로 기록했는데, '이(驪)'자는 검은색을 뜻하며 이황(鷖黃)이라고 할 때의 이(鷖)자와 의미가 동일하니, 이(驪)자가 옳은 것 같다.

---

1) 『예기』「왕제(王制)」: 鳩化爲鷹然後, 設罜羅.
2) 『예기』「월령(月令)·계하(季夏)」: 溫風始至, 蟋蟀居壁, 鷹乃學習, 腐草爲螢.
3) 『예기』「월령(月令)·맹동(孟冬)」: 水始冰, 地始凍, 雉入大水爲蜃, 虹藏不見.
4) 『예기』「월령(月令)·계추(季秋)」: 鴻鴈來賓, 爵入大水爲蛤, 鞠有黃華, 豺乃祭獸戮禽.

② 田鼠化爲駕.

補註 本篇季春文.

번역 「월령」편 계춘의 기록이다.[5]

補註 ○沙溪曰: 駕, 鴿也.

번역 ○사계가 말하길, '여(駕)'는 집비둘기이다.

補註 ○按: 下文田鼠化爲駕, 註駕鴿鴽之屬, 古註疏及夏小正註, 皆不訓
鴿. 沙溪說, 未知何據.

번역 ○살펴보니, 아래문장에서 "쥐가 변화하여 메추라기가 된다."고 했는
데, 주에서는 여(駕)는 메추라기의 부류라고 했고, 옛 주와 소 및 「하소정」
편의 주에서도 모두 집비둘기로 풀이하지 않았다. 사계의 주장은 무엇을 근
거로 이처럼 풀이했는지 모르겠다.

補註 ○又按: 疏及夏小正註解以鶉, 無之屬二字, 而但據內則鶉羹鷄羹
駕釀之蓼云, 則駕與鶉似少異.

번역 ○또 살펴보니, 소 및 「하소정」편의 주에서는 암(鶉)자로 풀이했고, 지
속(之屬)이라는 두 글자가 없다. 다만 『예기』「내칙(內則)」편에 근거해보면
"메추라기 국·닭국·세가락메추라기 찜에는 요(蓼)라는 식물을 섞어서 맛
을 낸다."[6]라고 했으니, 여(駕)와 순(鶉)은 비슷하지만 차이가 조금 난다.

補註 ○又按: 公食禮, "雉兔鶉駕", 疏曰, "莊子云田鼠化爲鶉, 月令云田
鼠化爲駕, 然則駕鶉一物也." 若如此疏, 則內則及公食禮何有鶉而又有
駕耶?

번역 ○또 살펴보니, 『의례』「공사대부례(公食大夫禮)」편에서는 "꿩·토
끼·순(鶉)·여(駕)를 추가로 차려낸다."[7]라고 했고, 소에서는 "『장자』는 쥐

---

5) 『예기』「월령(月令)·계춘(季春)」: 桐始華, <u>田鼠化爲駕</u>, 虹始見, 萍始生.
6) 『예기』「내칙(內則)」: <u>鶉羹·鷄羹·駕, 釀之蓼</u>. 魿鱐炙·雛燒·雉, 薌無蓼.

가 변화하여 순(鶉)이 된다고 했고, 「월령」편에서는 쥐가 변화하여 여(鴽)가 된다고 했다. 그렇다면 여(鴽)와 순(鶉)은 동일한 동물이다."라고 했다. 만약 이러한 소의 내용대로라면, 「내칙」편과 「공사대부례」편에서는 어떻게 순(鶉)이 있다고 하고 또 여(鴽)가 있다고 했겠는가?

補註 ○又按: 爾雅註, "鴽, 鴾也. 鶉, 鴾屬." 以此則鶉鴽明是二物, 而類相近矣. 然諸說互有異同, 未詳孰是.

번역 ○또 살펴보니, 『이아』의 주에서는 "여(鴽)는 암(鴾)이다. 순(鶉)은 암(鴾)의 부류이다."라고 했다. 이러한 기록에 따른다면 순(鶉)과 여(鴽)는 서로 다른 두 동물이며 부류가 서로 비슷하다는 사실이 분명하게 나타난다. 그러나 여러 주장들에는 상호 동일한 점도 있고 차이점도 있는데, 누가 옳은지 모르겠다.

---

7) 『의례』 「공사대부례(公食大夫禮)」: 上大夫庶羞二十,　加於下大夫以雉·兔·鶉·鴽.

「월령」 28장

命有司, 省囹圄, 去桎梏, ①毋肆掠, 止獄訟.

번역 중춘의 달에 천자는 유사에게 명령하여, 감옥에 갇혀 있는 죄수들의 죄목을 잘 살펴보게 하며, 죄가 비교적 가벼운 이들의 수갑과 족쇄를 풀어주도록 하고, 죄인을 죽여 늘어놓거나 함부로 고문하는 일이 없도록 하며, 백성들을 깨우쳐서 옥송의 다툼을 종식시키도록 한다.

① 毋肆掠.

補註 鄭註: "肆, 暴尸也. 周禮肆之三日, 掠謂�治人." 疏曰: "周禮鄉士·縣士皆肆之三日, 春陽旣動, 理無殺人, 何得更有死尸而禁其陳肆? 蓋是大逆不孝之徒, 容得春時殺之, 殺則埋之, 故禁其陳肆."

번역 정현의 주에서 말하길, "사(肆)라는 것은 시신을 버린다는 뜻이다. 『주례』에서는 시신을 버려두길 3일간 한다1)고 했고, 약(掠)은 죄인을 매질하여 다스리는 것을 뜻한다."라고 했다. 소에서 말하길, "『주례』에서 「향사(鄉士)」편과 「현사(縣士)」2)편에서는 모두 3일간 시신을 버려둔다고 했는데, 봄은 양기가 이미 활동하여 이치상 사람을 죽일 수 없는데 어떻게 죄인을 죽이면서도 시신을 내버리는 일을 금지할 수 있는가? 아마도 대역죄나 불효를 저지른 무리들이니 봄이라도 사형에 처할 수 있으며, 사형에 처하면 매장을 하기 때문에 시신 늘어놓는 것을 금지하는 것이다."라고 했다.

---

1) 『주례』「추관(秋官)·향사(鄉士)」: 協日刑殺, 肆之三旦.
2) 『주례』「추관(秋官)·현사(縣士)」: 協日刑殺, 各就其縣, 肆之三旦.

「월령」 29장

참고-經文

是月也, 玄鳥至, 至之日, 以太牢祠于高禖. 天子親往, 后妃帥
九嬪御, 乃禮①天子所御, ②帶以弓韣, 授以弓矢, 于高禖之前.

번역 중춘의 달에는 제비가 날아드니, 제비가 날아드는 날에 태뢰로 고매(高禖)[1]
에게 제사를 지낸다. 이 제사를 시행하게 되어 천자가 친히 제사에 참가하기 위해
교에 가게 되면, 천자의 부인인 후비(后妃)[2]는 구빈(九嬪)[3]과 구어(九御)[4]들을

---

1) 고매(高禖)는 교매(郊禖)라고도 부른다. 고대에 제왕이 아들을 낳게 해달라고 기원
했던 신(神)이다. 또한 그에게 제사지내는 장소를 뜻하기도 한다. '고매'를 '교매'라
고 부르는 이유에 대해서, 왕인지(王引之)의 『경의술문(經義述聞)』「예기상(禮記
上)」편에서는 "高者, 郊之借字, 古聲高與郊同, 故借高爲郊."라고 풀이한다. 즉
고(高)자와 교(郊)자는 옛 음이 같아서, 가차해서 사용했다. 그리고 아들 낳기를
기원했던 신을 '교매'라고 부르게 된 이유는 그 제사가 교(郊)에서 시행되었기 때문
이다. 『시』「대아(大雅)·생민(生民)」편에는 "克禋克祀, 以弗無子."라는 기록이 있
고, 이에 대해서 모전(毛傳)에서는 "弗, 去也, 去無子. 求有子, 古者必立郊禖焉.
玄鳥至之日, 以太牢祠于郊禖, 天子親往, 后妃率九嬪御, 乃禮天子所御, 帶以弓
韣, 授以弓矢, 于郊禖之前"이라고 풀이하였다.

2) 후비(后妃)는 천자의 부인 또는 비빈(妃嬪)을 뜻한다. 『예기』「곡례하(曲禮下)」편
에는 "天子之妃曰后, 諸侯曰夫人, 大夫曰孺人, 士曰婦人, 庶人曰妻."라는 기록
이 있다. 즉 천자의 부인은 후(后)라고 부르고, 제후의 부인은 부인(夫人)이라고
부르며, 대부(大夫)의 부인은 유인(孺人)이라고 부르고, 사(士)의 부인은 부인(婦
人)이라고 부르며, 서인(庶人)들의 부인은 처(妻)라고 부른다. 비(妃)에 대해서 『이
아』「석고(釋詁)」편에서는 "妃, 媲也."라고 하였다. 즉 '비'는 남자의 배필이라는 뜻
으로, 신분적 구분 없이 일반적으로 부인에게 붙여 부르는 말이다. 한편 '후'자는
천자의 부인에게만 붙일 수 있는 명칭인데, 상하(上下)의 계층 구분 없이 사용할
수 있는 '비'자를 붙임으로써, '후비'는 천자의 부인과 비빈들을 통칭하는 말로 사용
된 것이다.

3) 구빈(九嬪)은 천자의 빈궁들이다. 『예기』「혼의(昏義)」편에는 "古者天子后立六宮,
三夫人, <u>九嬪</u>, 二十七世婦, 八十一御妻, 以聽天下之內治, 以明章婦順, 故天下

인솔하여 가고, 곧 천자를 시중들며 임신한 자들에게 술을 따라주는 예를 행하는데, 임신한 자들은 허리에 활집을 차게 하고서, 활과 화살을 임신한 자들에게 주는데, 고매를 모신 곳 앞에서 이 의식을 거행한다.

① ○天子所御.

補註 鄭註: "謂今有娠者." 疏曰: "若總論幸御, 則群妃皆是, 故知有娠者."

번역 정현의 주에서 말하길, "현재 임신한 자를 뜻한다."라고 했다. 소에서 말하길, "만약 은총을 입고 시중을 드는 여자에 대해 총괄적으로 논의한다면 뭇 비들이 모두 여기에 해당한다. 그렇기 때문에 임심한 여자임을 알 수 있다."라고 했다.

② 帶以弓韣授以弓矢.

補註 鄭註: "求男之祥也. 王居明堂禮曰: '帶以弓韣, 禮之祿下, 其子必得天材.'" 疏曰: "王居明堂禮, 逸禮也."

번역 정현의 주에서 말하길, "남자 아이가 태어나길 기원하는 상서로운 행위이다. 『왕거명례』에서는 '활집을 허리에 차고 고매의 사당에서 예를 거행하면, 그 자식은 반드시 하늘이 내려준 재목을 얻는다.'"라고 했다. 소에서 말하길, "『왕거명당례』는 일실된 『예경』이다."라고 했다.

內和而家理."라는 기록이 있다. 즉 천자는 한 명의 왕후(王后)를 두고 6개의 궁(宮)을 두는데, 그 안에는 3명의 부인(夫人), 9명의 빈(嬪), 27명의 세부(世婦), 81명의 어처(御妻)를 두는 것이다.

4) 구어(九御)는 천자를 시중들던 81명의 여자들을 뜻한다. 9명씩 1개의 조를 이루어 천자를 모셨기 때문에, '구어'라는 명칭이 붙게 되었다. 『주례』「천관(天官)·내재(內宰)」편에는 "以陰禮敎九嬪, 以婦職之法敎九御."라는 기록이 있는데, 이에 대한 정현의 주에서는 "九御, 女御也. 九九而御於王, 因以號焉."이라고 풀이하였다.

玄鳥, 燕也. 燕以①施生時, 巢人堂宇而生乳, 故以其至爲祠禖
祈嗣之候. 高禖, 先禖之神也. 高者, 尊之之稱. 變媒言禖, 神之
也. 古有②禖氏祓除之祀, 位在南郊, 禋祀上帝則亦配祭之, 故
又謂之郊禖. 詩天命玄鳥, 降而生商, 但謂簡狄以玄鳥至之時,
祈于郊禖而生契, 故本其爲天所命, 若自天而降下耳. ③鄭註
乃有墮卵吞孕之事, 與生民詩註所言姜嫄履巨跡而生棄之事,
皆④恠妄不經, 削之可也. 后妃帥九嬪御者, ⑤從往而侍奉禮
事也. 禮天子所御者, 祭畢而酌酒以飲其先所御幸而有娠者,
顯之以神賜也. 韣, 弓衣也. 弓矢者, 男子之事也, 故以爲祥.

번역 현조(玄鳥)는 제비이다. 제비는 생육(生育)이 드러나는 시기에 사람이 사는 집에 둥지를 틀고 알을 낳기 때문에, 제비가 날아드는 것으로 고매에게 제사를 지내서 후손이 생기길 기원하는 시기로 삼는 것이다. 고매는 남교에서 하늘에 제사를 지내며 함께 배향했던 선매(先禖)라는 신이다. 고매라고 할 때 고(高)자는 존귀하게 대한다는 칭호이다. 매(媒)를 바꿔서 매(禖)라고 부르는 것은 신령스럽게 여긴다는 뜻이다. 옛날부터 매씨(禖氏)에게 불제(祓除)5)하는 제사가 있었는데, 그 위치가 남교에 있었고, 상제에게 인(禋)제사6)를 지내면서, 또한 매씨를 배향하여 제사를 지냈기 때문에, 또한 그를 교매(郊禖)라고도 부른다. 『시』에서는 "하늘이 현조

---

5) 불제(祓除)는 재앙과 사악함을 제거하기 위해 지내는 제사이다. 또한 재앙과 사악을 제거하는 행위 자체를 가리키기도 한다. 『주례』「춘관(春官)·여무(女巫)」편에는 "掌歲時祓除釁浴."이라는 기록이 있는데, 이에 대한 정현의 주에서는 "歲時祓除, 如今三月上巳如水上之類."라고 풀이했다. 즉 '불제'는 3월 상사(上巳: 상순 중에서 사(巳)자가 들어가는 날)에 물가에서 몸을 정갈하게 하는 의식과 비슷하다.

6) 인제(禋祭)는 연기를 피워 올려서 하늘에게 복을 구원했던 제사이다. 『시』「대아(大雅)·생민(生民)」편에는 "厥初生民, 時維姜嫄. 生民如何, 克禋克祀, 以弗無子."라는 기록이 있는데, 이에 대한 정현의 전(箋)에서는 "乃禋祀上帝於郊禖, 以祓除其無子之疾而得其福也"라고 풀이했다. 즉 교매(郊禖)를 제사지내는 곳에서 상제(上帝)에게 인(禋)제사를 올리며, 자식이 생기지 않는 병을 치료하고, 복을 받았다는 내용이다.

에게 명령하시어, 내려가 상나라를 탄생시켰다."7)라고 되어 있는데, 이것은 단지 간적(簡狄)8)이 현조가 날아드는 때에 교매에게 기원하여 설(契)을 낳았다는 것을 뜻이다. 그렇기 때문에 하늘로부터 명령을 받았다는 데 근거하여, 마치 하늘로부터 내려온 것처럼 표현했을 따름이다. 정현의 주에는 떨어진 알을 삼키고 잉태하였다는 고사를 기록한 문장이 있고, 「생민(生民)」편의 시에 대한 주에서 강원(姜嫄)9)이 거인의 발자국을 밟고서 기(棄)를 낳았다는 고사를 말한 것도 모두 괴이하고 경망스러워 법도와는 맞지 않으므로, 이러한 내용들은 빼버리는 것이 좋다. 경문에서 후비가 구빈과 구어들을 인솔하였다는 것은 천자를 쫓아 남교에 가서 그곳에서 집행하는 예의 의식들을 시중들었다는 것이다. "천자를 시중들며 임신한 자들에게 예를 행했다."는 것은 제사가 끝나고 나서, 술을 따르고서 먼저 천자의 은택에 힘입어 임신한 자들에게 마시게 하는 것으로, 임신한 것이 신이 내려준 은총임을 드러내 보이는 것이다. 독(韣)은 활집이다. 활과 화살을 가지고 사냥 및 전쟁을 하는 것은 남자들의 일이기 때문에, 아들을 낳기 위해 이러한 기물들을 상서롭다고 여긴 것이다.

① **施生時.**

補註 沙溪曰: 天之施生萬物時也.

---

7) 『시』「상송(商頌)・현조(玄鳥)」: <u>天命玄鳥, 降而生商</u>, 宅殷土芒芒. 古帝命武湯, 正域彼四方.

8) 간적(簡狄)은 전설상의 인물이다. 유융씨(有娀氏)의 딸이며, 제곡(帝嚳)의 부인이었다고 전해진다. 현조(玄鳥)의 알을 삼키고 잉태를 해서, 상(商)나라의 시조격인 설(契)을 낳았다. 『초사(楚辭)』「천문(天問)」편에는 "<u>簡狄在臺嚳何宜. 玄鳥致貽女何喜.</u>"라고 기록되어 있고, 『사기(史記)』「은본기(殷本紀)」편에는 "殷契, 母曰<u>簡狄, 有娀氏之女, 爲帝嚳次妃. 三人行浴, 見玄鳥墮其卵, 簡狄取呑之, 因孕生契.</u>"이라고 기록되어 있다.

9) 강원(姜嫄)은 강원(姜原)이라고도 부른다. 전설상의 인물이다. 유태씨(有邰氏)의 딸이자, 주(周)나라의 시조인 후직(后稷)의 어머니이다. 제곡(帝嚳)의 본처이며, 거인의 발자국을 밟고서 잉태를 했고, 이후에 직(稷)을 낳았다고 전해진다. 『시』「대아(大雅)・생민(生民)」편에는 "厥初生民, 時惟<u>姜嫄</u>."이라는 기록이 있고, 『사기(史記)』「주본기(周本紀)」편에는 "周后稷, 名棄. 其母有邰氏女, 曰<u>姜原</u>. 姜原爲帝嚳元妃. 姜原出野, 見巨人跡, 心忻然說, 欲踐之. 踐之而身動如孕者."라는 기록이 있다.

번역 사계가 말하길, 하늘이 만물을 생겨나게 하는 계절이라는 뜻이다.

② 祿氏祓除.

補註 詩 · 生民朱子註: 祓, 無子求有子也.

번역 『시』「생민(生民)」편에 대한 주자의 주에서 말하길, 불(祓)은 자식이 없는 자가 자식이 생기도록 구원하는 것이다.

③ 鄭註乃有墮卵吞孕.

補註 鄭註本文曰: "燕以施生時來, 巢人堂宇而孚乳, 娶嫁之象也. 媒氏之官以爲候, 高辛氏之世, 玄鳥遺卵, 娀簡吞之而生契, 後王以爲媒官嘉祥, 而立其祠焉. 變媒言祿, 神之也." 疏曰: "蔡邕云: '祿神, 是高辛已前舊有, 高者, 尊也, 謂尊高之祿.' 又生民及玄鳥詩毛傳云: '姜嫄從帝而祠于郊祿.' 又云: '簡狄從帝而祈于郊祿', 則是姜嫄簡狄之前, 先有祿神矣. 鄭志焦喬答王權云: '先契之時, 必自有祿氏, 祓除之祀, 位在於南郊, 蓋以玄鳥至之日祀之矣. 然其禮祀, 乃於上帝也. 娀簡狄吞鳳子[鳳, 恐當作鳦.]之後, 後王爲祿官嘉祥, 祀之以配帝, 謂之高祿.' 據此則契已前祭天南郊, 則以先祿配之, 至是以高辛之君立爲祿神以配天, 其古昔先祿則廢之矣."

번역 정현의 주 본문에서 말하길, "제비는 생육의 시기가 도래할 때 날아드니, 제비는 사람이 사는 집의 처마에 둥지를 틀고 알을 낳아, 장가를 가거나 시집을 가는 일을 상징한다. 매씨(媒氏)[10]라는 관리는 제비를 상서로운 조

---

10) 매씨(媒氏)는 남녀의 혼인을 주관했던 관리이다. 고대에는 남자의 나이가 30세가 되도록 장가를 들지 않았으면, 매씨가 주관하여 혼인을 시켰다. 여자의 경우에는 20세를 기준으로 혼인을 치르게 시켰다. 『주례』「지관(地官) · 매씨(媒氏)」편에는 "媒氏掌萬民之判, 凡男女自成名以上, 皆書年月日名焉. 令男三十而娶, 女二十而嫁."라는 기록이 있다. 이러한 뜻에서 파생하여, 후대에는 중매를 주선했던 자를 부르는 용어로도 사용되었다.

짐이라고 여겼다. 고신씨(高辛氏)[11]가 궁성 밖으로 행차를 나옴에 현조가 알을 떨어트리자 고신씨를 따라 나왔던 간적(簡狄)이 그 알을 삼키고서는 설(契)을 낳았고, 후대의 왕들은 이러한 일을 두고 매관(媒官)의 상서로운 징후라고 여겼고, 그를 위한 사당을 세우게 되었다. 매(媒)자를 바꿔서 매 (禖)라고 한 것은 그를 신격화한 것이다."라고 했다. 소에서 말하길, "채옹은 '매신(禖神)은 고신씨 이전 오래전부터 있었다. 고(高)자는 존귀하다는 뜻이 니, 존귀한 매(禖)라는 의미이다.'라고 했다. 또 『시』「생민(生民)」편과 「현 조(玄鳥)」편에 대한 「모전」에서는 '강원(姜嫄)은 제를 따라 교매(郊禖)에게 제사를 지냈다.'라고 했고, 또 '간적(簡狄)은 제를 따라 교매(郊禖)에게 기도 를 드렸다.'라고 했으니, 강원과 간적 이전에 매신이 있었던 것이다. 『정지』 에서는 초교가 왕권에게 대답하며 '설 이전에 분명 매씨가 있었던 것이며, 불제(祓除)의 제사는 그 자리가 남쪽 교외에 있는데, 아마도 현조가 도래하 는 날 제사를 지냈을 것이다. 그런데 인(禋)제사는 곧 상제에 대한 것이다. 융나라의 간적이 현조의 알을 [봉(鳳)자는 아마도 보(鴇)자로 기록해야 할 것 같다.] 삼킨 이후 후대의 왕들은 매관을 상서롭게 여겨 그를 제사하며 상 제에게 배향하고 고매(高禖)라고 불렀다.'라고 했다. 이 기록에 근거해보면 설 이전에는 남쪽 교외에서 제사를 지낼 때 선매(先禖)를 배향했는데, 이 시 기에 이르러 고신씨의 군주를 매신(禖神)으로 세워 하늘에 배향했으니, 이 전부터 섬겨왔던 선매에 대한 제사는 폐지하게 되었다."라고 했다.

④ 怪妄不經.

補註 按: 陳註以呑卵履跡, 皆歸之怪妄, 而朱子於詩註, 具載此說, 且引 張子說, 以爲神人之生有異於人, 何足怪哉! 今當以朱・張之訓爲定論.

번역 살펴보니, 진호의 주에서는 알을 삼키거나 발자국을 밟았다는 것을 모 두 괴상하고 요망스러운 말로 치부하였는데, 주자는 『시』에 대한 주에서 이

---

11) 고신씨(高辛氏)는 곧 제곡(帝嚳)을 가리킨다. 제곡은 최초 신(辛)이라는 땅을 분 봉 받았다가, 이후에 제(帝)가 되었으므로, 제곡을 '고신씨'라고도 부르는 것이다.

러한 주장들을 모두 수록하였고, 또 장자의 주장을 인용하여, 신이 인간으로 태어나는 것은 일반인들과 차이가 있는데, 어찌 괴이하게 여길 것이 있겠느냐고 여겼다. 따라서 주자와 장자의 풀이를 정론으로 삼아야 한다.

⑤ 從往而侍奉禮事.

補註 按: 從往侍奉禮事訓御字, 此出鄭註曰: "御, 謂從往侍祠. 天子有夫人·嬪·世婦·女御, 而獨云帥九嬪者, 擧中而言也."

번역 살펴보니, '종왕시봉례사(從往侍奉禮事)'라는 말은 어(御)자를 풀이한 것인데, 이것은 정현의 주에서 도출된 것으로, 정현의 주에서는 "어(御)는 따라가서 제사 올리는 것을 시중든다는 뜻이다. 천자에겐 부인(夫人)·빈(嬪)·세부(世婦)·여어(女御)가 있는데, 경문에서는 유독 구빈(九嬪)을 인솔한다고만 말한 것은 중간의 것을 제시해서 말한 것이다."라고 했다.

補註 ○又按: 御字, 小註方氏謂九御, 恐長.

번역 ○또 살펴보니, 어(御)자를 소주에서 방씨가 구어(九御)로 풀이했는데, 아마도 이 주장이 더 나은 것 같다.

「월령」 30장

①晝夜各五十刻.

번역 춘분에는 낮과 밤의 길이가 각각 50각(刻)¹⁾이다.

① ○晝夜各五十刻.

補註 按: 春秋分晝夜, 各五十刻, 是古之曆法, 而今曆晝夜各四十八刻者, 西洋利瑪竇新法也. 其法蓋以每時各八刻合十二時爲九十六刻, 而減去四刻云.

번역 살펴보니, 춘분과 추분에는 밤낮의 길이가 각각 50각인데, 이것은 고대의 역법으로, 지금의 역법에 따르면 밤낮의 길이는 각각 48각이 되니, 서양 마테오 리치가 새로이 제정한 역법이다. 그 역법에서는 매 시간마다 8각이 되어 12시간을 합산하면 96각이 되니, 4각이 줄어든 것이다.

---

1) 각(刻)은 시간의 단위이다. 고대에는 물통에 작은 구멍을 내서, 물이 떨어진 양을 보고 시간을 헤아렸다. 하루를 100'각'으로 나누었는데, 한(漢)나라 애제(哀帝) 건평(建平) 2년(-5년) 때에는 20'각'을 더해서, 하루의 길이를 총 120'각'으로 정하였다. 『한서(漢書)』「애제기(哀帝紀)」편에는 "漏刻以百二十爲度."라는 기록이 있는데, 이에 대한 안사고(顔師古)의 주에서는 "舊漏晝夜共百刻, 今增其二十."이라고 풀이하였다. 그리고 남북조(南北朝) 시기 양(梁)나라 무제(武帝)는 8'각'을 1진(辰)으로 정하여, 낮과 밤의 길이를 각각 12'진' 96'각'으로 정하였다.

「월령」33장

①奮木鐸, 以令兆民, 曰雷將發聲, 有不戒其容止者, 生子不備, 必有凶災.

번역 중춘의 달에는 천둥이 치기 3일 전에 목탁(木鐸)을 쳐서 백성들에게 명령하여 말하길, "천둥이 장차 쳐서 천둥소리가 울려 퍼질 것이니, 집안에서 행동거지를 삼가지 않는 자가 있다면, 자식을 낳으면 불구자가 태어날 것이고, 반드시 그 부모에게도 재앙이 있을 것이다."라고 한다.

① 奮木鐸以令章.

補註 疏曰: 玉藻云, "迅雷甚雨, 必興, 衣服冠而坐", 所以畏天威也. 小人不畏天威, 懈慢褻瀆, 或至夫婦交接, 君子制法, 不可指斥言之, 故曰有不戒其容止者, 此時夫婦交接, 生子支節性情必不備, 其父母必有災也.

번역 소에서 말하길, 『예기』「옥조(玉藻)」편에서는 "맹렬한 우레나 폭우 등이 발생하면, 반드시 일어나서 의복과 관을 차려입고 정좌한다."[1]라고 했는데, 하늘의 위엄을 두려워하기 때문이다. 소인들은 하늘의 위엄을 두려워하지 않아서 태만하게 여기거나 업신여겨서 간혹 부부가 관계를 맺는 지경에도 이르는데, 군자는 법도를 제정하며 직접적으로 가리켜서 말할 수 없었기 때문에 "집안에서 행동거지를 삼가지 않는 자가 있다."라고 말한 것이니, 이러한 시기에 부부가 관계를 맺으면 자식을 낳았을 때 육신이나 성정에 분명 제대로 갖춰지지 않는 점이 있을 것이고, 부모에게도 분명 재앙이 발생하게 된다.

---

1) 『예기』「옥조(玉藻)」: 君子之居恒當戶, 寢恒東首. 若有疾風迅雷甚雨, 則必變, 雖夜必興, 衣服冠而坐.

「월령」 34장

참고-經文

日夜分, 則①同度量, 鈞衡石, 角斗甬, 正權槪.

번역 낮과 밤의 길이가 같아지는 춘분이 되면, 길이 단위인 도(度)와 용량 단위인 양(量)을 동일하게 바로잡으니, 저울대인 형(衡)과 용량 단위인 석(石)을 균등하게 만들고, 한 말의 단위인 두(斗)와 한 섬의 단위인 곡(斛)을 비교하여 바로잡으며, 저울추인 권(權)과 평두목인 개(槪)를 바로잡는다.

① ○同度量[止]正權槪.

補註 鄭註: 同角正, 皆謂平之也. 三十斤曰鈞.

번역 정현의 주에서 말하길, 동(同)·각(角)·정(正)은 모두 고르게 한다는 뜻이다. 30근(斤)을 균(鈞)이라고 부른다.

「월령」 37장

古者, ①日在虛, 則藏冰, 至此仲春, 則獻羔以祭司寒之神而開
冰. 先薦寢廟者, 不敢以人之餘奉神也.

번역 고대에는 해와 달이 만나는 곳인 일(日)이 허수(虛宿)의 위치에 놓이게 되면,
얼음을 저장했다가 중춘 때에 이르게 되면, 어린 양을 희생물로 바치며, 겨울을 주
관하는 신에게 제사를 드리고 석빙고를 열게 된다. 침묘(寢廟)에 먼저 바친다는 것
은 감히 사람이 먹고 남은 것으로 신에게 바칠 수는 없기 때문이다.

① ○日在虛則藏冰.

補註 下文季冬, "水澤腹堅", 鄭註, "此月日在北陸, 北陸謂虛也." 疏曰,
"此月日在玄枵之次, 其星當女虛危也. 陸, 道也. 言女虛危, 是北方也.
北陸, 虛也者, 擧中央星言之."
번역 아래 계동에 대한 기록에서는 "하천과 못에 얼음이 단단하게 언다."[1]라
고 했고, 정현의 주에서는 "이 시기에 해와 달은 북륙(北陸)에 있게 되는데,
북륙은 허수(虛宿)를 말한다."라고 했다. 소에서 말하길, "이 시기에 해와 달
은 현효(玄枵)의 자리에 있게 되고, 해당하는 별자리는 여수(女宿)·허수
(虛宿)·위수(危宿)이다. 육(陸)자는 길을 뜻한다. 여수·허수·위수는 북
쪽에 해당한다는 뜻이다. 북륙이 허수에 해당한다는 것은 중앙에 있는 별자
리를 들어서 말한 것이다."라고 했다.

---

1) 『예기』「월령(月令)·계동(季冬)」: 冰方盛, <u>水澤腹堅</u>, 命取冰, 冰以入.

長樂陳氏曰: 人子之於親飮食與藥, 必先嘗而後進. 四時新物,
必先獻而後食. 寢廟之薦新, 蓋亦①推其事先之禮, 以盡其誠
敬而已.

번역 장락진씨가 말하길, 사람의 자식된 자는 그 부모께 올리는 음식과 약에 대해
서는 반드시 상했는지 혹은 잘못된 것인지를 확인하기 위해 먼저 맛본 이후에 바치
게 된다. 사계절에 새로 나오는 음식물들에 대해서는 반드시 먼저 바치고 이후에
맛을 본다. 침묘에 새로 나온 음식물들을 바치는 것도 무릇 또한 그 부모를 섬기는
예를 미루어서, 정성스럽고 공경된 마음을 다하는 것일 따름이다.

① 推其事先之禮.

補註 先, 恐生之誤.
번역 '선(先)'자는 아마도 생(生)자의 오자인 것 같다.

「월령」38장

참고-集說

此月上旬之丁. 日必用丁者, 以①先庚三日, 後甲三日也.

번역 상정(上丁)이라는 것은 이 달의 상순 중에서 정(丁)자가 들어가는 날이다. 그 날짜에 반드시 10간 중 네 번째인 정자가 들어가는 날로 하는 것은 10간 중 일곱 번째인 경(庚)자가 들어가는 날보다 3일 앞서고, 10간 중 첫 번째인 갑(甲)자가 들어가는 날보다 3일 뒤인 그 중간이 되기 때문이다.

① ○先庚三日後甲三日.

補註 按: 易·蠱之象曰: "先甲三日, 後甲三日." 巽之九五曰: "先庚三日, 後庚三日." 本義: "後甲三日, 先庚三日, 皆云丁也, 丁寧之意也." 陳註蓋用此.

번역 살펴보니, 『역』「고괘(蠱卦)」의 「단전」에서는 "갑(甲)으로 먼저 3일을 하고 갑(甲)으로 뒤에 3일을 한다."[1]라고 했으며, 「손괘(巽卦)」의 구오에서는 "경(庚)으로 먼저 3일을 하고 경(庚)으로 뒤에 3일을 한다."[2]라고 했고, 『본의』에서는 "갑(甲)으로 뒤에 3일을 한다는 것과 경(庚)으로 먼저 3일을 한다는 것은 모두 정(丁)을 말하는 것이니, 간곡하다는 뜻이다."라고 했다. 진호의 주는 아마도 이것을 차용한 것 같다.

---

1) 『역』「고괘(蠱卦)」: 象曰, 蠱, 剛上而柔下, 巽而止蠱. 蠱, 元亨而天下治也. "利涉大川", 往有事也. "先甲三日, 後甲三日", 終則有始, 天行也.

2) 『역』「손괘(巽卦)」: 九五, 貞吉, 悔亡, 无不利, 无初有終, 先庚三日, 後庚三日, 吉.

「월령」39장

①<u>命樂正, 習舞釋菜</u>, 天子乃帥三公九卿諸侯大夫, 親往視之.
仲丁, 又命樂正, ②<u>入學習樂</u>.

번역 중춘의 달에 천자는 악정에게 명령하여, 국학에 들어가 국자들에게 춤을 익히
게 할 때에는 먼저 석채(釋菜)의 의식을 거행하도록 하는데, 석채의 의식을 거행하
는 날에는 천자가 곧 삼공·구경·제후·대부들을 이끌고서 친히 국학에 왕래하여
그 의식을 관람한다. 그리고 중순 중 첫 번째로 정(丁)자가 들어가는 날에는 다시
악정에게 명령하여, 국학에 들어가 국자들에게 음악을 익히게 한다.

① **命樂正習舞釋菜.**

補註 按: 註云, "將敎習舞者, 則先以釋菜之禮告先師", 恐不然. 孟春入學
習舞, 小註方氏以爲將釋菜故也. 然則今此習舞釋菜, 謂習舞而釋菜也.
번역 살펴보니, 주에서는 "장차 국자들에게 춤 익히는 것을 교육할 경우에는
우선적으로 석채의 예로 선사들에게 아뢰게 된다."라고 했는데, 아마도 그렇
지 않을 것이다. 맹춘에는 국학에 들어와서 춤을 익히도록 한다고 했고, 소주
에서 방씨는 장차 석채를 지내기 위해서라고 했기 때문이다. 그렇다면 이곳에
서 '습무석채(習舞釋菜)'라고 한 것은 춤을 익히고 석채를 지낸다는 뜻이다.

② **入學習樂.**

補註 鄭註: 以季春將合樂也.
번역 정현의 주에서 말하길, 계춘에 음악을 합주하기 위해서이다.

補註 ○按: 方氏說, 亦然. 見孟春小註.
번역 ○살펴보니, 방씨의 주장 또한 이러하다. 맹춘에 대한 기록의 소주에
나온다.

「월령」 48장

참고-集說

①鞠衣, 衣色如鞠花之黃也. 註云: 黃桑之服者, 色如鞠塵, 象桑葉始生之色也. 鞠字, 一音去六反. 先帝, 先代木德之君, 薦此衣於神坐以求蠶事.

번역 국의(鞠衣)는 옷의 색깔이 누룩 꽃의 황색과 같은 것이다. 정현의 주에서 "국의라는 것은 누런 뽕잎 색깔의 옷이다."라고 말한 것은 그 색깔이 국진(鞠塵)이라는 꽃과 같으며, 뽕나무 잎이 처음 생겨났을 때의 이파리 색깔을 형상한 것이다. '鞠'자의 다른 음은 '去(거)'자와 '六(륙)'자의 반절음이다. 선제(先帝)는 선대에 목덕(木德)을 주관했던 군왕이며, 그 신이 있는 곳에 이 옷을 바침으로써 누에치는 일이 잘되기를 기원하는 것이다.

① ○鞠衣[止]色如鞠塵.

補註 陸音: 鞠居六反, 如菊華也. 又去六反, 如麴塵.
번역 육덕명의 『음의』에서 말하길, '鞠'자는 '居(거)'자와 '六(륙)'자의 반절음이며, 국화(菊華)와 같다. 또 '去(거)'자와 '六(륙)'자의 반절음도 되니, 국진(麴塵)과 같다.

補註 ○周禮 · 天官 · 內司服註曰: "鞠衣, 黃桑服也, 色如鞠塵, 象桑葉始生." 疏曰: "鞠塵者, 麴塵古通用. 以其桑葉始生卽養蠶, 故服色象之."
번역 ○『주례』「천관(天官) · 내사복(內司服)」편의 주에서 말하길, "국의(鞠衣)는 황색의 뽕잎 색깔의 옷으로, 그 색깔은 국진(鞠塵)이라는 꽃과 같은데, 뽕나무 잎이 처음 생겨났을 때를 형상화한다."라고 했다. 소에서 말하길, "국진(鞠塵)이라는 것은 국진(麴塵)으로 고대에는 통용해서 사용한 말이다. 뽕잎이 처음 생겨난 것은 누에를 치는데 사용한다. 그렇기 때문에 의복의 색깔을 이에 맞춰 그것을 형상화한 것이다."라고 했다.

「월령」 51장

참고-經文

天子布德行惠, 命有司, 發倉廩, 賜貧窮, 振乏絶, ①開府庫, 出
幣帛, 周天下. 勉諸侯, 聘名士, 禮賢者.

번역 계춘의 달에는 이 시기의 기운에 맞춰, 베푸는 정책을 펼쳐야 하므로, 천자는
덕정을 펼치고, 은혜로운 정책을 시행하니, 유사에게 명령하여, 곡식 창고를 열어
가난하고 곤궁한 자들에게 곡식을 하사하고, 창졸간에 끼니를 해결하지 못할 만큼
궁핍한 자들을 구휼하며, 재물 창고를 열어서 값진 폐백들을 꺼내어 천하의 백성들
중에서 가산이 부족한 자들에게 두루 하사해준다. 그리고 천자는 유사에게 명령했
던 것처럼, 제후에게 자신의 명령을 힘써 행하도록 하여, 구휼정책을 시행하게 하
고, 이와 더불어 재야에 숨어있는 명망 있는 선비들을 초빙하고, 현명한 자들을 예
로 대우하도록 한다.

① 開府庫[止]禮賢者.

補註 楊梧曰: 出幣帛, 將以聘名士禮賢者也. 周天下, 以言聘禮之廣. 自
其有聲望, 則爲名士, 自其有才德, 則爲賢者.

번역 양오가 말하길, 폐백을 꺼내는 것은 이것으로 명망 있는 선비를 초빙하
고 현자를 예우하기 위한 것이다. '주천하(周天下)'는 초빙하고 예우하는 것
을 널리 시행하라고 말한 것이다. 본인 스스로 남들로부터 명성을 얻게 된다
면 명사(名士)가 되고, 본인 스스로 재주와 덕을 갖추고 있다면 현자(賢者)
가 된다.

補註 ○陽村曰: 內外之事皆命有司摠之, 勉諸侯, 當與聘名士 · 禮賢者,
各爲一事, 而歷言之也. 蓋命有司, 小則發倉廩之粟, 以惠國中之貧乏,
大則出府庫之幣, 以周於天下, 于以褒賞諸侯之有功而勸勉之, 于以聘
名士而徵用之, 于以禮賢者而來致之也.

번역 ○양촌이 말하길, 내적인 일과 외적인 일들에 대해서 모두 유사에게 명령하여 총괄하게 한 것이니, 제후들이 이처럼 따르도록 독려하는 것은 명망 있는 선비들을 초빙하고 현자들을 예우하는 것과 별개의 사안이 되어 차례대로 언급한 것이다. 유사에게 명령한 것에 있어서 작은 것은 창고의 곡식을 분출하여 중원의 궁핍한 자들에게 은혜를 베푸는 것이고, 큰 것은 창고의 폐백을 분출하여 천하에 두루 베풀어, 제후들 중 공적을 세운 자에게 상을 내려 더욱 힘쓰도록 권면하고, 명망 있는 선비를 초빙하여 그를 등용하며, 현자들을 예우하여 찾아오게끔 하는 것이다.

補註 ○按: 陳註周字之訓, 似以幣帛, 亦爲周急之物, 恐不然. 楊梧‧陽村說亦各有見, 而但淮南子無周天下字, 勉字作使, 果作使諸侯, 則不可以三者爲各項事也.

번역 ○살펴보니, 진호의 주에서는 주(周)자의 풀이를 아마도 폐백을 사용하는 것으로 여긴 것 같고, 이를 또한 다급한 형편에 있는 자를 구제하는 사물로 여긴 것 같으니, 아마도 그렇지 않은 것 같다. 양오와 양촌의 주장 또한 각각 나름의 견해가 있다. 그러나 『회남자』에는 '주천하(周天下)'라는 말이 없고 '면(勉)'자를 사(使)자로 기록했으니, 사제후(使諸侯)로 기록하게 된다면 세 가지를 각각의 별개 사안으로 여길 수 없다.

「월령」 52장

嚴陵方氏曰: 司空, 掌土之官, 凡此所命, 皆土之事, 故以命焉.
時雨, 應時之雨也. 方春, 物生需雨澤之時, 故其雨, ①謂之時
雨. 時雨, 然或過淫, 則趨下之水, 反上騰而爲災, 故命以豫備
之術也. 循行則行之有序也, 周視則視之無遺也. 脩利則脩而
利之, 使無害, 道達則道而達之, 使無壅, 開通則開而通之, 使
無窮, 皆欲其無有障塞而已. 障言蔽顯以爲隱, 塞言窒虛而爲
實. 凡此皆豫備水災之術也.

번역 엄릉방씨가 말하길, 사공(司空)은 국토를 담당하는 관리이니, 무릇 여기에서 명령내린 것들은 모두 국토에 대한 일들이다. 그렇기 때문에 사공에게 명령한 것이다. 시우(時雨)는 시기의 기운에 감응하여 내리는 비이다. 바야흐로 봄에는 만물이 생겨남에 비 내림을 필요로 하는 시기이다. 그렇기 때문에 이 시기에 내리는 비를 시우라고 부르는 것이다. 때에 맞게 비가 내린다고 하지만 간혹 지나치게 내리면, 하류로 흘러가야 할 물들이 반대로 역류하여 육지로 범람해서 수해를 일으킨다. 그렇기 때문에 예방하는 방법들로써 명령을 내리는 것이다. 순행(循行)은 순찰함에 위험한 곳과 비교적 덜 위험한 곳 등을 차등해 놓은 순서가 있는 것이고, 주시(周視)는 살펴봄에 꼼꼼하게 살펴서 지나쳐 버림이 없는 것이다. 수리(脩利)는 수리를 해서 제구실을 하게 만들어 피해가 없도록 하는 것이며, 도달(道達)은 길을 내어 통하게 해서 막힘이 없도록 하는 것이며, 개통(開通)은 뚫어 소통하게 하여 막힘이 없도록 하는 것이니, 이들 모두는 막히는 일이 없도록 하고자 하는 것일 따름이다. 장(障)이라는 것은 드러난 것이 가려져서 안보이게 되는 것을 말하며, 색(塞)이라는 것은 비어 있는 것이 채워져서 꽉 차게 되는 것을 말한다. 무릇 이러한 행위들은 모두 수해를 예방하고 대비하는 방법들이다.

① ○謂之時雨時雨.

補註 按: 再云時雨, 文勢可疑, 一則恐衍, 抑然字, 當入於兩時雨之間歟.

번역 살펴보니, '시우(時雨)'라는 말을 되풀이한 것은 문장의 흐름상 의심스러운 부분인데, 아마도 연문에 해당하는 것 같고, 그것이 아니라면 '연(然)' 자가 두 개의 시우(時雨)라는 단어 사이에 들어가야만 할 것이다.

「월령」 53장

罝罘, 皆捕獸之罟. 羅網, 皆捕鳥之罟. 小網長柄謂之畢, 以其
似畢星之形, 故名, 用以掩兔也. 翳, 射者用以自隱也. 餧, 啗
之也. 藥, 毒藥也. ①七物皆不得施用於外, 以其逆生道也. 路
門, 應門, 雉門, 庫門, 皐門, 城門, 近郊門, 遠郊門, 關門, 凡九
門也.

번역 저(罝)와 부(罘)는 모두 짐승을 포획하는 그물들이다. 나(羅)와 망(網)은 모
두 새를 포획하는 그물들이다. 작은 그물에 긴 자루가 달린 것을 필(畢)이라고 부
르는데, 그 모양이 28수 중 하나인 필성(畢星)의 형상과 비슷하기 때문에, 필(畢)
이라는 이름을 붙인 것이며, 이 그물을 사용하여 토끼를 잡는다. 예(翳)는 사냥꾼
이 이것을 사용하여 자신을 은폐시키는 것이다. 위(餧)는 먹이게 한다는 뜻이다.
약(藥)은 독약을 뜻한다. 이 일곱 가지 물건들을 모두 구문(九門) 밖에서 사용하지
못하게 하는 것은 이것을 사용한 사냥이 봄의 생육시키는 도리를 거스르기 때문이
다. 노문(路門) · 응문(應門)[1] · 치문(雉門)[2] · 고문(庫門) · 고문(皐門) · 성문(城

---

1) 응문(應門)은 궁(宮)의 정문을 가리킨다. 『시』「대아(大雅) · 면(緜)」편에는 "迺立
   應門, 應門將將."이라는 기록이 있는데, 이에 대한 모전(毛傳)에서는 "王之正門曰
   應門."이라고 풀이하였다.

2) 치문(雉門)에 대해서는 크게 두 가지 해설이 있다. 첫 번째는 제후의 궁(宮)에 있는
   문으로, 천자의 궁에 있는 응문(應門)에 해당한다는 주장이다. 두 번째는 천자의
   궁에는 다섯 개의 문이 있는데, 그 중 네 번째 위치한 문으로, 바깥쪽에 위치한
   문을 가리킨다는 주장이다. 첫 번째 주장은 『예기』「명당위(明堂位)」편의 "大廟,
   天子明堂. 庫門, 天子皐門. 雉門, 天子應門."이라는 기록에 근거한 해설이다. 이
   기록에 대한 손희단(孫希旦)의 『집해(集解)』에서는 유창(劉敞)의 말을 인용하여,
   "此經有五門之名, 而無五門之實. 以詩書禮春秋考之, 天子有皐, 應, 畢, 無皐,
   雉, 路. 諸侯有庫, 雉, 路, 無皐, 應, 畢. 天子三門, 諸侯三門, 門同而名不同."이
   라고 했다. 즉 천자의 궁에는 5개의 문이 있다고 하지만, 실제적으로 천자나 제후는
   모두 3개의 문만을 설치했었다. 『시(詩)』, 『서(書)』, 『예(禮)』, 『춘추(春秋)』에 나타난

門)3) · 근교문(近郊門)4) · 원교문(遠郊門)5) · 관문(關門)6)이 경문에서 말하는 구문(九門)이다.

① ○七物.

補註 七, 今本誤作匕.

번역 '칠(七)'자를 『금본』에서는 비(匕)자로 잘못 기록했다.

기록들을 고증해보면, 천자는 고(皐), 응(應), 필(畢)이라는 3개의 문을 설치하고, 고(皐), 치(雉), 노(路)라는 문은 없다. 또한 제후는 고(庫), 치(雉), 노(路)라는 3개의 문을 설치하고, 고(皐), 응(應), 필(畢)이라는 문은 없다. 두 번째 주장은 『주례』 「천관(天官) · 혼인(閽人)」편의 "閽人掌守王宮之中門之禁."이라는 기록에 근거한 해설이다. 이 기록에 대해 정현은 정사농(鄭司農)의 말을 인용하여, "王有五門, 外曰皐門, 二曰雉門, 三曰庫門, 四曰應門, 五曰路門."이라고 풀이하였다. 즉 천자는 5개의 문을 설치하는데, 가장 안쪽에 있는 노문(路門)으로부터 응문(應門), 고문(庫門), 치문(雉門), 고문(皐門) 순으로 설치해 두었다.

3) 성문(城門)은 도성(都城)과 교(郊) 사이에 있는 문이다. 도성 밖에는 도성을 둘러싼 4개의 '교'가 있다. 이때 도성과 교 사이에 있는 문이 바로 '성문'이 된다.

4) 근교문(近郊門)은 근교(近郊)의 경계에 설치되었던 문이다. 문헌상으로 주대(周代)에는 천자의 수도가 사방(四方) 1000리(里)의 면적을 차지했다고 전해진다. 이때 국성(國城: 都城)은 중앙에 위치하며, 국성의 끝부분에서 100리 떨어진 곳까지가 교(郊)에 속하게 된다. 그리고 '교' 중에서도 국성에서 50리 떨어진 곳까지를 '근교'라고 부른다. '근교문'은 바로 이 경계점에 설치된 문을 뜻한다.

5) 원교문(遠郊門)은 원교(遠郊)에 설치된 문이다. 문헌상으로 주대(周代)에는 천자의 수도가 사방(四方) 1000리(里)의 면적을 차지했다고 전해진다. 이때 국성(國城: =都城)은 중앙에 위치하며, 국성의 끝부분에서 100리 떨어진 곳까지가 교(郊)에 속한다. 그리고 '교' 중에서도 국성에서 50리 떨어진 곳까지를 근교(近郊)라고 부르며, 근교의 경계점에서 다시 50리 떨어진 곳까지를 원교라고 부른다. '원교문'은 바로 이 경계점에 설치된 문을 뜻한다.

6) 관문(關門)은 교외(郊外)에 설치된 문을 뜻한다. 원교(遠郊)의 밖에 있는 땅을 교외(郊外)라고 부르는데, '관문'은 바로 이 교외에 설치된 문을 뜻한다.

참고-經文

是月也, 命野虞, 毋伐桑柘. 鳴鳩拂其羽, ①戴勝降于桑, 具曲
②植③籧筐.

번역 계춘의 달에 천자는 전답 및 산림을 담당하는 관리 야우(野虞)에게 명령하여,
기르는 뽕나무와 산에 나는 야생 뽕나무를 벌목하지 못하게 한다. 산비둘기가 날갯
짓을 하고, 오디새가 뽕나무에 내려앉으면, 누에를 담는 그릇인 곡(曲)과 그릇을
올려놓는 선반인 식(植)과 누에를 담는 원형 바구니 거(籧)와 네모진 바구니 광
(筐)을 준비한다.

① 戴勝.

補註 按: 爾雅戴鵀, 註: "鵀卽頭上勝." 陸佃曰: "首有文如勝." 師古曰:
"勝, 婦人首飾."
번역 살펴보니, 『이아』에는 대임(戴鵀)이라는 새가 나오는데,[1] 주에서는
"임(鵀)은 머리에 벼슬을 하고 있는 두상승(頭上勝)이라는 새이다."라고 했
다. 육전은 "머리에 무늬가 있는 것이 승(勝)과 같다."라고 했다. 안사고[2]는
"승(勝)은 부인들이 머리에 하는 장식이다."라고 했다.

② 植.

補註 鄭註: "植, 槌也." 疏曰: "槌, 懸蠶薄柱也."
번역 정현의 주에서 말하길, "식(植)은 매다는 기둥이다."라고 했다. 소에서

---

1) 『이아』「석조(釋鳥)」: 鵖鴔, 戴鵀.
2) 안사고(顔師古, A.D.581∼A.D.645): 당(唐)나라 때의 학자이다. 자(字)는 주(籀)
이다. 안지추(顔之推)의 손자이다. 훈고학(訓詁學)에 뛰어났다. 오경(五經)의 문자
를 교정하여, 『오경정본(五經定本)』을 찬술하기도 하였다.

말하길, "퇴(槌)는 누에를 걸어두는 얇은 기둥이다."라고 했다.

③ 籧筐.

補註 陸音: 籧居呂反, 亦作筥. 方曰筐, 圓曰筥.

번역 육덕명의 『음의』에서 말하길, '籧'자는 '居(거)'자와 '呂(려)'자의 반절음
이며 또한 '거(筥)'자로도 기록한다. 네모나게 생긴 것을 광(筐)이라고 부르
며 원형으로 생긴 것을 거(筥)라고 부른다.

「월령」 55장

后妃齊戒, 親①東鄕躬桑, 禁婦女毋觀, 省婦使, 以勸蠶事.

번역 계춘의 달에 천자의 부인인 후비는 재계를 하여, 직접 동쪽에서 불어오는 봄의 기운을 영접하고, 몸소 뽕나무 잎을 따며, 부녀자들에게 꾸미는 것을 금지하여, 치장을 못하게 하고, 부녀자들이 평소 하는 일을 줄여주어서, 누에치는 일을 권면한다.

① ○東鄕躬桑.

補註 鄭註: 東鄕者, 鄕時氣也. 是明其不常留養蠶也.

번역 정현의 주에서 말하길, 동향(東鄕)이라는 것은 그 시기의 기운을 맞이하는 것이다. 이것은 후비가 항상 누에치는 일에만 매달려 있지 않음을 드러낸 것이다.

「월령」 56장

①蠶事旣登, 分繭, 稱絲效功, 以共郊廟之服, 毋有敢惰.

번역 계춘의 달에 누에치는 일이 이윽고 끝나게 되면, 천자의 후비는 아녀자들에게 누에고치를 분배하여 실을 자아내게 하되, 그 양의 많고 적은 차이로 공의 높고 낮음을 삼고, 이렇게 제작된 실로 교묘(郊廟)¹⁾에서 사용하는 제복을 만들게 하니, 아녀자들이 감히 게으름을 피게 해서는 안 된다.

① ○蠶事[止]敢惰.

補註 鄭註: 敕往蠶者, 蠶畢將課功, 以勸戒之.

번역 정현의 주에서 말하길, 이전에 누에치던 일에 칙명을 내렸던 것은 누에치는 일이 끝나면 장차 각자의 공적을 매겨서 권면하고 삼가도록 한 것이다.

補註 ○按: 孟夏有蠶畢之文, 此說恐是.

번역 ○살펴보니, 맹하의 기록에는 누에치는 일이 끝났다는 기록²⁾이 있으니, 아마도 이 주장이 옳은 것 같다.

---

1) 교묘(郊廟)는 고대에 천자가 천지(天地) 및 조상에게 제사지내던 제례(祭禮)를 가리키기도 하며, 그러한 제례가 이루어지는 장소 및 그 때 사용되는 음악을 가리키기도 한다. '교묘'에서의 교(郊)자는 천지에 대한 제사를 뜻하는데, 천(天)에 대한 제사는 '남쪽 교외[南郊]'에서 시행되었고, 지(地)에 대한 제사는 '북쪽 교외[北郊]'에서 시행되었다. 그렇기 때문에 '교'자가 천지에 대한 제사를 뜻하게 된 것이다. '묘(廟)'자는 종묘(宗廟)를 뜻하므로, 선조에 대한 제사를 가리킨다. 따라서 '교묘'라고 용어가 천지 및 조상신에 대한 제사를 뜻하게 된다. 『서』「우서(虞書)·순전(舜典)」편에는 "汝作秩宗."이라는 기록이 있는데, 이에 대한 공안국(孔安國)의 전(傳)에서는 "秩, 序. 宗, 尊也. 主郊廟之官."이라고 풀이하였고, 이 문장에 나오는 '교묘'에 대해 공영달(孔穎達)의 소(疏)에서는 "郊謂祭天南郊, 祭地北郊. 廟謂祭先祖, 卽周禮所謂天神人鬼地祇之禮是也."라고 풀이하였다.
2) 『예기』「월령(月令)·맹하(孟夏)」: 蠶事畢, 后妃獻繭, 乃收繭稅, 以桑爲均, 貴賤長幼如一, 以給郊廟之服.

「월령」 57장

工師, 百工之長也. 五庫者, 金鐵爲一庫, 皮革筋爲一庫, 角齒
爲一庫, 羽箭幹爲一庫, 脂膠丹漆爲一庫. ①視諸物之善惡皆
有舊法, 謂之量, 一說多寡之數也. 審而察之, 故云審五庫之量
也. 幹者, 諸器所用之木材也.

번역 공사(工師)는 백공들의 우두머리이다. 다섯 창고라는 것은 동과 철을 보관하는 곳이 하나의 창고가 되고, 가죽과 무두질한 가죽과 동물의 힘줄 부위를 보관하는 곳이 하나의 창고가 되며, 동물의 뼈와 이빨을 보관하는 곳이 하나의 창고가 되고, 깃털과 화살을 만드는 데 쓰는 작은 대나무와 활대를 만드는 데 쓰는 나무를 보관하는 곳이 하나의 창고가 되며, 나무를 붙일 때 사용하는 끈끈한 액체인 아교와 붉은 염료와 옻칠하는 염료를 보관하는 곳이 하나의 창고가 된다. 뭇 사물들의 품질에 대해 좋고 나쁜 정도를 살피는 데에는 모두 옛날부터 정해져 내려온 법도가 있었으니, 그것을 양(量)이라고 부른다. 일설에 양(量)은 많고 적은 수치를 뜻하니, 잘 살펴서 물건들의 좋고 나쁜 정도를 감찰하기 때문에, "다섯 종류의 창고에 보관된 물건들의 품질 및 수량을 살펴본다."라고 했다고 말한다. 간(幹)은 뭇 기물들을 만들 때에 사용되는 나무 재료이다.

① ○視諸物之[止]之量.

補註 鄭註: "量, 謂物善惡之舊法也." 疏曰: "言此等之物, 善惡先有舊法,
當審察之, 故云審五庫之量."

번역 정현의 주에서 말하길, "양(量)은 사물의 좋고 나쁜 차이를 감별해내는 옛 규범을 뜻한다."라고 했다. 소에서 말하길, "이러한 등등의 사물에 대해서 좋고 나쁜 차이를 감별할 때에는 그것에 대한 옛 규범이 있으니, 마땅히 이것을 자세히 살펴보아야 한다. 그렇기 때문에 다섯 창고에 대한 옛 규범을 살펴본다고 했다."라고 했다.

補註 ○按: 陳註蓋因古註而殊未瑩. 一說多寡之數云者, 似長.

번역 ○살펴보니, 진호의 주는 아마도 옛 주에 기인한 것이지만 명확하지 못한 점이 있다. 일설에서 많고 적은 수량을 뜻한다고 한 말이 아마도 더 나은 것 같다.

「월령」 58장

> 百工咸理, ①監工日號, 毋悖於時, 毋或作爲淫巧, 以蕩上心.

번역 계춘의 달에 백공들이 모두 제각각 맡은 작업을 하게 되면, 공사(工師)가 백공들의 작업을 감독하면서, 날마다 호령하길, "기물을 만듦에는 정해진 때를 거스르지 않게 하며, 혹여 기물 만든 것이 지나치게 기교를 부린 것이 되어, 군주의 마음을 사치한 쪽으로 흘러가게 해서는 안 된다."라고 한다.

① 監工.

補註 疏曰: 監工之官, 蓋言工師.

번역 소에서 말하길, 백공들을 감독하는 관리는 아마도 공사(工師)를 말하는 것 같다.

> 此時百工皆各理治其造作之事, 工師監臨之, 每日號令, 必以二事爲戒, 一是造作器物, 不得悖逆時序. 如爲弓, 必①春液角, 夏治筋, 秋合三材, 寒定體之類是也. 二是不得爲淫過奇巧之器, 以搖動君心, 使生奢侈也.

번역 이 시기에 백공들이 모두 각자 공정작업의 일을 수행하게 되면, 공사가 그것을 감독하며, 매일 호령을 하는데, 반드시 이 두 가지로써 경계를 하니, 그 하나는 기물을 만듦에 정해진 때와 순서를 거스르지 않게 하는 것으로, 예를 들어 "활을 만듦에 반드시 봄에는 활의 몸체가 되는 동물의 뼈를 물속에 담가두고, 여름에는 동물의 뼈를 단단하게 동여 맬 동물의 힘줄을 다듬고, 가을에는 삼재(三材)[1]를 합하여 궁(弓)을 만들고, 겨울에는 가을에 만들어진 궁의 몸체를 단단히 고정한다."

라는 부류가 바로 이것이다. 다른 하나는 과도하게 기교를 부린 기물을 만들어서, 군주의 마음을 요동치게 하여, 군주로 하여금 사치함이 생기게 해서는 안 된다는 것이다.

① 春液角[止]寒定體.

補註 周禮·考工記文.

번역 『주례』「고공기(考工記)」의 기록이다.2)

補註 ○按: 液角, 謂浸液其角. 秋合三材, 言秋時陰陽氣調, 合膠漆絲之三材, 角在內面, 筋在外面, 幹在中. 寒定體, 言冬氣凝寒, 物皆牢實, 故內之檠中, 使弓體堅强.

번역 ○살펴보니, '액각(液角)'은 뼈를 담가둔다는 뜻이다. '추합삼재(秋合三材)'는 가을에는 음기와 양기가 조화를 이루어 아교, 옻, 실이라는 세 가지 재료를 합하게 되는데, 뼈는 내면에 있게 되고 힘줄은 외면에 있게 되며 목재는 중간에 있게 된다는 뜻이다. '한정체(寒定體)'는 겨울에는 기운이 응결되고 추우니 사물들은 모두 견고하게 뭉쳐진다. 그렇기 때문에 활의 틀에 넣어서 활의 몸체를 견고하고 강하게 만든다는 뜻이다.

---

1) 삼재(三材)는 활을 만들 때 사용되는 세 가지의 재료를 뜻한다. 구체적으로는 이어 붙일 때 사용하는 아교, 연결할 때 사용하는 실, 옻칠하는 염료를 가리킨다. 『주례』「동관고공기(冬官考工記)·궁인(弓人)」편에 정현의 주에서 "三材, 膠絲漆者."라고 풀이하였다.
2) 『주례』「동관고공기(冬官考工記)·궁인(弓人)」: 凡爲弓, 冬析幹, 而春液角, 夏治筋, 秋合三材. 寒奠體.

「월령」 60장

참고-經文

是月也, 乃合累牛騰馬, 遊牝於牧, 犧牲駒犢, ①擧書其數.

번역 계춘의 달에는 곧 매어 두었던 황소와 발정나서 날뛰는 수말을 모아서, 암컷들을 방목하는 곳에서 암컷들과 교접을 붙여 번식하게 하고, 그 중에서 희생으로 쓸 것과 새로 낳은 망아지와 송아지들은 모두 그 수량을 기록해둔다.

① 擧書其數.

補註 疏曰: 旣遊牝於牧畜, 皆在野, 犧牲駒犢, 皆書其見在之數. 所以然者, 至秋畜産入時, 知其不欠少與否, 及舊數外, 生息之多少.

번역 소에서 말하길, 방목하는 곳에 암컷들을 노닐게 하였으니, 모두 야외에 있게 되는 것이며, 희생물로 쓸 것과 새로 낳은 망아지와 송아지에 대해서는 모두 현재 있는 수치를 기록하는 것이다. 이처럼 하는 이유는 가을이 되어 방목하고 새로 낳은 것들을 들이는 시기가 되면 이전의 것보다 적어졌는지 여부와 이전에 기록해둔 것 외에 새로 생산한 것의 수량을 알 수 있기 때문이다.

「월령」 61장

참고-經文

①命國難九門, 磔攘, 以畢春氣.

번역 계춘의 달에 천자는 수도의 관리들에게 명령하여, 구문에서 역귀를 쫓는 나(難) 의식을 시행하게 하니, 희생물을 갈라 재앙을 털어내서 봄의 사악한 기운 작용을 끝나게 만든다.

① ○命國難.

補註 鄭註: 此難, 難陰氣也.
번역 정현의 주에서 말하길, 여기에서의 나(難)는 음기를 내쫓는 것이다.

補註 ○下文仲秋: "天子乃難." 鄭註: "此難, 難陽氣也." 季冬: "命有司大難." 鄭註: "此難, 難陰氣也."
번역 ○아래문장 중 중추에 대한 기록에서는 "중추의 달에 천자는 나(難) 의식을 거행한다."[1]라고 했고, 정현의 주에서는 "여기에서의 나(難)는 양기를 내쫓는 것이다."라고 해다. 또 계동에 대한 기록에서는 "계동의 달에 천자는 유사에게 명령하여 대나(大難)를 거행한다."[2]라고 했고, 정현의 주에서는 "여기에서의 나(難)는 음기를 내쫓는 것이다."라고 했다.

補註 ○字彙: 難, 與儺同.
번역 ○『자휘』에서 말하길, '나(難)'자는 나(儺)자와 동일하다.

---

1) 『예기』「월령(月令)·중추(仲秋)」: 天子乃難, 以達秋氣. 以犬嘗麻, 先薦寢廟.
2) 『예기』「월령(月令)·계동(季冬)」: 命有司大難, 旁磔, 出土牛, 以送寒氣.

補註 ○按: 小註方說以仲秋之難, 亦謂之難陰慝, 與鄭註異.

번역 ○살펴보니, 소주에서 방씨는 중추 때의 나(難) 또한 음기의 간특함을 내쫓는 것이라고 했으니, 정현의 주와는 차이가 난다.

「월령」 68장

①其蟲羽, 其音徵, 律中中呂, 其數七, 其味苦, 其臭焦, 其祀竈, 祭先肺.

번역 맹하에 해당하는 생물은 깃털이 달린 종류이며, 오음 중에서 맹하에 해당하는 음은 치(徵)이며, 십이률 중에서 맹하의 기후에 반응하는 율관은 음률(陰律)인 중려(中呂)에 해당하고, 맹하에 해당하는 수는 7이며, 오미 중에서 맹하에 해당하는 맛은 쓴맛이고, 오취 중에서 맹하에 해당하는 냄새는 탄내이며, 오사 중에서 맹하에 해당하는 사는 조(竈)이고, 제사를 지낼 때에는 희생물의 폐장을 먼저 바친다.

① ○其蟲羽.

補註 楊梧曰: 南方井·鬼·柳·星·張·翼·軫七宿, 有朱雀之象. 凡物之有羽者屬火, 故夏則其蟲羽.

번역 양오가 말하길, 남쪽 하늘에는 정수(井宿)·귀수(鬼宿)·류수(柳宿)·성수(星宿)·장수(張宿)·익수(翼宿)·진수(軫宿)라는 일곱 별자리가 있고, 주작의 형상을 하고 있다. 사물 중 날개를 가진 것들은 화(火)에 속한다. 그렇기 때문에 여름에 대해서 해당하는 생물은 깃털이 달린 것이라고 했다.

蔡邕獨斷曰: 竈, 夏爲太陽, 其氣長養. ①祀竈之禮, 在廟門外之東. ②先席于門奧, 面東, 設主于竈陘也.

번역 채옹의 『독단』에서 말하길, 부엌은 여름에 태양이 되니, 그 기운이 장대해지고 성숙된다. 부엌에 제사를 지내는 예법은 묘의 문밖 동쪽에서 지낸다. 먼저 문 아랫목 쪽에 자리를 깔고, 동쪽을 바라보며, 부엌의 돌출된 부위에 신주를 설치한다.[1]

① 祀竈[止]之東.

補註 鄭註: 竈, 在廟門外之東.
번역 정현의 주에서 말하길, 부엌은 묘의 문밖 동쪽에 위치한다.

② 先席[止]陘也.

補註 疏曰: 先席于門奧, 謂廟門外西室之奧, 以神位在西, 故知在西室之奧, 面東設主, 謂設主之人東面也. 竈陘, 謂竈邊承器之物, 以土爲之.
번역 소에서 말하길, 먼저 문의 아랫목에 자리를 깐다는 것은 묘문 밖의 서쪽 실 아랫목을 뜻하니, 신주의 자리는 서쪽에 놓이기 때문에 서쪽 실의 아랫목이라는 사실을 알 수 있고, '면동설주(面東設主)'라는 것은 신주를 설치하는 사람이 동쪽을 바라본다는 뜻이다. 조형(竈陘)은 부엌 변두리에 물건들을 받들도록 하는 사물로 흙을 쌓아서 만든다.

---

1) 『독단』「오사지별명(五祀之別名)」: 竈, 夏爲太陽, 其氣長養, 祀之於竈. 祀竈之禮, 在廟門外之東, 先席于門奧, 面東, 設主于竈陘也.

「월령」 69장

①螻蟈鳴, 蚯蚓出, 王瓜生, 苦菜秀.

번역 맹하에는 청개구리가 울고, 지렁이가 땅밖으로 나오며, 왕과(王瓜)라는 식물이 생겨나고, 고채(苦菜)라는 식물이 영글게 된다.

① 螻蟈鳴.

補註 鄭註: 螻蟈, 蛙也.

번역 정현의 주에서 말하길, 누괵(螻蟈)은 개구리이다.

補註 ○陸音: 蔡云, "螻, 螻蛄. 蟈, 蛙也."

번역 ○육덕명의 『음의』에서 말하길, 채씨는 "누(螻)는 땅강아지이다. 괵(蟈)은 개구리이다."라고 했다.

此記巳月之候. 王瓜, 注云①萆挈, 本草作菝葜, 音同. 謂之瓜者, 以根之似也. 亦可釀酒.

번역 이것은 4월의 기후 조짐을 기록한 것이다. 왕과(王瓜)라는 식물에 대해 정현의 주에서는 '비설(萆挈)'이라는 식물로 풀이했고, 『본초』에서는 '발계(菝葜)'라는 식물로 기록하고 있는데, 고대의 음운학으로 보면 음이 같다. 그런데 왕과라고 할 때, 그 식물에 과(瓜)자를 붙여서 부르는 이유는 그것의 뿌리가 오이와 유사하기 때문이다. 왕과라는 식물로는 또한 술을 빚을 수 있다.

① 萆挈.

補註 字彙: 萆音卑, 又音㢩.
번역 『자휘』에서 말하길, '萆'자의 음은 '卑(비)'이며, 또한 '㢩(필)'도 된다.

「월령」 75장

是月也, ①繼長增高, 毋有壞墮, 毋起土功, 毋發大衆, 毋伐大樹.

번역 맹하의 달에는 자연의 기운이 생물들 중에서 장성한 것들은 계속해서 장성하게 만들고, 큰 것들은 더욱 더 커지게 하니, 무너트리고 부서트리는 경우가 생기지 못하게 하고, 토공(土功)[1]을 일으키지 못하게 하며, 대중들의 노동력을 일으키지 못하게 하고, 큰 나무를 베지 못하게 한다.

① 繼長增高.

補註 疏曰: 是月草木蕃廡, 王者施化, 當繼續長養之道, 謂勸民長養. 增益高大之物, 謂勸其種植也.

번역 소에서 말하길, 이 달에 초목은 우거지고 무성해지니 천자의 교화는 마땅히 장성하게 커지는 도리에 계속 이어나가야 하니, 백성들이 더 장성해지도록 권면한다는 의미이다. 또한 높고도 큰 사물을 더욱 높고 커지게 하니, 파종하고 심는 일을 권면한다는 의미이다.

---

1) 토공(土功)은 치수(治水) 사업을 하거나 성곽을 축조하거나 궁궐 등을 건설하는 일련의 공사를 지칭한다. 『서』「우서(虞書)·익직(益稷)」편에는 "啓呱呱而泣, 予弗子, 惟荒度土功."이라는 기록이 있는데, 이에 대한 공안국(孔安國)의 전(傳)에서는 "聞啓泣聲, 不暇子名之, 以大治度水土之功故."라고 풀이하였다.

長者繼之而使益長, 高者增之而使益高. 壞墮則傷已成之氣, 起土功, 發大衆, 皆妨蠶農之事, 故禁止之. 伐樹, 則傷條達之氣, 故亦在所禁. ①一說伐大木, 謂營宮室.

번역 생물들 중에서 장성한 것들은 장성하게 되는 작용을 계속 잇도록 하여, 그 생물로 하여금 장성함을 증가시켜주고, 큰 것들은 그 크게 되는 작용을 계속 늘려주어서, 그 생물로 하여금 커짐을 증가시켜준다. 무너트리고 부서트리는 것은 이미 성숙해진 기운을 손상시키는 것이며, 토공을 일으키고, 대중들의 노동력을 일으키는 것들은 모두 누에치고 농사짓는 일들을 방해하는 것이니, 그렇기 때문에 금지하는 것이다. 나무를 벌목하는 것은 두루 펴지는 기운을 손상시키는 것이기 때문에, 또한 금지시키는 항목에 들어가는 것이다. 일설에 큰 나무를 벌목하는 것은 궁실 짓는 것을 뜻한다고 한다.

① 一說伐大木.

補註 木, 當作樹.
번역 '목(木)'자는 마땅히 수(樹)자로 기록해야 한다.

「월령」 90장

此記午月之候. 小暑, 暑氣未盛也. 螳螂, 一名斥父, 一名天馬, 言其飛捷如馬也. ①鵙, 博勞也. 反舌, 百舌鳥. 凡物皆稟陰陽之氣而成質, 其陰類者宜陰時, 陽類者宜陽時, 得時則興, 背時則廢. ②疏又以反舌爲蝦蟇, 未知是否.

번역 이것은 5월의 기후 조짐을 기록한 것이다. 소서는 무더운 기운이 아직 왕성하지 않은 것이다. 사마귀는 일명 기보(斥父)라고도 부르고, 일명 천마(天馬)라고도 부르는데, 그 재빠름이 말과 같음을 뜻한다. 격(鵙)은 박로(博勞)라는 새이다. 반설(反舌)은 백설조(百舌鳥)라는 새이다. 무릇 만물은 모두 음양의 기운을 품수 받아서 그 바탕을 이루니, 만물 중 음한 부류의 것들은 음의 시기에 호응하고, 양한 부류의 것들은 양의 시기에 호응하니, 적절한 시기를 얻게 되면, 흥성하게 되고, 시기를 위배하게 되면, 폐망하는 것이다. 소에서는 또한 반설(反舌)을 하마(蝦蟇)로 여겼는데, 옳은지 그른지는 잘 모르겠다.

① ○鵙博勞也.

補註 按: 博勞, 一作伯勞.
번역 살펴보니, '박로(博勞)'는 백로(伯勞)라고도 기록한다.

② 疏又以反舌爲蝦蟇.

補註 按: 鄭註以反舌爲百舌鳥, 疏從之, 而其云蝦蟇者, 特引或說, 以明其不然耳, 陳註欠明.
번역 살펴보니, 정현의 주에서는 반설(反舌)을 백설조(百舌鳥)라고 여겼고, 소에서도 그에 따랐는데, 하마(蝦蟇)라고 말한 것은 특별히 혹자의 견해를 인용하여 그렇지 않음을 나타낸 것일 뿐이니, 진호의 주는 다소 불명확하다.

補註 ○疏本文曰: 蔡云, "反舌, 蠅也. 今謂之蝦蟆, 其舌本前著口側而末向內, 故謂之反舌." 曰誠如此言蝦蟆, 五月中始得水, 適當聒人耳, 何反無聲? 反舌鳥春始鳴, 至五月稍止, 其聲數轉, 故名反舌.

번역 ○소의 본문에서 말하길, 채씨는 "반설(反舌)은 개구리이다. 지금은 이것을 하마(蝦蟆)라고 부르는데, 그 혀의 뿌리는 앞부분이 입의 측면에 붙어 있고 끝은 안쪽을 향해 있다. 그렇기 때문에 반설(反舌)이라고 부른다."라고 했다. 만약 진실로 이와 같이 개구리라고 한다면 5월에는 비로소 물을 만나 사람들의 귀를 시끄럽게 만드는데 어찌 도리어 소리가 없어진다고 하는가? 반설조는 봄에 비로소 울기 시작하지만 5월이 되면 점차 소리를 그치니 그 소리의 빈도가 전환되기 때문에 반설(反舌)이라고 부르는 것이다.

「월령」 92장

①養壯佼.

번역 중하의 달에 천자는 신체가 장대하고 용모가 빼어난 자들을 양성한다.

① 養壯佼.

補註 通解曰: 此句, 當屬上章擧長大之下.

번역 『통해』에서 말하길, 이 구문은 마땅히 앞의 문장 중 거장대(擧長大)라고 한 구문 뒤에 이어져야 한다.

「월령」 93장

참고-經文

是月也, 命樂師, 修鞀①鞞鼓, 均琴瑟管籲, 執干戚戈羽, 調竽笙篴簧, 飭鐘磬柷敔.

번역 중하의 달에 천자는 악사에게 명령하여, 가죽으로 된 타악기인 도(鞀)·비(鞞)·고(鼓)를 손질하게 하고, 현악기인 금(琴)·슬(瑟)과 관악기인 관(管)·소(簫)의 음을 고르게 맞추며, 무용도구인 간(干)·척(戚)·과(戈)·우(羽)를 잡고서 익숙해지도록 하고, 관악기인 우(竽)·생(笙)·지(篴)와 이것들의 부속품격인 황(簧)의 소리를 조율하며, 쇠붙이로 된 타악기 종(鐘), 돌로 된 타악기 경(磬), 음악의 시작을 알리는 축(柷), 음악의 끝맺음을 맞추는 어(敔)를 엄밀하게 손질한다.

① ○鞞.

補註 字彙: 鞞, 與鼙同.

번역 『자휘』에서 말하길, '비(鞞)'자는 비(鼙)자와 같다.

참고-集說

凡十九物, 皆樂器也. 鞀鞞鼓三者, 皆革音. 鞀, 卽鼗也. 鞞, 所以裨助鼓節. 琴瑟, 皆絲音. 管簫, 皆竹音. 管, 如篴而小. 干戚戈羽, 皆舞器. 干, 盾, 戚, 斧也. 竽笙篴, 皆竹音. ①竽三十六簧, 笙十三簧, ②篴卽篪也, 長尺四寸. 簧笙之舌, 蓋管中之金薄鍱也. 竽笙篴三者, 皆有簧也. 鐘, 金音, 磬, 石音, 柷敔, 皆木音. 柷, 如漆桶, 敔, 狀如伏虎. 柷以合樂之始, 敔以節樂之終. 修者, 理其弊, 均者, 平其聲, 執者, 操持習學, 調者, 調和音曲, 飭者, 整治之也. 以將用盛樂雩祀, 故謹備之.

번역 무릇 경문에 나온 19가지 기물은 모두 악기들이다. 도(鞉)·비(鞞)·고(鼓) 세 가지는 모두 가죽으로 만든 악기이다. 도(鞉)는 곧 도(鼗)라고 부르는 악기이다. 비(鞞)는 작은 북의 일종으로 큰 북인 고(鼓)가 울리는 마디 사이를 보조하는 도구이다. 금(琴)과 슬(瑟)은 현으로 만든 악기이다. 관(管)은 적(篴)이라는 악기와 같은 것이나 보다 크기가 작다. 간(干)·척(戚)·과(戈)·우(羽)는 모두 무용 도구들이다. 간(干)은 방패모양의 도구이고, 척(戚)은 도끼모양의 도구이다. 우(竽)·생(笙)·지(箎)는 모두 대나무로 만든 악기이다. 우(竽)는 36개의 황(簧)으로 되어 있고, 생(笙)은 13개의 황(簧)으로 되어 있으며, 지(箎)는 곧 지(篪)라고 부르는 악기인데, 그 길이가 1척 4촌이다. 가는 피리의 부리 부분에 설치하여, 진동을 내는 혀부위는 무릇 피리관 속에 쇠로 된 얇은 조각으로 되어 있다. 우(竽)·생(笙)·지(箎) 세 가지에는 모두 황(簧)이 포함되어 있다. 종(鐘)은 금속으로 만든 악기이고, 경(磬)은 돌로 만든 악기이며, 축(柷)과 어(敔)는 모두 나무로 만든 악기들이다. 축(柷)은 옻칠을 한 통과 같이 생겼고, 어(敔)는 엎드려 있는 호랑이와 같이 생겼다. 축(柷)으로는 음악의 시작을 합치시키는 것이며, 어(敔)로는 음악의 끝맺음을 맞추는 것이다. 수(修)라는 것은 해진 부위를 손질하는 것이며, 균(均)이라는 것은 그 소리를 일정하게 만드는 것이고, 집(執)이라는 것은 무용도구들을 손에 쥐고 익히는 것이며, 조(調)라는 것은 음악의 가락을 조화롭게 만드는 것이고, 칙(飭)이라는 것은 정밀하게 손질하는 것이다. 이러한 악기들과 무용도구들은 장차 성대한 음악을 사용하여 기우제를 지내려 하기 때문에,[1] 열심히 정비하는 것이다.

① 竽三十六簧笙十三簧.

補註 疏曰: 列管瓠中施簧, 管端.

번역 소에서 말하길, 피리관을 나열하고 그 안에 황(簧)을 설치하니, 피리관의 끝단이다.

---

1) 『예기』 「월령(月令)·중하(仲夏)」: 命有司, 爲民祈祀山川百源, <u>大雩帝, 用盛樂</u>.

② 箎卽篪也.

補註 詩朱子註: 篪長尺四寸, 圍三寸, 七孔, 一孔上出, 徑三分, 凡八孔, 橫吹之.
번역 『시』에 대한 주자의 주에서 말하길, 지(篪)의 길이는 1척 4촌이고 둘레는 3촌이며 7개의 구멍이 있고 1개의 구멍은 위에 있고 지름은 3분이며 총 8개의 구멍이 있는데 가로로 분다.

참고─大全

嚴陵方氏曰: 鞉鞞鼓之與①鐘磬柷敔, 其聲質而一, 故修飭之
而已. 琴瑟管簫竽笙箎簧, 其聲文而雜, 則必均調之焉. 干戚戈
羽, 以無聲, 特執之待用, 可也.

번역 엄릉방씨가 말하길, 도(鞉)·비(鞞)·고(鼓)와 종(鐘)·경(磬)·축(柷)·어(敔)는 그 소리가 질박하고 단일하기 때문에, 손질하고 정비하는 것일 따름이다. 금(琴)·슬(瑟)·관(管)·소(簫)·간(竽)·생(笙)·지(箎)·황(簧)은 그 소리가 화려하고 복잡하니, 반드시 고르게 하고 조율하는 것이다. 간(干)·척(戚)·과(戈)·우(羽)는 무용도구로 소리를 내는 것이 없기 때문에, 다만 손에 잡아보고 이상이 없는지만 살펴봐서, 실제로 사용할 때까지 놔둬도 괜찮다.

① 鍾磐.

補註 磐, 是磬之誤.
번역 '반(磐)'자는 경(磬)자의 오자이다.

「월령」 94장

命有司, 爲民①祈祀山川百源, 大雩帝, 用盛樂.

번역 중하의 달에 천자는 유사에게 명령하여, 백성들을 위해 모든 물의 근원지가 되는 산천에 제사를 지내고, 상제에게 크게 기우제를 지내며, 성대한 음악을 사용한다.

① 祈祀山川[止]雩帝.

補註 鄭註: 必先祭其本, 乃雩.

번역 정현의 주에서 말하길, 반드시 비가 내리게 하는 본원에 먼저 제사를 지내고, 이어서 곧 기우제를 지내는 것이다.

山者, 水之源, 將欲禱雨, 故先祭其本源. ①三王祭川, 先河後海, 示重本也. 雩者, 吁嗟其聲以求雨之祭. 周禮女巫凡邦之大災, 歌哭而請, 亦其義也. 帝者, 天之主宰. 盛樂, 卽韜鞞以下十九物並奏之也.

번역 산이라는 것은 물의 근원지이니, 장차 비를 기원하는 제사를 지내고자 하기 때문에, 우선적으로 그 본원지에 제사를 지내는 것이다. 삼왕이 천(川)에 제사를 지낼 때 하(河)에 먼저 지내고 해(海)에 대해서는 이후에 지낸 것은 본원에 대해 중시함을 드러낸 것이다. 우(雩)라는 것은 기원하는 목소리를 간절하게 자아내며 비를 구하는 제사이다. 『주례』「여무(女巫)」편에서 "무릇 나라의 큰 재앙에 울부짖으며 청원한다."[1]고 한 것 또한 이러한 의미이다. 상제라는 것은 하늘의 주재자이다. 성대한 음악은 곧 앞 문장에서 말한 도(韜)·비(鞞) 이하의 19가지 기물을 사용하여 함께 연주하는 것이다.

① 三王[止]後海.

補註 學記文.

번역 『예기』「학기(學記)」편의 기록이다.2)

---

1) 『주례』「춘관(春官)・여무(女巫)」: 凡邦之大災, 歌哭而請.

2) 『예기』「학기(學記)」: 三王之祭川也, 皆先河而後海, 或源也, 或委也. 此之謂
務本.

「월령」95장

참고-經文

①乃命百縣, 雩祀百辟卿士有益於民者, 以祈穀實.

번역 중하의 달에 천자는 곧 수도에 소속된 읍들인 백현에 명령하여, 상공(上公)[1]·구룡(句龍)[2]·후직(后稷)[3] 등과 같이 백벽(百辟)[4]과 경사(卿士)[5]들 중에

---

[1] 상공(上公)은 오행(五行)을 주관하는 신(神)을 뜻한다. 『춘추좌씨전』「소공(昭公) 29년」편에는 "故有五行之官, 是謂五官, 實列受氏姓, 封爲上公, 祀爲貴神. 社稷五祀, 是尊是奉. 木正曰句芒, 火正曰祝融, 金正曰蓐收, 水正曰玄冥, 土正曰后土."라는 기록이 있다. 이 기록에 따르면, 목(木), 화(火), 토(土), 금(金), 수(水)를 주관하는 신은 구망(句芒), 축융(祝融), 욕수(蓐收), 현명(玄冥), 후토(后土)가 되는데, 이들을 '상공'으로 부르기도 한다. 한편 후대에는 토정(土正)인 '후토'만을 '상공'으로 지칭하기도 했다.

[2] 구룡(句龍)은 공공(共工)의 아들이었다고 전해지며, 치수 사업을 잘했던 인물이다. 후세에는 그를 후토(后土)의 신(神)으로 여겨서, 그에게 제사를 지내기도 했다. 『춘추좌씨전』「소공(昭公) 29년」편에는 "共工氏有子曰句龍, 爲后土."라는 기록이 있다.

[3] 후직(后稷)은 전설상의 인물이다. 주(周)나라의 선조(先祖) 중 한 사람이다. 강원(姜嫄)이 천제(天帝)의 발자국을 밟고 회임을 하여 '후직'을 낳았는데, 불길하다고 생각하여 버렸기 때문에, 이름을 기(棄)로 지어졌다 한다. 이후 순(舜)이 '기'를 등용하여 농사를 담당하는 신하로 임명해서, 백성들에게 농사짓는 법을 가르쳤기 때문에, '후직'으로 일컬어지게 되었다. 『시』「대아(大雅)·생민(生民)」편에는 "厥初生民, 時維姜嫄. …… 載生載育, 時維后稷."이라는 기록이 있다. 한편 농사를 주관하는 관리를 '후직'으로 부르기도 한다.

[4] 백벽(百辟)은 모든 제후들을 총칭하는 용어이다. '백벽'의 '백(百)'은 '모든'이라는 뜻이고, '벽(辟)'자는 제후를 뜻한다. 『국어(國語)』「노어상(魯語上)」편에는 "其周公太公及百辟神祇實永饗而賴之."라는 기록이 있는데, 이에 대한 위소(韋昭)의 주에서는 "辟, 君也."라고 풀이하였다.

[5] 경사(卿士)는 주(周)나라 때 주왕조의 정사(政事)를 총감독했던 직위이다. 육경(六卿)과 별도로 설치되었으며, 육관(六官)의 일들을 총감독했다. 『시』「소아(小雅)·십월지교(十月之交)」편에는 "皇父卿士, 番維司徒."라는 기록이 있는데, 이에 대한

서 백성에게 유익한 일을 했던 자들에게 기우제를 지내게 하여, 곡식이 잘 여물도록 기원하게 한다.

① 乃命百縣[止]民者.

補註 鄭註: 天子雩上帝, 諸侯以下雩上公.

번역 정현의 주에서 말하길, 천자는 상제에게 기우제를 지내고 제후로부터 그 이하의 자들은 상공에게 기우제를 지낸다.

주희(朱熹)의 『집주(集注)』에서는 "卿士, 六卿之外, 更爲都官, 以總六官之事也." 라고 풀이하였으며, 『춘추좌씨전』 「은공(隱公) 3년」 편에는 "鄭武公莊公爲平王卿 士."라는 기록이 있는데, 이에 대한 두예(杜預)의 주에서는 "卿士, 王卿之執政者." 라고 풀이하였다.

「월령」 96장

참고―經文

是月也, ①農乃登黍, 天子, ②乃以雛嘗黍, ③羞以含桃, 先薦
寢廟.

번역 중하의 달에는 농부가 곧 기장을 바치니, 천자는 곧 어린새고기를 곁들여서, 기장을 맛보며, 진수성찬을 차리며 앵두를 곁들이는데, 우선적으로 침묘에 먼저 바친다.

① ○農乃登黍.

補註 按: 古經此一句, 在是月也上, 穀實下, 而陳氏移于此.

번역 살펴보니, 『고경』에서는 이 구문을 '시월야(是月也)' 앞과 '곡실(穀實)' 뒤에 배치하였는데, 진호가 이곳으로 구문을 옮겨 기록한 것이다.

② 乃以雛.

補註 呂氏春秋, 雛, 作鷄, 淮南子作雉.

번역 『여씨춘추』에서는 '추(雛)'자를 계(鷄)자로 기록했고, 『회남자』에서는 치(雉)자로 기록했다.

③ 羞以含桃[止]寢廟.

補註 疏曰: 諸月無薦果之文, 此獨羞含桃者, 以此果先成, 異於餘物, 故特記之, 其實諸果於時薦.

번역 소에서 말하길, 여러 달의 기록에는 과실을 바친다는 문장이 없는데, 이곳에서는 유독 음식에 앵두를 포함하고 있다. 그 이유는 이 과실은 먼저 익어서 다른 사물들과 차이를 보인다. 그렇기 때문에 특별히 기록한 것이니, 실제로 여러 과실들은 각 계절마다 바치게 된다.

「월령」 102장

①挺重囚, 益其食.

번역 중하의 달에는 감옥에 갇혀 있는 죄수들 중에서, 중죄인은 구속하고 있는 수갑 등을 풀어주고, 그가 먹는 식사량을 더 늘려준다.

① ○挺重囚.

補註 鄭註: 挺, 猶寬也.
번역 정현의 주에서 말하길, 정(挺)자는 관대하게 대한다는 뜻이다.

「월령」104장

是月也, ①日長至, 陰陽爭, ②死生分.

번역 중하의 달에는 하지가 있어서 해가 길어짐이 지극해지고, 이전에는 양이 주도를 했지만, 그 기운이 극성해져서 음의 기운이 발생하므로, 음양이 서로 다투게 되고, 양기에 감응하여 성장하는 것도 있고, 음기에 감응하여 이미 다 자란 것들은 죽어버리니, 생사가 갈라진다.

① ○日長至.

補註 沙溪曰: 郊特牲, "郊之祭也, 迎長日之至也." 註, "冬至, 日短極而漸舒, 故云迎長日之至." 程子曰: "冬以長至." 皆與此不同.

번역 사계가 말하길, 『예기』「교특생(郊特牲)」편에서는 "교(郊)에서 하늘에게 제사를 지내는 이유는 해가 길어지게 됨을 맞이하기 위해서이다."[1]라고 했고, 주에서는 "동지 때 낮의 길이가 짧아진 것이 지극해졌다가 점진적으로 길어지게 된다. 그렇기 때문에 해가 길어지는 일이 도래하는 것을 맞이한다고 말한 것이다."라고 했다. 정자는 "겨울에 해가 점점 길어진다."라고 했는데, 이 모두는 이곳의 내용과 차이가 있다.

補註 ○按: 此至字, 及仲冬日短至之至字, 皆極至之至也. 郊特牲及程子說至字, 是來至之至也, 不必相妨.

번역 ○살펴보니, 여기에 나온 '지(至)'자 및 중동 때 '일단지(日短至)'[2]라고 했을 때의 지(至)자는 모두 지극하다고 했을 때의 지(至)자가 된다. 「교특생」 및 정자가 말한 지(至)자는 도래한다고 했을 때의 지(至)자이니, 반드시 서

---

1) 『예기』「교특생(郊特牲)」: 郊之祭也, 迎長日之至也.
2) 『예기』「월령(月令)·중동(仲冬)」: 是月也, 日短至, 陰陽爭, 諸生蕩.

로의 뜻이 저해되는 것은 아니다.

② 死生分.

補註 按: 夏至陽始消陰始生, 陳註恐失經意, 小註方說似長.

번역 살펴보니, 하지 때에는 양기가 비로소 사그라지기 시작하고 음기가 비로소 생겨나기 시작하니, 진호의 주는 아마도 경문의 본뜻을 놓친 것 같다. 소주에 나온 방씨의 주장이 더 나은 것 같다.

至, 猶極也. 夏至日長之極, 陽盡午中, 而①微陰眇重淵矣. 此陰陽爭辨之際也. 物之感陽氣而方長者生, 感陰氣而已成者死, 此死生分判之際也.

번역 지(至)자는 지극하다는 뜻이다. 하지는 해가 길어짐이 지극한 때이니, 양기는 12지 중에서 5월의 중간에서 다하게 되어, 미음(微陰)3)이 깊은 못 속에서 서서히 자라난다. 이것이 음양이 다투는 때이다. 만물 중에서 양기에 감응하여 바야흐로 장성해지는 것들은 계속해서 성장하고, 음기에 감응하여 이미 다 자란 것들은 죽으니, 이것이 생사가 갈라지는 때이다.

---

3) 미음(微陰)은 미약한 음기라는 뜻으로, 음기(陰氣)가 초생(初生)했을 때를 가리킨다. 또한 초생한 음기의 상태를 뜻하기도 한다. 『후한서(後漢書)』「화제기(和帝紀)」편에는 "有司奏, 以爲夏至則微陰起, 靡草死, 可以決小事."라는 기록이 있는데, 이에 대한 이현(李賢)의 주에서는 "五月一陰爻生, 可以言微陰."이라고 풀이했다. 즉 5월에는 하나의 음효(陰爻)가 생겨나서, '미음'이 되는 것이다. 그리고 『후한서』「노공전(魯恭傳)」편에도 "言君以夏至之日, 施命令止四方行者, 所以助微陰."이라는 기록이 있는데, 이에 대한 이현의 주에서는 "五月陰氣始生, 故曰微陰."이라고 하여, 5월에는 음기가 비로소 생겨나기 시작하기 때문에, '미음'이라고 부른다고 설명한다.

① 微陰眇重淵.

補註 按: 此朱子感興詩句, 而重淵, 卽重泉, 唐時避高祖諱, 稱重泉.

번역 살펴보니, 이것은 주자의 「감흥시」 구절인데, 중연(重淵)은 중천(重泉)에 해당한다. 당나라 때에는 고조의 휘를 피하기 위해서 '중천(重泉)'이라 칭했다.

「월령」 105장

君子齊戒, ①處必掩身, 毋躁, 止聲色, 毋或進, 薄滋味, 毋致
和, 節耆欲, 定心氣.

번역 중하의 달에는 양기와 음기가 다투고 생사가 갈라지기 때문에, 군자는 재계를
하고, 거처함에도 반드시 몸을 가려 드러내지 않게 하여, 경솔히 행동하지 않게 하
고, 음란한 소리와 여색 밝히는 것들을 그만두어, 혹시라도 그런 곳에 나아가지 않
게 하고, 음식은 좋은 맛내기를 적게 하여, 맛의 조화부리기를 지극하게 하지 않게
하고, 좋아하고 욕망하는 것을 절제하여, 심기를 안정시킨다.

① 處必掩身.

補註 鄭註: 掩, 猶隱翳也.
번역 정현의 주에서 말하길, '엄(掩)'자는 감추고 가린다는 뜻이다.

「월령」 107장

참고–經文

鹿角解, 蟬始鳴, ①半夏生, ②木菫榮.

번역 중하의 달에는 사슴의 뿔이 빠지고, 매미가 비로소 울기 시작하며, 약초 중 반하(半夏)라는 것이 생겨나고, 무궁화가 꽃을 피운다.

① ○半夏生.

補註 鄭註: 半夏, 藥草.
번역 정현의 주에서 말하길, '반하(半夏)'는 약초의 이름이다.

② 木菫榮.

補註 按: 木菫, 槿也. 陸云: "一名舜華." 疏曰: "亦云王蒸, 其花朝生暮落."
번역 살펴보니, '목근(木菫)'이라는 것은 무궁화이다. 육덕명은 "일명 순화(舜華)라고도 부른다."라고 했다. 소에서는 "이를 또한 왕증(王蒸)이라고도 부르는데, 그 꽃은 아침에 피어나 저녁에 떨어진다."라고 했다.

「월령」110장

참고-經文

仲夏行冬令, 則①雹凍傷穀, 道路不通, 暴兵來至.

번역 만약 천자가 중하의 달에 중동에 집행해야 할 정령을 시행하게 된다면, 우박과 냉해가 곡식들을 해치며, 도로가 통하지 않게 되고, 폭병(暴兵)[1]이 들이닥친다.

① ○雹凍傷穀.

補註 按: 凍, 古今註無所釋, 而疑當從水邊. 字彙: "江東呼夏月暴雨爲凍."
번역 살펴보니, '동(凍)'자에 대해 고주와 금주에서는 풀이를 하지 않았는데, 아마도 수(氵)자 변으로 써야 할 것 같다. 『자휘』에서는 "강동 지역에서는 여름에 내리는 폭우를 동(凍)이라고 부른다."라고 했다.

---

1) 폭병(暴兵)은 뜻하지 않게 들이닥친 흉포한 군대를 뜻한다. 『오자(吳子)』「도국(圖國)」편에는 "凡兵之所起者有五. ……. 其名又有五, 一曰義兵, 二曰彊兵, 三曰剛兵, 四曰暴兵, 五曰逆兵."이라는 기록이 있다.

「월령」 115장

溫風始至, 蟋蟀居壁, ①<u>鷹乃學習</u>, 腐草爲螢.

번역 계하의 달에는 따뜻한 바람이 비로소 맹렬하게 불어오게 되고, 귀뚜라미가 태어나지만, 아직 날지 못해서 벽 속에 머물러 있으며, 매의 새끼가 나는 것을 익히기 시작하고, 썩은 풀이 반딧불로 변한다.

① ○鷹乃學習.

補註 鄭註: 謂攫搏也.

번역 정현의 주에서 말하길, 사냥을 익힌다는 뜻이다.

「월령」 117장

①命漁師, 伐蛟取鼉, 登龜取黿.

번역 계하의 달에 천자는 어사(漁師)¹⁾에게 명령하여, 이무기를 쳐서 죽이게 하고, 악어를 잡아들이도록 하며, 거북이를 잡아 올리게 하고, 자라를 잡아들이도록 한다.

① ○命漁師[止]取黿.

補註 鄭註: 四者甲類, 秋乃堅成. 周禮曰: "秋獻龜魚", 又曰: "凡取龜用秋時", 是夏之秋也. 作月令者, 以爲此秋據周之時也. 周之八月, 夏之六月, 因書於此, 似誤也.

번역 정현의 주에서 말하길, 이 네 가지 생물들은 껍질이 있는 부류로, 가을이 되면 껍질이 단단해진다. 『주례』에서는 "가을에는 거북이와 물고기를 바친다."²⁾라고 했고, 또 "거북이는 가을에 취한다."³⁾라고 했으니, 이것은 하나라 때의 가을이다. 「월령」을 기록한 자는 여기에서의 가을은 주나라 때의 계절을 근거했다고 여겼다. 주나라의 8월은 하나라의 6월로, 이로 인해 이곳에 서술한 것인데, 아마도 잘못된 것 같다.

---

1) 어사(漁師)는 물고기를 잡는 등 어업과 관련된 일들을 담당했던 관리이다. 『여씨춘추(呂氏春秋)』「계하기(季夏紀)」편에는 "是月也, 令漁師伐蛟, 取鼉, 升龜, 取黿."이라는 기록이 있는데, 이에 대한 고유(高誘)의 주에서는 "漁師, 掌魚官也."라고 풀이했다.

2) 『주례』「천관(天官)·별인(鼈人)」: 春獻鼈蜃, 秋獻龜魚.

3) 『주례』「춘관(春官)·귀인(龜人)」: 凡取龜用秋時, 攻龜用春時.

「월령」 119장

是月也, 命四監, ①大合百縣之秩芻, 以養犧牲. ②令民無不咸
出其力, ③以共皇天上帝名山大川四方之神, 以祠宗廟社稷之
靈, ④以爲民祈福.

번역 계하의 달에 천자는 산림과 천택을 담당하는 네 명의 감독관들에게 명령하여, 향(鄕)과 수(遂)에 있는 모든 현들에서 일정하게 공납하는 건초를 크게 취합하여, 희생물로 사용될 가축들을 사육하게 한다. 백성들로 하여금 그 힘을 모두 발휘하지 않는 경우가 없게 해서, 황천상제(皇天上帝)[1]와 명산(名山)[2] · 대천(大川)[3] 등 사방의 신들에게 제물을 바치게 하고, 종묘와 사직의 신령들에게 제사를 지내서, 이로써 백성들을 위하여 복 내려주기를 기도한다.

① ○大合百縣之秩芻.

補註 按: 諺讀秩下著吐誤, 當於芻下句絶.

번역 살펴보니, 『언독』에서는 '질(秩)'자 뒤에 토를 붙였으니 잘못된 것으로, 마땅히 추(芻)자 뒤에서 구문을 끊어야 한다.

---

1) 황천상제(皇天上帝)는 상제(上帝) 및 천제(天帝)를 뜻한다. 호천(皇天)은 천(天) 및 천신(天神)들을 총칭하는 말로, 상제(上帝)를 꾸며주는 수식어로 붙은 것이다. 한편 호천(皇天)과 상제(上帝)를 별개의 대상으로 풀이하기도 한다.

2) 명산(名山)은 저명하고 큰 산을 뜻한다. '명(名)'자를 대(大)자의 뜻으로 풀이하기도 한다. 고대에는 대부분 '오악(五岳)'을 뜻하는 용어로 사용되었다. 『예기』「예기(禮器)」편에는 "因名山升中于天."이라는 기록이 있는데, 이에 대한 정현의 주에서는 "名, 猶大也."라고 풀이했고, 손희단(孫希旦)의 『집해(集解)』에서는 "名山, 謂五嶽也."라고 풀이했다.

3) 대천(大川)은 큰 강을 뜻한다. 고대에는 주로 '사독(四瀆)'을 뜻하는 용어로 사용되었다.

② 令民[止]其力.

補註 鄭註: 民皆當出力爲艾之.

번역 정현의 주에서 말하길, 백성들 모두가 마땅히 힘을 다 발휘해서 건초를 베는 것이다.

③ 以共皇天[止]之靈.

補註 鄭註: 牲以供祠神靈.

번역 정현의 주에서 말하길, 희생물로는 신과 신령에게 제사지내는데 바친다.

④ 以爲民祈福.

補註 鄭註: 明使民艾芻, 是不虛取也.

번역 정현의 주에서 말하길, 백성들로 하여금 건초를 베게 하는 것은 백성들의 노고를 헛되이 하고 그 결과물을 천자 혼자만 취하는 것이 아님을 밝힌 것이다.

참고-集說

四監, 卽周官山虞澤虞林衡川衡之官也. ①前言百縣, 兼內外而言, 此百縣, 鄕遂之地也. 秩, 常也. 斂此芻爲養犧牲之用, 各有常數, 故云秩芻也.

번역 사감(四監)은 곧 『주례』의 산우(山虞)[4] · 택우(澤虞)[5] · 임형(林衡)[6] · 천형

---

4) 산우(山虞)는 주대(周代) 때의 관리로, 산(山)과 숲[林]을 담당했다. 고대에는 산과 숲 또한 재화가 창출되는 중요한 장소였으므로, 각종 정령(政令)들이 시행되었는데, '산우'는 바로 이러한 정령의 시행을 담당하여, 산과 숲에 있는 재화를 보존하고, 각 시기에 맞게끔 벌목을 시키는 일 등을 시행하였다. 『주례』「지관(地官) · 산우(山

(川衡)[7]의 관리들이다. 앞서 말한 백현(百縣)[8]은 천자의 궁성과 가까운 곳 및 먼 곳을 아울러 말한 것이며, 여기에서 말한 백현(百縣)은 향(鄕)과 수(遂)에 소속된 땅을 뜻한다. 질(秩)은 일정한 수량을 뜻한다. 이곳의 건초들을 거둬서 희생물을 사육하는 용도로 사용하니, 각각의 현에서는 항상 바쳐야 하는 일정한 수량이 있다. 그렇기 때문에 경문에서 질추(秩芻)라고 말한 것이다.

虞)」편에는 "山虞, 掌山林之政令, 物爲之厲而爲之守禁. 仲冬斬陽木, 仲夏斬陰木."이라는 기록이 있다. 한편 이 문장에 대한 가공언(賈公彦)의 소(疏)에서는 "此山林幷云者, 自是山內之林, 卽山虞兼掌之."라고 풀이하고 있다. 즉 '산우'는 관직명에 산(山)자가 들어가서, '산만 관리하는 것처럼 보이지만, 실제로는 숲에 대해서도 관리를 하는데, 그 이유는 산 속에 숲이 있기 때문이다.

5) 택우(澤虞)는 소택(沼澤) 지역을 담당했던 관리이다. 소택 지역에 시행되는 정령(政令)을 감독하고, 금령(禁令)의 준수 여부를 감독하였으며, 소택 지역에서 생산되는 재화를 관리하여, 궁성에 보급하였다. 『주례』「지관(地官)·택우(澤虞)」편에는 "澤虞, 掌國澤之政令, 爲之厲禁, 使其地之人守其財物, 以時入之于玉府."라는 기록이 있다.

6) 임형(林衡)은 임록(林麓) 지역을 담당했던 관리이다. 이곳에서 시행되는 금령(禁令) 및 금령 준수에 따른 상벌(賞罰)의 시행 등을 담당했다. 『주례』「지관(地官)·임형(林衡)」편에는 "掌巡林麓之禁令, 而平其守, 以時計林麓而賞罰之."라는 기록이 있다.

7) 천형(川衡)은 주(周)나라 때의 관직이다. 『주례』의 체제에 따르면, 지관(地官)에 속해 있었다. '천형'의 경우, 큰 하천에는 각각 하사(下士) 12명을 두어 임무를 담당하게 하였고, 그 휘하에는 잡무를 담당하는 사(史) 4명, 서(胥) 12명, 도(徒) 120명이 배속되어 있었다. 중간 정도의 하천에는 각각 하사(下士) 6명을 두어 임무를 담당하게 하였고, 그 휘하에는 잡무를 담당하는 사(史) 2명, 서(胥) 6명, 도(徒) 60명이 배속되어 있었다. 작은 하천에는 각각 하사(下士) 2명을 두어 임무를 담당하게 하였고, 그 휘하에는 잡무를 담당하는 사(史) 1명, 도(徒) 20명이 배속되어 있었다. 『주례』「지관사도(地官司徒)」편에는 "川衡, 每大川, 下士十有二人, 史四人, 胥十有二人, 徒百有二十人, 中川, 下士六人, 史二人, 胥六人, 徒六十人, 小川, 下士二人, 史一人, 徒二十人."이라는 기록이 있다. '천형'은 주로 천택(川澤)에 대한 일을 담당하여, 해당 지역에 적용되는 금령(禁令)의 시행을 감독하였고, 또한 금령의 준수에 따른 상벌(賞罰)도 시행했다. 『주례』「지관(地官)·천형(川衡)」편에는 "川衡, 掌巡川澤之禁令, 而平其守. 犯禁者執而誅罰之."라는 기록이 있다.

8) 『예기』「월령(月令)·중하(仲夏)」: 乃命百縣, 雩祀百辟卿士有益於民者, 以祈穀實.

① 前言百縣兼內外.

補註 按: 前章百縣註畿內之邑, 此云兼內外可疑, 而疏曰: "仲夏命百縣
雩祀百辟卿士者, 兼外內諸侯也. 此云鄉遂之屬者, 不兼公卿大夫之采
地也. 以取芻養牲, 不可太遠故也."

번역 살펴보니, 앞에서 말한 백현(百縣)에 대해, 주에서는 천자의 수도 안에
있는 읍이라고 했으니, 이곳에서 내외를 겸해서 말한 것이라고 한 말은 의문
스럽다. 소에서는 "중하 때 백현에 명령하여 백벽 및 경사에게 기우제를 지
낸다고 했는데, 이것은 천자의 수도 밖에 있는 제후와 천자의 수도 안에 있는
제후에 대한 경우를 겸해서 말한 것이다. 이곳에서 향과 수에 소속된 땅이라
고 했으니, 공·경·대부의 채지는 포함시키지 않은 것이다. 건초를 취합하
여 희생물을 기르는 것은 너무 멀리 떨어져 있는 곳은 불가하기 때문이다.

「월령」120장

是月也, 命婦官染采, 黼黻文章, 必以法故, ①無或差貸, 黑黃
倉赤, 莫不質良, 毋敢詐僞, ②以給郊廟祭祀之服, 以爲旗章,
以別貴賤等給之度.

번역 계하의 달에 천자는 염색을 담당하는 부관(婦官)[1]들에게 명령하여, 다섯 색
깔 염료로 천을 염색하는데, 보(黼)·불(黻)·문(文)·장(章)을 만들 때에는 반드
시 옛 법식을 따르게 하여, 혹시라도 어긋나는 일이 없도록 하고, 염색할 때 사용하
는 흑색·황색·청색·적색은 순도가 높지 않고 좋지 않은 것들이 없도록 하여, 감
히 비슷하게 만들어 교묘히 속이는 일이 없도록 하고, 이렇게 만든 천으로써 교묘
(郊廟)에서 제사지낼 때 입는 복식 만드는 데 공급하도록 하며, 이렇게 만든 천으
로써 깃발을 만드는 데 사용하여, 이렇게 만든 제사 의복과 깃발로써 귀천 등급의
척도를 구별한다.

① 無或差貸.

補註 按: 呂氏春秋, 貸作忒. 陸曰, "貸音二, 又他得反." 而通解, "載他得
反." 當作忒, 無疑.

번역 살펴보니, 『여씨춘추』에서는 '특(貸)'자를 특(忒)자로 기록했다. 육덕명
은 "'貸'자의 음은 '二(이)'이며, 또한 '他(타)'자와 '得(득)'자의 반절음도 된
다."라고 했고, 『통해』에서는 "'載'자는 '他(타)'자와 '得(득)'자의 반절음이

---

1) 부관(婦官)은 천에 대한 염색을 담당하는 관리들이다. 『예기』「월령(月令)」편에는
"是月也, 命婦官."이라는 기록이 있는데, 이에 대한 공영달(孔穎達)의 소(疏)에서
는 "按周禮, 婦官有典婦功典枲染人等."이라고 풀이했다. 즉 『주례』의 체제에 따
르면, 염색을 담당했던 '부관'들에는 전부공(典婦功), 전시(典枲), 염인(染人) 등의
관직이 있었는데, 이들을 모두 '부관'이라고 부르는 것이다. 그리고 이러한 세 관직
들은 모두 천관(天官)에 소속되어 있었다.

다."라고 했다. 따라서 마땅히 '특(忒)'자로 기록해야 함에는 의심할 여지가 없다.

② 以給郊廟[止]之度.

補註 按: 小註方氏以貴賤等級一句, 總釋衣服旌旗, 良是. 陳註有若只言旗章欠明.

번역 살펴보니, 소주에서 방씨는 '귀천등급(貴賤等級)'을 하나의 구문으로 여겼고, 의복과 깃발에 대해서 총괄적으로 풀이했는데 참으로 옳다. 진호의 주에서는 단지 깃발의 무늬에 대해서만 설명하고 있어서 다소 불명확하다.

참고-集說

周禮, ①典婦功典枲染人等, 皆婦官, 此指染人也. 白與黑謂之黼, 黑與青謂之黻, 青與赤謂之文, 赤與白謂之章. 染造必用舊法故事, 毋得有参差貸變, 皆欲質正良善也. 旗, 旌旂也. 章者, 畫其象以別名位也, 詳見春官司常.

번역 『주례』에 나오는 전부공(典婦功)2) · 전시(典枲)3) · 염인(染人)4) 등은 모두

---

2) 전부공(典婦功)은 견직물과 관련된 관직 명칭이다. 『주례』「천관총재(天官冢宰)」편에는 "典婦功中士二人, 下士四人, 府二人, 史四人, 工四人, 賈四人, 徒二十人."이라는 기록이 있다. 즉 '전부공'은 중사(中士) 2명이 담당을 했다. 그리고 그 휘하에는 하사(下士) 4명이 배속되어 보좌를 하였고, 잡무를 담당하는 부(府) 2명, 사(史) 4명, 공(工) 4명, 가(賈) 4명, 도(徒) 20명이 배속되어 있었다. 또한 『주례』「춘관(春官) · 전부공(典婦功)」편에는 "典婦功, 掌婦式之法, 以授嬪婦及內人女功之事齎. 凡授嬪婦功, 及秋獻功, 辨其苦良比其小大而賈之, 物書而楬之. 以共王及后之用, 頒之于內府."라는 기록이 있다. 즉 '전부공'은 부녀자들이 하는 일들의 법식을 담당하고 있으며, 궁내의 여공들이 제작한 모직물을 거둬들인다. 봄에 일거리를 공급하고, 가을에 그 결과물을 거둬서, 품질의 좋고 나쁨과 수량의 많고 적음을

부관(婦官)들인데, 여기에서 말하는 부관은 염인을 가리킨다. 백색과 흑색의 실을 섞어서, 도끼 모양의 무늬를 수놓은 천을 보(黼)라고 부르고, 흑색과 청색의 실을 섞어서, 아(亞)자 형태의 무늬를 수놓은 천을 불(黻)이라고 부르며, 청색과 적색의 실을 섞어서, 꽃무늬를 수놓은 천을 문(文)이라고 부르고, 적색과 백색의 실을 섞어서, 꽃무늬를 채색한 천을 장(章)이라고 부른다. 염색하여 만들 때에는 반드시 옛 법식과 선례를 따라서 하여, 어긋나거나 변질됨이 있게 해서는 안 되니, 이렇게 하는 이유는 모두 질박하고 바르게 하며, 아름답고 좋게 하고자 해서이다. 기(旗)라는 것은 깃발이다. 장(章)이라는 것은 형상을 수놓아서, 관직과 품계를 구별하는 것으로, 『주례』「춘관(春官) · 사상(司常)」편에 자세히 나온다.5)

가려내서 기록한다. 그리고 그렇게 거둬들인 천들을 천자나 그 부인이 필요로 하는 곳에 공급하고, 궁내에 분배하는 일을 담당하였다.

3) 전시(典枲)는 견직물과 관련된 관직 명칭이다. 『주례』「천관총재(天官冢宰)」편에는 "典枲下士二人, 府二人, 史二人, 徒二十人."이라는 기록이 있다. 즉 '전시'는 하사(下士) 2명이 담당을 했고, 그 휘하에는 잡무를 담당하는 부(府) 2명, 사(史) 2명, 도(徒) 20명이 배속되어 있었다. 또한 『주례』「천관(天官) · 전시(典枲)」편에는 "典枲, 掌布緦縷紵之麻草之物, 以待時頒功而授齎. 及獻功, 受苦功, 以其賈楬而藏之, 以待時頒. 領衣服, 授之, 賜予亦如之. 歲終, 則各以其物會之."라는 기록이 있다. 즉 '전시'는 베나 모시 등을 담당하며, 이것을 만드는 재료들을 분배하고, 궁내 여공들이 의복류 등을 만들면, 다시 거둬들인다. 이렇게 거둬들인 견직물에 가격을 매겨서 보관해 두었다가, 때에 맞게 분배하는 일 등을 담당하였다.

4) 염인(染人)은 견직물과 관련된 일을 담당했던 관직이다. 『주례』「천관총재(天官冢宰)」편에는 "染人下士二人, 府二人, 史二人, 徒二十人."이라는 기록이 있다. 즉 '염인'은 하사(下士) 2명이 담당을 했다. 그리고 그 휘하에는 잡무를 담당하는 부(府) 2명, 사(史) 2명, 도(徒) 20명이 배속되어 있었다. 또한 『주례』「천관(天官) · 염인(染人)」편에는 "染人, 掌染絲帛, 凡染, 春暴練, 夏纁玄, 秋染夏, 冬獻功. 掌凡染事."라는 기록이 있다. 즉 '염인'은 비단 등에 염색하는 일을 담당하여, 각 계절별로 잿물, 검정색, 오색(五色) 등을 사용하여, 염색하는 방법을 달리하였다.

5) 사상(司常)은 깃발 제작과 관련된 관직 명칭이다. 『주례』「춘관종백(春官宗伯)」편에는 "司常中士二人, 下士四人, 府二人, 史二人, 胥四人, 徒四十人."이라는 기록이 있다. 즉 '사상'은 중사(中士) 2명이 담당을 했고, 그 휘하에는 하사(下士) 4명이 배속되어 보좌를 했으며, 하위 관리로는 부(府) 2명, 사(史) 2명, 서(胥) 4명, 도(徒) 40명이 배속되어 있었다. 또한 『주례』「춘관(春官) · 사상(司常)」편에는 "司常, 掌九旗之物名, 各有屬以待國事. 日月爲常, 交龍爲旂, 通帛爲旜, 雜帛爲物, 熊虎

① 典婦功典枲染人.

補註 三官, 竝天官之屬.
번역 세 관리는 모두 천관에 소속된 자들이다.

石梁王氏曰: ①給, 當爲級.

번역 석량왕씨가 말하길, 급(給)자는 마땅히 급(級)자가 되어야 한다.

① 給當爲級.

補註 按: 給, 指等給之給.
번역 살펴보니, '급(給)'자는 등급(等給)이라고 할 때의 급(給)자를 가리킨다.

爲旗, 鳥隼爲旟, 龜蛇爲旐, 全羽爲旞, 析羽爲旌. …… 王建大常, 諸侯建旂, 孤卿建旜, 大夫士建物, 師都建旗, 州里建旟, 縣鄙建旐, 道車載旞, 斿車載旌."이라는 기록이 있다. 즉 해[日]와 달[月]을 수놓은 깃발은 상(常)이라고 부르며, 교룡(交龍)을 수놓은 깃발을 기(旂)라고 부르며, 순색의 비단을 이용하여 만든 깃발을 전(旜)이라고 부르며, 색이 섞여 있는 깃발을 물(物)이라고 부르며, 곰[熊]과 호랑이[虎]를 수놓은 깃발을 기(旗)라고 부르며, 새매를 수놓은 깃발을 여(旟)라고 부르며, 거북이[龜]와 뱀[蛇]을 수놓은 깃발을 조(旐)라고 부르며, 새의 온전한 날개를 오색(五色)으로 채색하여, 깃술처럼 장식한 깃발을 수(旞)라고 부르고, 가느다란 새의 깃털을 오색으로 채색하여, 깃술처럼 장식한 깃발을 정(旌)이라고 부른다. 또한 상(常)은 천자가 사용하고, 제후는 기(旂)를 사용하며, 고경(孤卿)은 전(旜)을 사용하고, 대부(大夫)와 사(士)는 물(物)을 사용하며, 사도(師都)에서는 기(旗)를 세우고, 주리(州里)에서는 여(旟)를 세우며, 현비(縣鄙)에서는 조(旐)를 세우고, 도거(道車)에는 조(旐)를 세우며, 유거(斿車)에는 정(旌)을 세우게 된다. '사상'은 이러한 9가지의 깃발들을 담당하여, 신분과 용도에 맞게끔 사용하도록 한다.

「월령」 122장

참고─經文

不可以興土功, 不可以合諸侯, 不可以起兵動衆, 毋擧大事, 以
搖養氣, 毋發令而待, 以妨神農之事也. 水潦盛昌, ①神農將持
功, 擧大事, 則有天殃.

번역 계하의 달에 천자는 토목 공사를 일으켜서는 안 되며, 제후들과 회합을 가져
서는 안 되고, 병사를 일으키거나 민중을 동원시켜서는 안 되니, 큰 사업을 시작해
서 여름의 장성하게 길러주는 기운을 요동치게 하지 말아야 하고, 예령을 내려서
민중들이 자신이 해야 할 일들을 못하고, 무작정 기다리게 만들어서, 신농이 주관하
는 농사일을 방해하지 말아야 한다. 이 시기에는 곡식이 충분히 자라도록 큰 비가
성대하게 내려서, 농사를 주관하는 신인 신농이 장차 농사일을 주관하려고 하는데,
천자가 큰 사업을 일으키게 되면, 하늘의 재앙이 있게 된다.

① 神農將持功.

補註 沙溪曰: 將字, 可疑.

번역 사계가 말하길, '장(將)'자를 기록한 것에 대해서는 의문스럽다.

補註 ○按: 此言水潦盛昌, 百穀向茂, 神農將持成就之功也. 小註方說,
亦此意.

번역 ○살펴보니, 이것은 큰 비가 많이 내려서 모든 곡식들이 무성하게 자라
나게 되니, 신농(神農)[1]은 곡식들이 무르익도록 하는 공을 지킨다는 뜻이

---

1) 신농씨(神農氏)는 신농(神農)이라고도 부른다. 전설시대에 존재했다고 전해지는
고대 제왕(帝王)의 이름이다. 처음으로 백성들에게 농사짓는 방법을 가르쳤다는
뜻에서, '신농'이라고 부르게 되었다. 또한 약초를 발견하고 재배하여 사람들의 병을
치료했었다고 전해진다. 또한 '신농'은 염제(炎帝)라고도 부르는데, 그 이유는 오행
(五行) 중 하나인 화(火)의 덕(德)을 통해서 제왕이 되었다고 믿었기 때문이다. 『회

다. 소주에 나온 방씨의 주장 또한 이러한 의미로 풀이했다.

남자(淮南子)』「주술훈(主述訓)」편에는 "昔者, 神農之治天下也, 神不馳於胸中, 智不出於四域, 懷其仁誠之心, 甘雨時降, 五穀蕃植."이라는 기록이 있다. 한편 '신농'은 토신(土神)을 뜻하는 용어로도 사용되었다. 이것은 농사와 땅과의 관계가 밀접하기 때문이며, 이러한 뜻에서 농사를 주관했던 관리를 또한 '신농'으로 칭하기도 하였다.

「월령」 123장

是月也, 土潤溽暑, 大雨時行, ①燒薙行水, 利以殺草, 如以熱湯, 可以糞田疇, 可以美土疆.

번역 계하의 달에는 땅의 기운이 수분을 많이 흡수하여, 윤택해져서 습하고 무더우며, 큰 비가 수시로 내리니, 베어두어 말라버린 잡초들을 불사르면, 잡초를 베어버린 땅에 잡초가 다시 자라나지 못하도록 하늘이 비를 내려서, 잡초를 죽이기가 편리하고, 그 빗물은 마치 온천수처럼 따뜻하여, 태운 잡초더미를 잘 썩게 만드니, 이렇게 만든 퇴비로는 전답에 거름을 줄 수 있고, 돌덩이가 많아 경작하기 어려운 척박한 토지도 비옥하게 할 수 있다.

① ○燒薙行水.

補註 按: 周禮 · 薙氏曰: "夏日至而夷之." 又曰: "若欲其化也, 則以水火變之." 蓋薙氏掌殺草者, 變謂變瘠土爲肥也.

번역 살펴보니, 『주례』「체씨(薙氏)」편에서는 "여름에 해가 가장 길어지는 날이 되면 잡초를 벤다."라고 했고, 또 "만약 베어둔 잡초를 퇴비로 바꾸고자 한다면, 물과 불로써 그것들을 변화시킨다."라고 했다.[1] 아마도 체씨는 잡초 죽이는 일을 담당하는 자이며, '변(變)'은 메마른 땅을 비옥하게 바꾼다는 뜻인 것 같다.

---

[1] 『주례』「추관(秋官) · 체씨(薙氏)」: 薙氏, 掌殺草, 春始生而萌之, <u>夏日至而夷之</u>, 秋繩而芟之, 冬日至而耜之. <u>若欲其化也, 則以水火變之.</u>

「월령」124장

季夏行春令, 則①穀實鮮落.

번역 만약 천자가 계하의 달에 계춘에 집행해야 할 정령을 시행하게 된다면, 곡식의 이삭이 설익은 상태에서 다 떨어지게 된다.

① ○穀實鮮落.

補註 沙溪曰: 鮮, 疑稀少之意.

번역 사계가 말하길, '선(鮮)'자는 아마도 드물고 적다는 뜻인 것 같다.

「월령」 127장

行秋令, 則①<u>丘隰水潦</u>, 禾稼不熟, 乃多女災.

번역 만약 천자가 계하의 달에 계추에 집행해야 할 정령을 시행하게 된다면, 구릉지대와 습지대에 홍수와 장마가 들어서, 곡식들이 익지 않고, 곧 여자들은 임신에 실패하거나 유산하게 되는 재앙이 많아진다.

① ○丘隰水潦.

補註 鄭註: 高下皆水.

번역 정현의 주에서 말하길, 고지대와 저지대에 모두 물이 들어차는 것이다.

「월령」128장

嚴陵方氏曰: 鮮落, 卽莊子所謂草木不待黃而落是也. ①五氣過盛, 故②寶有所不勝. 國多風歠, 則與孟夏言暴風來格同義, 以多風, 故人肺受疾而歠也. 民乃遷徙者, 以春主發散故也. 自下升上曰遷, 舍此適彼曰徙. 丘隰水潦, 以金生水故也. 曰丘隰, 以見高下, 皆被其害, 故禾稼不熟也. 種曰稼, 斂曰穡, 以其不熟, 故止言稼. 多女災者, 以純陰之氣過盛而反傷之也. 因風而後寒, 故曰風寒. 且異乎隆冬之時無風而寒矣. 以當暑而寒, 故曰不時. 鷹隼善擊, 必待秋焉, 以感③疫癘之氣, 故蚤鷙於夏也. 春夏主出, 秋冬主入, 故四鄙入保.

번역 엄릉방씨가 말하길, 선락(鮮落)이라는 것은 곧 『장자』에서 말하는 "초목이 누렇게 변하기를 기다리지 않고 떨어진다."[1]는 것이 바로 이 말이다. 오행의 기운이 지나치게 왕성해졌기 때문에, 열매들이 감당할 수 없는 점이 생기는 것이다. 나라에 찬바람으로 인한 기침환자가 많아진다는 것은 맹하 때 "사납고 거센 바람이 불어오게 된다."[2]는 것과 같은 뜻으로, 바람이 많이 불어오기 때문에, 사람의 폐가 질병을 받아들여서 기침을 하는 것이다. 백성들이 곧 이주해버린다는 것은 봄은 기운을 발산하는 것을 위주로 하기 때문이다. 아래로부터 위로 올라가는 것을 천(遷)이라고 말하고, 이곳에 머물다가 저곳으로 가는 것을 사(徙)라고 말한다. 구릉지대와 습지대에 홍수와 장마가 드는 것은 금(金)의 기운이 수(水)의 기운을 낳기 때문이다. 경문에서 구릉지대와 습지대라고 말하여, 고지대와 저지대를 드러내 보였으니, 모든 지역이 그 피해를 입는 것이다. 그렇기 때문에 경작지도 피해를 입어서 곡식이 익지 않는 것이다. 파종하는 것을 가(稼)라고 부르고, 추수하는 것을 색(穡)이라고 부르는데, 곡식이 익지 않았기 때문에, 가색이라고 말하지 않고, 가라고 말하는데

---

1) 『장자』「외편(外篇)·재유(在宥)」: 自而治天下, 雲氣不待族而雨, <u>草木不待黃而落</u>, 日月之光益以荒矣.

2) 『예기』「월령(月令)·맹하(孟夏)」: 行春令, 則蝗蟲爲災, <u>暴風來格</u>, 秀草不實.

그친 것이다. 여자들이 임신에 실패하는 재앙이 많아지는 것은 순음(純陰)의 기운이 지나치게 왕성해져서, 거꾸로 손상을 입히기 때문이다. 바람이 불어온 이후에 추워지기 때문에, 경문에서 한풍(寒風)이라고 말하지 않고, 풍한(風寒)이라고 말한 것이다. 또한 이 때의 풍한은 한겨울에 바람이 불지 않더라도 추운 것과는 다른 것이다. 더울 때에 해당하는데도 춥기 때문에, 경문에서 불시(不時)라고 말한 것이다. 매와 새매는 사냥을 잘하지만, 반드시 가을철을 기다려서 사냥을 할 따름이다. 그런데 이 시기에 급작스러운 재앙의 기운에 감응하였기 때문에, 여름철에 일찍 사냥을 하는 것이다. 봄과 여름은 내보내는 것을 위주로 하고, 가을과 겨울은 거둬들이는 것을 위주로 한다. 그렇기 때문에 사방 변방의 백성들이 보(保)에 들어오는 것이다.

① ○五氣過盛.

補註 五, 恐土之誤.

번역 '오(五)'자는 아마도 토(土)자의 오자인 것 같다.

② 寶有所不勝.

補註 寶, 恐實之誤.

번역 '보(寶)'자는 아마도 실(實)자의 오자인 것 같다.

③ 疫厲之氣.

補註 鄭註: 鷹隼蚤鷙, 得疾厲之氣也.

번역 정현의 주에서 말하길, 매와 새매가 빨리 사냥을 시작하는 것은 급작스러운 재앙의 기운을 얻어서이다.

補註 ○疫, 恐疾之誤.

번역 ○'역(疫)'자는 아마도 질(疾)자의 오자인 것 같다.

「월령」129장

土寄旺四時各十八日, 共七十二日. 除此, 則木火金水, 亦各七十二日矣. 土於四時無乎不在, 故無定位, 無專氣, 而寄旺於辰戌丑未之末. 未月在火金之間, 又居一歲之中, 故特揭中央土一令於此, ①<u>以成五行之序焉</u>.

번역 오행 중에서 토(土)는 사계절에 각각 18일 동안 붙어서 왕성해지니, 각 계절별 18일을 합하면 모두 72일이 된다. 1년 360일 중에서 72일을 제외하면 288일이 되므로, 토(土)를 제외한 나머지 목(木)·화(火)·금(金)·수(水)가 또한 각각 72일씩이 된다. 토(土)는 사계절 간에 있지 않은 곳이 없다. 그렇기 때문에 고정된 위치도 없고, 한 가지만 전적으로 하는 기운도 없으며, 3월·9월·12월·6월의 끝부분에 붙어서 왕성해진다. 그 중에서도 6월은 여름의 주된 기운인 화(火)와 가을의 주된 기운인 금(金) 사이에 있고, 또한 한 해의 중간에 위치하고 있다. 그렇기 때문에 특별히 여기에서 중앙의 토(土)에 대한 하나의 시령을 제시하여, 오행의 순서대로 전체 내용을 완성시켰을 따름이다. 그러므로 경문에서 중앙토를 이야기한 것은 토가 6월과 7월 사이에만 토가 있다는 뜻이 아니다.

① ○以成五行之序.

補註 按: 此謂木·火·土·金·水相生也.

번역 살펴보니, 이것은 목(木)·화(火)·토(土)·금(金)·수(水)가 상생하는 것을 뜻한다.

「월령」 133장

人爲倮蟲之長. ①鄭氏以爲虎豹之屬.

번역 사람은 벌거벗은 생물 중에서도 수장이 된다. 정현은 호랑이나 표범의 부류로
여겼다.

① ○鄭氏以爲虎豹之屬.

補註 鄭註本文: 虎豹之屬, 恒淺毛.

번역 정현의 주 본문에서 말하길, 호랑이나 표범의 부류들은 항상 짧은 털로
덮여 있다.

「월령」134장

참고-集說

宮音屬土, 又爲君, 故配之中央. 黃鍾本十一月律, 諸律皆有宮
音, 而黃鍾之宮, 乃①八十四調之首, 其聲最尊而大, 餘音皆自
此起, 如土爲木火金水之根本, 故以配中央之土. 土寄旺於四時,
宮音亦冠於十二律, 非如十二月以候氣言也.

번역 오음 중에서 궁(宮)음은 오행으로 따지면 토(土)에 속하고, 또한 군(君)·신
(臣)·민(民)·사(事)·물(物) 중에서 가장 높은 군주가 된다. 그렇기 때문에 중앙
에 배열한 것이다. 황종(黃鍾)은 본래 십이율을 12개월에 배열할 때 11월에 해당하
는 율인데, 모든 율들은 모두 궁음을 내포하고 있고, 그 중에서도 황종의 궁조(宮調)
는 곧 84조[1] 중에서도 첫 번째가 되니, 그 소리가 가장 높고 크며, 나머지 음들은
모두 황종의 궁조로부터 나오니, 마치 토(土)가 목(木)·화(火)·금(金)·수(水)의
근본이 되는 것과 같다. 그렇기 때문에 황종의 궁음을 중앙의 토(土)에 배열한 것이
다. 토(土)는 사계절의 말미에 18일 동안 붙어서 왕성해지고, 황종의 궁음 또한 12율
중에서도 으뜸이 되니, 여기에서 말하는 황종이라는 것은 마치 12개월마다 율관을
설명한 것처럼, 각 절기의 기운 변화를 측정하는 후기(候氣)로써 말한 것이 아니다.

① ○八十四調之首.

補註 按: 八十四調, 見禮運小註.

번역 살펴보니, '팔십사조(八十四調)'에 대해서는 『예기』「예운(禮運)」편의
소주에 나온다.

---

1) 팔십사조(八十四調)에 대해서 설명하자면, 십이율(十二律)의 각 율(律)들은 궁
(宮), 상(商), 각(角), 변치(變徵), 치(徵), 우(羽), 변궁(變宮)이라는 7음의 음계로
이루어진다. 이 때 하나의 '율'에 대해서, 각 음계를 주음(主音)으로 삼아 만들어진
것이 조(調)이다. 하나의 '율'마다 7음의 음계로 구성되기 때문에, '조' 또한 궁조(宮
調), 상조(商調), 각조(角調), 변치조(變徵調), 치조(徵調), 우조(羽調), 변궁조(變
宮調) 등 7가지가 나온다. 이러한 '조'들은 '십이율'에 대해서 각각 만들어지기 때문
에, 총 84개의 '조'가 생긴다. 이것이 바로 '팔십사조'라는 것이다.

「월령」 137장

古者①陶復陶穴, 皆開其上以漏光明, 故②雨霤之. 後因名室中爲中霤, 亦土神也. 祭先心者, 心居中, 君之象, 又火生土也.

번역 옛적에는 거주지로 복(復)을 만들기도 하고, 혈(復)을 만들기도 했는데, 이 둘 모두는 그 위를 개방하여서 빛이 스며들게 했다. 그렇기 때문에 빗물이 흐리게 된 것이다. 후대에 이것에 연유하여, 방 중앙을 이름붙이길 중류(中霤)라고 했으니, 이것은 한편으로 토신(土神)을 뜻하기도 한다. 제사에서 희생물의 심장을 먼저 바친다는 것은 심장이 희생물 몸체 중에서 중심에 위치하여, 인간사회로 따지자면 군주의 형상이 되고, 또한 오행의 상생 관계에서 화(火)가 토(土)를 낳으니, 화(火)에 대비되는 것은 폐장이고, 오장의 순서로 따지면 폐장 다음에 심장이 되기 때문이다.

① ○陶復陶穴.

補註 詩 · 大雅 · 緜朱子註: 陶, 窯竈. 復, 重窯. 穴, 土室也.

번역 『시』「대아(大雅) · 면(緜)」편에 대한 주자의 주에서 말하길, '도(陶)'는 구덩이이다. '복(復)'은 겹으로 된 구덩이이다. '혈(穴)'은 흙을 만든 방이다.

② 雨霤之.

補註 按: 霤之言流也, 雨水從上而流滴也.

번역 살펴보니, '유(霤)'자는 흐른다는 뜻이니, 빗물이 위로부터 흘러 떨어지는 것이다.

「월령」139장

①乘大路, 駕黃駵, 載黃旂, 衣黃衣, 服黃玉, 食稷與牛, 其器, 圜以閎.

번역 중앙에 해당하는 시기에 천자는 대로(大路)라는 수레를 타고, 그 수레에는 황류(黃駵)라는 말에 멍에를 매게 해서 끌게 하며, 수레에는 황색의 깃발을 세우고, 천자는 황색의 의복을 입으며, 황옥(黃玉)으로 장식을 하고, 곡식 중에서는 기장과 고기 중에서는 소고기를 먹으며, 그것을 담는 그릇은 둥글게 만들면서도, 원만한 너비로 만든다.

① 乘大路.

補註 鄭註: 飾之以黃.

번역 정현의 주에서 말하길, 황색으로 장식한다.

「월령」141장

참고-經文

其日庚辛, 其帝少皥, 其神蓐收, ①其蟲毛, 其音商, 律中夷則, 其數九, 其味辛, 其臭腥, 其祀門, 祭先肝.

번역 맹추의 달에 해당하는 일간(日干)은 경(庚)과 신(辛)이고, 맹추를 지배하는 제는 소호(少皥)[1]이며, 그 아래에서 보좌하는 신은 욕수(蓐收)[2]이고, 맹추에 해당하는 생물은 털로 뒤덮여 있는 종류이며, 오음 중에서 맹추에 해당하는 음은 상(商)이고, 십이률 중에서 맹추의 기후에 반응하는 율관은 양률인 이칙(夷則)에 해당하며, 맹추에 해당하는 수는 9이고, 오미 중에서 맹추에 해당하는 맛은 매운맛이며, 오취 중에서 맹추에 해당하는 냄새는 비린내이고, 오사 중에서 맹추에 해당하는

---

[1] 소호씨(少皥氏)는 소호씨(少昊氏)라고도 부르며, 전설상의 인물이다. 소호(少昊)라고도 부른다. 고대 동이족의 제왕으로, 황제(黃帝)의 아들이었다고도 전해진다. 이름은 지(摯)인데, 질(質)이었다고도 한다. 호(號)는 금천씨(金天氏)이다. 소호(少皥)는 새의 이름으로 관직명을 지었다고 전해지며, 사후에는 서방(西方)의 신(神)이 되었다고 전해진다. 『춘추좌씨전』「소공(昭公) 17년」편에는 "郯子曰 我高祖少皥摯之立也, 鳳鳥適至, 故紀於鳥, 爲鳥師而鳥名."이라는 기록이 있는데, 이에 대한 두예(杜預)의 주에서는 "少皥, 金天氏, 黃帝之子, 己姓之祖也."라고 풀이했다.

[2] 욕수(蓐收)는 오행(五行) 중 금(金)의 기운을 주관하는 천상의 신(神)이다. 금(金)의 기운을 담당했기 때문에, 그 관부의 이름을 따서 금관(金官)이라고도 부르고, 관부의 수장이라는 뜻에서 금정(金正)이라고도 부른다. '욕수'는 소호씨(少皥氏)의 아들 또는 후손으로 알려져 있으며, 이름은 해(該)였다고 전해진다. 생전에 금덕(金德)의 제왕이었던 소호(少皥: =金天氏)를 보좌하였고, 죽은 이후에는 금관(金官)의 신이 되었다고도 전해진다. '오행' 중 금(金)의 기운은 각 계절 및 방위와 관련되어, '욕수'는 가을과 서쪽에 해당하는 신이라고도 부른다. 다만 금덕(金德)을 주관했던 상위의 신은 '소호'이고, '욕수'는 소호를 보좌했던 신이다. 『예기』「월령(月令)」편에는 "其日庚辛, 其帝少皥, 其神蓐收."라는 기록이 있는데, 이에 대한 정현의 주에서는 "蓐收, 少皥氏之子曰該, 爲金官."이라고 풀이했다. 『여씨춘추(呂氏春秋)』「맹추기(孟秋紀)」편에는 "其日庚辛, 其帝少皥, 其神蓐收."라는 기록이 있는데, 이에 대한 고유(高誘)의 주에서는 "少皥氏裔子曰該, 皆有金德, 死託祀爲金神."이라고 풀이했다.

사는 문(門)으로, 제사를 지낼 때에는 희생물의 간장을 먼저 바친다.

① ○其蟲毛.

補註 楊梧曰: 奎‧婁‧胃‧昴‧畢‧觜‧參七宿, 有白虎之象. 凡動物之
有毛者屬金, 故其蟲毛.

번역 양오가 말하길, 규수(奎宿)‧누수(婁宿)‧위수(胃宿)‧묘수(昴宿)‧
필수(畢宿)‧자수(觜宿)‧삼수(參宿) 등 7별자리에는 백호의 상이 있다. 동
물들 중 긴 털을 가진 것들은 금(金)에 속한다. 그렇기 때문에 해당하는 생
물은 털로 뒤덮혀 있는 것이다.

참고―集說

蔡邕獨斷曰: 門, 秋爲少陰, 其氣收成, 祀之於門. 祀門之禮, ①
北面, 設主于門左樞.

번역 채옹의 『독단』에서 말하길, 문(門)은 가을이 소음(少陰)이 되어, 그 기운은
수렴되어 완성되니, 수렴하여 안에서 성숙시킨다는 의미에서 문에 제사를 지내는
것이다. 문에 제사를 지내는 예법은 북면을 하고서, 문의 좌측 지도리에 신주를 설
치한다.[3]

① 北面設主於門左樞.

補註 疏曰: 謂廟門外左樞也, 北面, 以在門外, 故主得南向而設之者北面.
번역 소에서 말하길, 묘문 밖 좌측 지도리에서 북쪽을 바라보는 것은 문의
밖에 있기 때문에 신주가 남쪽을 향하도록 하기 위해서 그것을 설치하는 자
가 북쪽을 바라보는 것이다.

---

3) 『독단』「오사지별명(五祀之別名)」: 門, 秋爲少陰, 其氣收成, 祀之於門. 祀門之
禮, 北面, 設主于門左樞.

「월령」142장

涼風至, 白露降, 寒蟬鳴, 鷹乃祭鳥, ①用始行戮.

번역 맹추의 달에 찬바람이 불어오고, 서리처럼 흰 이슬이 내리며, 쓰르라미가 울고, 매가 사냥을 한 후, 곧 사냥으로 잡은 새들을 늘어놓고 제사지내는 것처럼 하면, 비로소 엄한 정책인 형륙(刑戮)을 시행한다.

① 用始行戮.

補註 疏曰: 言鷹於此時始行戮鳥之事.

번역 소에서 말하길, 매가 이 시기에 처음으로 다른 새들을 사냥하는 일을 뜻한다.

補註 ○按: 陳註及諺讀, 似以人君行戮看, 而此句在於天子在總章左个之上, 且季秋豺乃祭獸戮禽, 與此戮字正相, 似恐疏說得之.

번역 ○살펴보니, 진호의 주와 『언독』에서는 아마도 군주가 형륙을 시행하는 것으로 본 것 같은데, 이 구문은 "천자가 총장(總章)¹⁾의 좌개에 거처한다."²⁾고 한 기록 앞에 있고, 또 계추에 대한 기록에서 "승냥이는 곧 날짐승을 잡아 하늘에 제사를 지내고, 짐승을 잡아먹는다."³⁾라고 했는데, 이때의 '육(戮)'자는 이곳에 나온 육(戮)자와 호응하니, 아마도 소의 주장이 합당한 것 같다.

---

1) 총장(總章)은 명당(明堂)의 서쪽에 위치한 실(室)을 뜻한다. 오행설(五行說)에 따르면, 서쪽은 "만물(萬物)을 완전하게 이루괴總成], 밝게 드러낸대章明]."는 뜻을 가지고 있다. 그렇기 때문에 서쪽의 '실'을 '총장'이라고 부르는 것이다. 『여씨춘추(呂氏春秋)』「맹추기(孟秋紀)」편에는 "天子居總章左个."라는 기록이 있는데, 이에 대한 고유(高誘)의 주에서는 "總章, 西向堂也. 西方總成萬物, 章明之也, 故曰總章."이라고 풀이하였다.

2) 『예기』「월령(月令)·맹추(孟秋)」: 天子居總章左个.

3) 『예기』「월령(月令)·계추(季秋)」: 鴻鴈來賓, 爵入大水爲蛤, 鞠有黃華, <u>豺乃祭獸戮禽</u>.

「월령」 146장

載白旂, 衣白衣, 服白玉, ①食麻與犬, 其器, 廉以深.

번역 맹추의 달에 천자는 수레에는 백색의 깃발을 세우고, 천자는 흰색의 의복을 입으며, 백옥(白玉)으로 장식을 하고, 곡식 중에서는 마의 열매와 고기 중에서는 개고기를 먹는데, 그것을 담는 그릇은 뾰족하게 만들면서도 깊게 만든다.

① ○食麻與犬.

補註 沙溪曰: 內則, "菽麥蕡." 註, "蕡, 大麻子." 胡麻, 漢後始自西域來. 又曰: 今俗謂之眞荏.

번역 사계가 말하길, 『예기』 「내칙(內則)」편에서는 '콩, 보리, 대마 열매'[1]라고 했고, 주에서는 "'분(蕡)'은 대마(大麻)의 열매이다."라고 했다. '호마(胡麻)'는 한나라 이후 서역으로부터 전래된 것이다. 또 말하길, 현재 세속에서는 '진임(眞荏)'이라고 부른다.

---

1) 『예기』 「내칙(內則)」: 饘酏 · 酒醴 · 芼羹 · <u>菽 · 麥蕡</u> · 稻 · 黍 · 粱 · 秫, 唯所欲.

참고-經文

命理, 瞻傷察創視折, ①審斷決, 獄訟必端平, ②戮有罪, 嚴斷刑.

번역 맹추의 달에 천자는 감옥을 담당하는 관리에게 명령하여, 피부에 상처를 입은 죄수들을 돌봐주고, 살점이 떨어져 피를 흘린 죄수들을 보살펴주며, 골절된 죄인들을 돌봐주고, 판결 내림을 자세히 살펴서, 옥송을 반드시 바르고 공평하게 하고, 죄지은 자를 형벌 줌에, 형벌에 대한 판정을 엄정하게 한다.

① ○審斷決獄訟必端平.

補註 鄭註: 端, 猶正也.

번역 정현의 주에서 말하길, 단(端)자는 바르게 한다는 뜻이다.

補註 ○陸曰: 斷, 丁亂反, 下同. 蔡曰: "斷, 徒管反, 絶句, 決字下屬."

번역 ○육덕명이 말하길, '斷'자는 '丁(정)'자와 '亂(란)'자의 반절음이며, 아래문장에 나오는 글자도 그 음이 이와 같다. 채씨는 "'斷'자는 '徒(도)'자와 '管(관)'자의 반절음이며, 이곳에서 구문을 끊고 '決(결)'자는 뒤의 구문에 연결된다."라고 했다.

補註 ○楊梧曰: 傷者, 損皮膚, 創者, 損血肉, 折者, 傷筋骨, 斷者, 骨肉皆絶也.

번역 ○양오가 말하길, '상(傷)'은 피부에 상처를 입었다는 뜻이며, '창(創)'은 피와 살점이 떨어졌다는 뜻이고, '절(折)'은 근육과 뼈가 손상되었다는 뜻이며, '단(斷)'은 뼈와 살이 모두 잘렸다는 뜻이다.

補註 ○按: 淮南子無斷字. 且古經以審斷決以下爲別段, 通解亦然. 斷字, 當從丁亂反, 不句.

번역 ○살펴보니, 『회남자』에는 '단(斷)'자가 없다. 또 『고경』에서는 '심단결(審斷決)'로부터 그 이하의 구문을 별도의 단락으로 여겼고, 『통해』또한 이처럼 풀이했다. '斷'자는 마땅히 '丁(정)'자와 '亂(란)'자의 반절음이라는 주장에 따라야 하는데, 여기에서 구문을 끊지는 않는다.

② 戮有罪嚴斷刑.

補註 按: 上言愼罪邪審斷決, 以輕者言, 此則專言重者也.

번역 살펴보니, 앞에서는 "사벽한 일에 대해 신중히 죄를 준다."[1]라고 했고, "판결 내림을 자세히 살핀다."라고 했는데, 죄가 가벼운 자들을 기준으로 말한 것이며, 이곳의 경우는 전적으로 중대한 죄를 저지른 자에 대해서만 말한 것이다.

---

1) 『예기』「월령(月令)·맹추(孟秋)」: 是月也, 命有司, 脩法制, 繕囹圄, 具桎梏, 禁止姦, 愼罪邪, 務搏執.

「월령」150장

天地始肅, ①不可以贏.

번역 맹추의 달에는 천지의 기운이 비로소 엄숙해지기 시작하니, 그 기운에 호응하여 엄숙한 정치를 시행하되, 음기를 넘쳐나게 해서는 안 된다.

① ○不可以贏.

補註 鄭註: 贏, 猶解也.

번역 정현의 주에서 말하길, 영(贏)은 해이해진다는 뜻이다.

補註 ○按: 贏, 如時詘舉贏之贏, 蓋秋者陰之始, 凡事當務斂損, 不可使張大盈盛也. 小註說蓋得此意. 朱氏所謂不可使陰氣之贏云者, 恐失本旨.

번역 ○살펴보니, '영(贏)'이라는 말은 "시기가 어려운데도 사치를 부린다."고 했을 대의 영(贏)과 같으니, 가을은 음기가 나타나기 시작하여 모든 사안에 있어서 마땅히 거둬들이고 줄이는데 힘쓰니, 늘리거나 크게 하며 채우거나 융성하게 해서는 안 되기 때문이다. 소주의 주장은 아마도 이러한 의미에 따른 것 같다. 주씨가 "음기가 넘쳐나게 해서는 안 된다."고 풀이한 것은 아마도 본지를 놓친 것 같다.

「월령」 151장

참고-經文

是月也, 農乃登穀, 天子嘗新, 先薦寢廟. 命百官, 始收斂, 完隄
坊, 謹壅塞, 以備水潦, 脩宮室, ①坏垣墻, 補城郭.

번역 맹추의 달에 농부가 곧 햇곡식을 바치게 되면, 천자는 그 햇곡식을 맛보되,
먹기 전에 먼저 침묘에 바친다. 그리고 백관에게 명령하여, 비로소 조세를 거둬들이
게 하고, 제방을 완비하며, 저수지를 보수하길 신중하게 해서, 수해를 대비하고, 궁
실을 정비하고, 담장을 두텁게 하고, 성곽을 보수한다.

① ○坏垣墻.

補註 下文: "坏城郭." 註: "坏, 謂補其缺薄處也."
번역 아래문장에서는 "성곽 중에 파손된 곳을 보강한다."[1]라고 했고, 주에서
는 "배(坏)는 결손되고 얇아진 곳을 보강하는 것이다."라고 했다.

참고-集說

所以爲水潦之備者, ①以月建在酉, 酉中有畢星, 好雨也.

번역 제방을 보수하거나 성곽 등을 보수하는 행위들은 수해를 대비하기 위한 것들
인데, 다음 달에 북두칠성의 자루가 12지로 천상을 구분했을 때 유(酉)자리에 놓이
며, 유자리에는 28수 중 하나인 필성(畢星)이 있고, 필성은 그 성향이 비를 선호하
기 때문이다.

---

1) 『예기』 「월령(月令) · 맹동(孟冬)」: <u>坏城郭</u>, 戒門閭, 脩鍵閉, 愼管籥.

① 以月建在酉.

補註 按: 鄭註: "備者, 備八月也. 八月宿直畢, 畢好雨." 陳註以此刪改,
而全沒備八月之意, 有若七月建酉, 然殊欠分曉.

번역 살펴보니, 정현의 주에서는 "비(備)라는 것은 8월을 대비한다는 뜻이
다. 8월의 별자리는 필성(畢星)에 맞닿아 있으니, 필성은 비를 선호한다."라
고 했다. 진호의 주는 이것을 산정하고 고쳤는데, 8월을 대비한다는 의미가
없어져서 마치 7월 북두칠성의 자루가 유(酉) 방위에 왔을 때를 뜻하는 것처
럼 보이니, 다소 분명하지 못하다.

「월령」 152장

①記者但知賞以春夏, 刑以秋冬之義, 不知古者②嘗祭之時則
有出田邑之制, 故注謂禁封諸侯及割地, 爲失其義也.

번역 『예기』를 기록한 자는 단지 상을 주는 것은 봄과 여름에 하고, 형벌을 내리는
것은 가을과 겨울에 한다는 뜻만 알고, 옛날에 천자가 가을에 종묘에서 지내는 상
(嘗)제사[1] 때에 전읍을 하사해주었던 제도가 있었음을 알지 못했다. 그렇기 때문
에 정현의 주에서도 제후를 분봉해주거나 봉지를 할당해주는 것을 금지한다는 기록
은 모두 고대부터 행해졌던 본래의 의미를 놓쳤다고 말한 것이다.

① ○記者但知[止]其義也.

補註 楊梧曰: 此說然矣. 雖然味三大字, 則幷封侯割地, 皆謂其大者耳.
若平常小小慶賜, 如出田邑之類, 自不妨擧也.
번역 양오가 말하길, 이 주장은 진실로 그러하다. 그러나 경문에 나온 3개의
대(大) 뜻을 음미해보면, 제후를 분봉하고 땅을 나눠준다고 한 것들은 모두
큰 부류의 것들을 뜻할 따름이다. 평상시 소소하게 하사를 해주는 것, 예를

---

1) 상제(嘗祭)는 가을에 종묘(宗廟)에서 지내는 제사를 뜻한다. 『이아』「석천(釋天)」
편에는 "春祭曰祠, 夏祭曰礿, 秋祭曰嘗, 冬祭曰烝."이라는 기록이 있다. 즉 봄에
지내는 제사를 '사(祠)'라고 부르며, 여름에 지내는 제사를 '약(礿)'이라고 부르고,
가을에 지내는 제사를 '상(嘗)'이라고 부르며, 겨울에 지내는 제사를 '증(烝)'이라고
부른다. 한편 '상'제사는 성대한 규모로 거행하였기 때문에, '대상(大嘗)'이라고도
불렀으며, 가을에 지낸다는 뜻에서, '추상(秋嘗)'이라고도 불렀다. 또한 『춘추번로
(春秋繁露)』「사제(四祭)」편에서는 "四祭者, 因四時之所生孰而祭其先祖父母也.
故春曰祠, 夏曰礿, 秋曰嘗, 冬曰烝. …… 嘗者, 以七月嘗黍稷也."이라고 하여,
가을 제사인 상(嘗)제사는 7월에 시행하며, 서직(黍稷)을 흠향하도록 지낸다는 뜻
에서 맛본다는 뜻의 '상'자를 붙였다고 설명한다.

들어 전읍을 하사해주는 부류와 같은 것들은 시행해도 무방하다.

② 嘗祭出田邑.

補註 祭統: 古者, 於嘗也, 出田邑.

번역 『예기』「제통(祭統)」편에서 말하길, 고대에는 상제사를 지낼 때 전읍을 하사했다.[2]

補註 ○按: 註, 卽鄭註. 鄭以此經毋封諸侯, 毋割地, 謂失古者於嘗出田邑之義也.

번역 ○살펴보니, '주(註)'는 정현의 주를 뜻한다. 정현은 이곳 경문에서 제후를 분봉하지 말아야 하고 땅을 하사하지 말아야 한다고 한 말이 고대에 상제사를 지내며 전읍을 하사했던 뜻을 놓치고 있다고 여긴 것이다.

---

2) 『예기』「제통(祭統)」: 古者於禘也, 發爵賜服, 順陽義也; 於嘗也, 出田邑, 發秋政, 順陰義也. 故記曰, "嘗之日, 發公室, 示賞也." 草艾則墨, 未發秋政, 則民弗敢草也.

「월령」153장

①毋以割地·行大使·出大幣.

번역 맹추의 달에 천자는 전지를 할당해주거나 큰 사절단을 보내거나 큰 폐백을 보내는 것을 하지 않는다.

① 毋以割地[止]大幣.

補註 按: 毋字, 連下爲義.

번역 살펴보니, '무(毋)'자는 아래문장과 연이어진다.

補註 ○疏曰: 毋立大官, 毋行大使, 毋出大幣.

번역 ○소에서 말하길, 고위 관리를 등용하지 않고 큰 사절단을 보내지 않으며 큰 폐백을 보내지 않는다.

「월령」 155장

①蟹有食稻者, 謂之稻蟹, 亦介蟲敗穀之類. 寅中箕星, 好風,
能散雲雨, 故致旱.

번역 해(蟹)라는 곤충 중에는 벼를 먹어치우는 것이 있으니, 그것을 도해(稻蟹)라
고 부르며, 또한 도해라는 곤충은 딱딱한 껍질을 가지고 있고, 곡식을 해치는 부류
이다. 천상을 12지(支)로 구분했을 때 맹춘에 해당하는 인(寅)자리에는 28수 중 하
나인 기성(箕星)이 있고, 기성은 그 성향이 바람을 선호하여, 비구름을 흩어버릴
수 있다. 그렇기 때문에 가물게 되는 것이다.

① ○蟹有食稻者.

補註 疏曰: 越語王孫雄曰, "今吳稻蟹無遺種." 註, "稻蟹, 蟹食稻也."
번역 소에서 말하길, 『국어』「월어(越語)」편에서 왕손웅은 "지금 오의 도해
가 종자를 남기지 않는다."라고 했고, 주에서는 "도해(稻蟹)는 해(蟹) 중에
서 벼를 먹는 곤충이다."라고 했다.

「월령」 162장

是月也, 養衰老, 授几杖, ①行糜粥飲食.

번역 중추의 달에 천자는 쇠약해진 노인들을 보양하는데, 안석과 지팡이를 하사해주고, 미음과 음식들을 하사해준다.

① 行糜粥飲食.

補註 按: 厚曰糜, 薄曰粥, 見問喪註.

번역 살펴보니, 된죽은 미(糜)라 부르고 묽은 죽은 죽(粥)이라 부르니, 『예기』「문상(問喪)」편의 주에 나온다.

乃命司服, 具飭衣裳, 文繡有恒, 制有小大, 度有長短, 衣服有量, ①必循其故, 冠帶有常.

번역 중추의 달에 천자는 곧 사복에게 명령하여 의상을 갖추고 정비하도록 하니, 제사 의복은 윗옷에 무늬를 그려놓고 아랫도리에 수놓는 데에는 정해진 제도가 있고, 제사 의복을 제작함에는 수놓는 도안의 작고 큰 차이가 있으며, 제사 의복을 재단함에는 길이의 길고 짧음이 있다. 그리고 제사 의복을 제외한 나머지 의복들에도 일정한 규범이 있으니, 이러한 것들은 반드시 그 옛 법식을 따르도록 하고, 관과 대를 제작함에도 따라야 하는 일정한 법식이 있다.

① ○必循其故.

補註 按: 疏義此總結上四句.

번역 살펴보니, 소에서는 이 구문이 앞의 네 구문에 대해 총괄적으로 결론을 맺은 것이라 했다.

「월령」164장

참고—經文

乃命有司, 申嚴百刑, ①斬殺必當, 毋或枉橈, 枉橈不當, 反受 其殃.

번역 중추의 달에 천자는 곧 유사에게 명령하여, 모든 형벌을 거듭 엄정하게 시행 하도록 하고, 사형을 내릴 때에는 반드시 합당하게 하여, 혹시라도 법을 왜곡시키는 일이 없게끔 해야 하니, 만약 법을 왜곡시켜 판결을 내려서, 사형을 내린 것이 합당 하지 않게 된다면, 반대로 그 재앙을 받게 될 것이다.

① ○斬殺必當.

補註 鄭註: 當, 謂值其罪.

번역 정현의 주에서 말하길, 당(當)은 그 죄에 타당하다는 뜻이다.

<h1>「월령」 165장</h1>

是月也, 乃命宰祝, 循行犧牲, 視全具, 按芻豢, 瞻肥瘠, 察物色, 必比類, 量小大, 視長短, 皆中度, ①<u>五者備當</u>, 上帝其饗.

번역 중추의 달에 천자는 곧 희생물 담당관인 재(宰)와 신에게 고하는 일을 담당하는 축(祝)에게 명령하여, 희생물의 상태를 순찰하게 하니, 희생물 털색깔이 잡색이 섞이지 않은 순색인지 여부와 신체적으로 결함이 없는 온전한 것인지를 살피고, 소·양·개·돼지 사육하는 데 소용되는 사료들을 순시하며, 희생물이 사육이 잘 되어 살쪘는지, 아니면 사육이 제대로 안되어 야위었는지 검사하여, 반드시 음양의 부류에 맞게끔 해당하는 희생물을 사용하게 하며, 희생물의 크고 작은 수치를 헤아리고, 희생물로 사용될 것이 커야하는지, 아니면 작아야 하는지를 살펴서, 모두 법도에 맞게끔 하니, 이 다섯 가지 사항을 갖춘 상태가 합당한 희생물이라면, 상제도 그 제물을 흠향하게 될 것이다.

① ○五者備當.

補註 按: 五者, 謂全具肥瘠物色大小長短也. 陳註所視·所案·所瞻·所察·所量五者之云, 蓋襲古註而誤矣. 苟然則視字有上下兩處, 當云六者, 何以云五者乎?

번역 살펴보니, 다섯 가지라는 것은 전구(全具)·비척(肥瘠)·물색(物色)·대소(大小)·장단(長短)을 뜻한다. 진호의 주에서는 시(視)한 것, 안(案)한 것, 첨(瞻)한 것, 찰(察)한 것, 양(量)한 것을 다섯 가지라고 말했는데, 아마도 옛 주를 답습하여 잘못 설명한 것이다. 만약 그렇다면 시(視)자는 앞뒤로 두 군데 나타나니, 마땅히 여섯 가지라고 해야 하는데 어떻게 다섯 가지라고 말할 수 있겠는가?

補註 ○又按: 按芻豢瞻肥瘠自是一串事, 而諺讀豢下著爲㫆吐, 當以爲也吐改之.

번역 ○또 살펴보니, 안추환(按芻豢)이라는 것과 첨비척(瞻肥瘠)이라는 것은 하나로 연결되는 사안인데, 『언독』에서는 환(豢)자 뒤에 하며[爲旅]토를 달았으니, 마땅히 하야[爲也]토로 고쳐야 한다.

補註 ○後按: 楊梧解五者, 正符鄙見.

번역 ○이후 살펴보니, 양오가 오(五)에 대해 해석한 것은 바로 내 견해와 부합한다.

嚴陵方氏曰: 宰以宰牲爲事者, 祝以祝神爲事者. 宰牲, 將以祝神也, 故循行犧牲, 必命是二官焉. 夫季夏之養犧牲, 蓋授①克人而芻之也, 至此命宰祝, 特循行之而已, 以物至此形成而不變故也. 全者, 純而不雜, 具者, 完而無傷. 若②外祭毀事用尨, 非所謂全也, 若③齚鼠食郊牛角, 非所謂具也. 芻豢, 所以阜蕃其牲, 春秋傳曰 奉牲以告曰博碩肥腯, 其可以不視乎. 牧人曰: 陽祀用騂牲毛之, 陰祀用黝牲毛之, 則物色其可以不察而比類之乎. 物色者, 毛色之色, 比類者, 各比其陰陽之類也.

번역 엄릉방씨가 말하길, 재(宰)는 희생물에 대한 전반적인 것을 담당하는 것을 직무로 삼는 자이며, 축(祝)은 신에게 기원하는 것을 직무로 삼는 자이다. 희생물을 관리하여 장차 그 희생물로 신에게 기원하고자 하기 때문에, 희생물의 상태를 순찰함을 반드시 이 두 관리에게 명령하는 것이다. 계하 때 희생물을 사육함은 무릇 충인(充人)[1]에게 희생물을 맡겨서, 건초를 먹이게끔 하는 것이며, 이 시기에 이르러

---

1) 충인(充人)은 제사에 사용되는 희생물을 담당하는 관리이다. 『주례』의 체제에 따르면, 지관(地官)에 소속된 관직이다. 『주례』「지관사도(地官司徒)」에는 "充人下士二人, 史二人, 胥四人, 徒四十人."이라는 기록이 있다. 즉 충인은 하사(下士) 2명이 담당했으며, 그 휘하에는 사(史) 2명, 서(胥) 4명, 도(徒) 40명이 배속되어 있었다.

서 재와 축에게 명령함은 다만 순찰하게만 할 따름이니, 그 이유는 희생물이 이 시기에 이르면, 다 자라서 특별한 일이 없는 이상 쉽사리 변하지 않기 때문이다. 전(全)은 순색으로, 잡색이 섞이지 않은 것이며, 구(具)는 완전하여, 결함이 없는 것이다. 마치 "외제(外祭)2)와 훼사(毀事)3)에서 털색이 잡색이 섞여 얼룩한 것을 사용한다."는 것과 같은 경우는 이른바 전(全)한 것이 아니며, 마치 "생쥐가 교제사 때 사용될 희생물인 소의 뿔을 갉아먹었다."는 것과 같은 경우는 이른바 구(具)한 것이 아니다. 추환(芻豢)은 희생물들을 번식시키는 것으로, 『춘추전』에서 "희생물을 바치며, 신에게 고하여 말하길, '백성들의 힘을 보존한 것이 넓고 크며, 희생물이 살찌고 온전합니다.'"4)라고 했으니, 희생물을 사육하는 것에 대해서 순찰하지 않을 수가 있겠는가? 『주례』「목인(牧人)」편에서는 "양사(陽祀)5)에는 붉은 털의 희생물을 사용하는데, 순색의 것을 사용하고, 음사(陰祀)6)에는 검은 털의 희생물을 사용하는데, 순색의 것을 사용한다."7)라고 했으니, 물색(物色)을 살펴보지 않고서 비류(比類)하지 않을 수가 있겠는가? 물색(物色)은 털색의 색깔을 뜻하고, 비류(比類)는 각각 음양의 부류에 맞춰서 하는 것이다.

---

2) 외제(外祭)는 내제(內祭)와 상대되는 말이다. 교사(郊祀)를 가리키기도 하며, 왕이 사냥이나 출정 등으로 밖으로 나갔을 때 지내는 제사인 표맥(表貉)과 순수(巡守)를 시행할 때 산천(山川)에 지내는 제사 등을 가리킨다. 『주례』「지관(地官)・목인(牧人)」편에 기록된 '외제'에 대해, 정현의 주에서는 "外祭, 謂表貉及王行所過山川用事者."라고 풀이했고, 또 『예기』「제통(祭統)」편에는 "外祭則郊社是也."라는 기록이 있다.

3) 훼사(毀事)는 길(吉)한 기운을 맞이하고, 재앙을 제거하기 위해, 희생물을 훼절(毀折)하여 지내는 제사를 뜻한다. 『주례』「지관(地官)・목인(牧人)」의 기록에 대해, 정현의 주에서는 "毀謂副辜候禳毀除妖咎之屬."이라고 풀이했다.

4) 『춘추좌씨전』「환공(桓公) 6년」: 故奉牲以告曰 博碩肥腯.

5) 양사(陽祀)는 남교(南郊)에서 지내는 천(天)에 대한 제사와 종묘(宗廟)에 대한 제사를 가리킨다. 『주례』「지관(地官)・목인(牧人)」편의 기록에 대해서, 정현의 주에서는 "陽祀, 祭天於南郊及宗廟."라고 풀이했다.

6) 음사(陰祀)는 북교(北郊)에서 지내는 지(地)에 대한 제사와 사직(社稷)에 대한 제사를 가리킨다. 『주례』「지관(地官)・목인(牧人)」편의 기록에 대해서, 정현의 주에서는 "陰祀, 祭地北郊及社稷也."라고 풀이했다.

7) 『주례』「지관(地官)・목인(牧人)」: 凡陽祀, 用騂牲, 毛之. 陰祀, 用黝牲, 毛之.

① 克人.

補註 司徒屬官.

번역 사도에게 소속된 관리이다.

補註 ○克, 當作充.

번역 ○'극(克)'자는 마땅히 충(充)자가 되어야 한다.

② 外祭毁事用尨.

補註 地官·牧人文. 本註: "外祭, 如王所過山川. 毁事, 謂罷辜禳除之類. 尨, 謂雜色不純."

번역 『주례』「지관(地官)·목인(牧人)」편의 기록이다.[8] 본래의 주에서는 "외제(外祭)는 예를 들어 천자가 여정 중 지나가게 되는 산과 하천에 대한 제사와 같은 것이다. 훼사(毁事)는 희생물을 잘라 신에게 바치고 제사를 지내 재앙을 제거하는 부류를 뜻한다. 방(尨)은 색깔이 뒤섞여 순수하지 못한 것을 뜻한다."라고 했다.

③ 鼷鼠食郊牛角.

補註 見春秋成七年.

번역 『춘추』 성공 7년 기록에 나온다.[9]

---

8) 『주례』「지관(地官)·목인(牧人)」: 凡外祭毁事用尨, 可也.
9) 『춘추』「성공(成公) 7년」: 七年春王正月, 鼷鼠食郊牛角.

「월령」 166장

①**天子乃難**, 以達秋氣. 以犬嘗麻, 先薦寢廟.

번역 중추의 달에 천자는 곧 재앙을 몰아내는 의식을 거행하여, 서늘한 가을의 기운이 다다르게 한다. 그리고 천자는 이 시기에 개고기를 곁들여 마의 열매를 먹되, 먹기 전에 먼저 침묘에 바친다.

① 天子乃難.

補註 鄭註: 陽暑至此不衰, 害將及人. 所以及人者, 陽氣左行, 此月宿直昴畢, 昴畢亦得大陵積尸之氣, 氣佚則厲鬼亦隨而出行, 於是命方相氏帥百隷而難之.

번역 정현의 주에서 말하길, 양기의 더위가 이 시기에 이르렀는데도 사그라지지 않으면, 그 피해가 또한 장차 사람에게도 미치게 된다. 사람에게 피해가 미치게 되는 이유는 양기가 거슬러 행동해서이고, 이 달의 별자리는 묘수(昴宿)와 필수(畢宿)에 해당하는데, 묘수와 필수는 또한 대릉(大陵)[1]과 적시(積尸)[2]의 기운을 얻게 되니, 기운이 방탕하게 되면 악귀 또한 이것을 쫓아서 나타나게 되므로, 이러한 경우에도 또한 방상씨에게 명령하여, 백예(百隷)를 통솔하여 나(難)의식을 하게 한다.

---

1) 대릉(大陵)은 태릉(太陵)이라고도 부른다. 총 8개의 별로 이루어진 별자리로, 28수(宿) 중 하나인 위수(胃宿)에 소속되어 있고, 사상(死喪)의 일을 주관하는 별자리이다. 『진서(晉書)』「천문지(天文志)」편에는 "太陵八星在胃北, 亦曰積京, 主大喪也."라는 기록이 있다.
2) 적시(積尸)는 대릉(大陵)과 붙어 있는 별이다. 대릉의 별자리는 무덤 모양으로 되어 있는데, '적시'라는 별은 그 무덤 속에 있는 형상을 하고 있다.

補註 ○按: 季春季冬之難, 陳註皆引舊註尸墓厲鬼之說, 而此獨不引, 何也?

번역 ○살펴보니, 계춘과 계동에 나(難)를 한다고 했는데, 진호의 주에서는 모두 옛 주에 나온 적시(積尸)·분묘(墳墓)³⁾ 및 악귀 등의 주장을 인용하였지만, 이곳에서 유독 인용하지 않은 것은 어째서인가?

---

3) 분묘(墳墓)는 위수(危宿)의 남쪽에 위치하는 네 개의 별을 가리킨다. 『송사(宋史)』「천문지삼(天文志三)」편에는 "墳墓四星, 在危南, 主山陵·悲慘·死喪·哭泣."이라는 기록이 있다. 즉 '분묘'에 해당하는 네 개의 별들은 위수의 남쪽에 위치하는데, 무덤이나 애도하는 일, 장례나 상례, 곡(哭)하고 읍(泣)하는 일 등을 주관한다.

「월령」171장

참고-經文

日夜分, 則同度量, 平權衡, ①正鈞石, ②角斗甬.

번역 낮과 밤의 길이가 같아지는 추분이 되면, 길이 단위인 도(度)와 용량 단위인 양(量)을 동일하게 바로잡으니, 저울추인 권(權)과 저울대인 형(衡)을 균평하게 하고, 30근이 되는 균(鈞)의 추와 120근이 되는 석(石)의 추 등을 바르게 만들며, 한 말인 두(斗)와 한 섬인 용(甬) 등의 용량을 비교하여 바로잡는다.

① ○正鈞石.

補註 按: 此鈞字, 明是三十斤之稱, 故仲春日夜分章, 鈞衡石, 鄭註亦以三十斤解之, 而但兩章皆以三字爲一句, 句法相似. 仲春之鈞, 則依陳註以平均之意看, 亦好.

번역 살펴보니, 이곳의 균(鈞)자는 분명히 30근을 지칭하는 단위이다. 그렇기 때문에 중춘에 낮과 밤의 길이가 같아진다고 했던 장에서 '균형석(鈞衡石)'[1]이라고 했는데, 정현의 주에서는 또한 30근으로 풀이했던 것이다. 다만 두 문장은 모두 3글자를 하나의 구문으로 끊었고, 구문을 작성한 방법도 서로 유사하다. 따라서 중춘에서 말한 균(鈞)의 경우 진호의 주에 따라 균등하게 한다는 뜻으로 보아도 괜찮다.

② 角斗甬.

補註 沙溪曰: 角, 較其同異也.

번역 사계가 말하길, '각(角)'은 같고 다름을 비교해보는 것이다.

---

1) 『예기』「월령(月令)·중춘(仲春)」: 日夜分, 則同度量, 鈞衡石, 角斗甬, 正權概.

補註 ○按: 角字, 已見仲春.

번역 ○살펴보니, '각(角)'자에 대해서는 중춘의 기록에 나온다.

「월령」 172장

是月也, 易關市, 來商旅, 納貨賄, ①以便民事. 四方來集, ②遠
鄕皆至, 則財不匱, 上無乏用, 百事乃遂.

번역 중추의 달에는 관문과 시장에서 세금을 적게 거둬, 상업 활동을 손쉽게 만들
어서, 상인들을 찾아오게 하고, 재화가 들어오게 만들어서, 이러한 자금으로 백성들
의 일을 편리하도록 만들어 준다. 사방의 상인과 재화가 찾아들어 쌓이게 되고, 먼
곳의 상인과 재화들도 모두 찾아오게 되면, 재화가 부족해지지 않아서, 위정자들이
정치에 재화를 사용하는데 부족함이 없게 되어, 온갖 일들이 곧 성취되는 것이다.

① ○以便民事.

補註 按: 此下當著爲飛尼吐.

번역 살펴보니, 이 구문 뒤에는 마땅히 하나니[爲飛尼]토를 붙여야 한다.

② 遠鄕皆至.

補註 按: 此句當著爲面吐, 諺讀誤.

번역 살펴보니, 이 구문에는 마땅히 하면[爲面]토를 붙여야 하니, 『언독』의
토는 잘못되었다.

「월령」173장

①凡擧大事, 毋逆大數, 必順其時, 愼因其類.

번역 중추의 달에는 무릇 큰 사업을 시행함에 자연 법칙을 거스르지 말아야 하니, 반드시 그 시령을 따라야 하고, 신중하게 그 시령에 맞는 부류에 의거해서 해야 한다.

① ○凡擧大事[止]其類.

補註 楊梧曰: 此四句, 可槩月令一篇.

번역 양오가 말하길, 이 네 구문은 「월령」 전체를 개괄하는 내용이다.

「월령」 179장

참고-經文

鴻鴈來賓, 爵入大水爲蛤, ①鞠有簧華, 豺乃祭獸戮禽.

번역 중추의 달에는 기러기가 찾아와 손님이 되고, 참새는 바다로 들어가서 조개가 되며, 국화는 노란색 꽃을 피우게 되고, 승냥이는 곧 날짐승을 잡아 하늘에 제사를 지내고 짐승을 잡아먹는다.

① ○鞠有簧華.

補註 按: 鞠與菊通, 呂春秋作菊. 簧, 諸本皆作黃.

번역 살펴보니, '국(鞠)'자는 국(菊)자와 통용되며, 『여씨춘추』에서는 국(菊)자로 기록했다. '황(簧)'자를 다른 판본들에서는 모두 황(黃)자로 기록했다.

「월령」 184장

上丁, 命樂正, ①入學習吹.

번역 계추의 달 상순 중에서 첫 번째로 정(丁)자가 들어가는 날에 천자는 악정에게 명령하여, 국학에 들어가서 국자들에게 악기 연주하는 것을 익히게 한다.

① ○入學習吹.

補註 鄭註: 爲將饗帝也. 春夏重舞, 秋冬重吹.

번역 정현의 주에서 말하길, 장차 상제에게 대향(大饗)[1]를 하기 위해서이다. 봄과 여름에는 춤을 익히는데 중점을 두고, 가을과 겨울에는 악기 연주를 익히는데 중점을 둔다.

補註 ○楊梧曰: 一云以季冬大合吹, 故習. 若爲饗嘗, 豈有是月饗嘗, 是月習吹之理?

번역 ○양오가 말하길, 일설에 계동에 성대한 규모로 합주를 하기 때문에 익힌다고 말한다. 만약 대향과 상(嘗)제사를 위해서라면 어찌 이달에 대향과 상제사를 지내면서 바로 그달에 악기 연주를 익히는 이치가 있단 말인가?

---

1) 대향(大饗)은 대향(大享)이라고도 부른다. '대향'은 본래 선왕(先王)에게 협제(祫祭)를 지낸다는 뜻이다. 『예기』「예기(禮器)」편에는 "大饗, 其王事與."라는 기록이 있고, 이에 대한 정현의 주에서는 "謂祫祭先王."이라고 풀이하였고, 『순자』「예론(禮論)」편에는 "大饗尙玄尊, 俎生魚, 先大羹, 貴食飮之本也."라는 기록이 있는데, 이에 대한 양경(楊倞)의 주에서는 "大饗, 祫祭先王也."라고 풀이하였다. 또한 '대향'의 뜻 중에는 선왕뿐만 아니라, 천제(天帝)인 오제(五帝)에게 두루 제사지낸다는 뜻도 있다. 『예기』「월령(月令)」편에는 "是月也, 大饗帝."라는 기록이 있고, 이에 대한 정현의 주에서는 "言大饗者, 遍祭五帝也. 曲禮曰大饗不問卜, 謂此也."라고 풀이하였다.

「월령」 185장

是月也, ①大饗帝, 嘗, 犧牲告備于天子.

번역 계추의 달에는 상제에게 대향을 지내고, 종묘에서는 가을 제사인 상(嘗)제사를 지내니, 담당 관원들은 천자에게 희생물이 갖추어졌음을 보고한다.

① ○大饗帝嘗.

補註 鄭註: 嘗者, 謂嘗群神也.

번역 정현의 주에서 말하길, 상(嘗)이라는 것은 뭇 신들에게 상(嘗)제사를 지낸다는 뜻이다.

補註 ○楊梧曰: 饗以報帝, 嘗以薦親.

번역 ○양오가 말하길, 향(饗)을 통해 상제에게 보답하고, 상(嘗)을 통해 부모에게 새로 나온 음식을 바친다.

補註 ○按: 兩說不同, 而鄭似長.

번역 ○살펴보니, 두 주장은 차이를 보이는데, 정현의 주장이 더 나은 것 같다.

①合諸侯, 制百縣, ②爲來歲, 受朔日, 與諸侯所稅於民輕重之法 · 貢職之數, 以遠近土地所宜, 爲度, 以給郊廟之事, 無有所私.

번역 계추의 달에 천자는 제후들에게 총체적인 명령을 내려서, 제후국에서 통치하는 모든 현들에 칙명을 전달하게 하니, 천자는 다음 해의 올바른 통치를 위하여 제후들에게 달력을 내려주고, 또 제후들이 백성들에게 징세할 기준을 함께 내려주니, 그것은 세금을 가볍게 매기고 무겁게 매기는 기준 법안이고, 천자 자신에게 바쳐야 하는 공물의 수량이다. 그리고 이러한 법안과 수량을 책정할 때에는 천자의 수도에서 제후국 사이의 거리 차이와 토지의 비옥한 수준 차이에 따른 합당한 것을 기준으로 삼으며, 이렇게 거둬진 조세 및 공물로는 교묘의 제사 때 사용하게 하되, 그 사이에 개인의 사사로운 욕심이 개입되어서는 안 된다.

① ○合諸侯制百縣.

補註 按: 制, 令也. 秦以令爲制.

번역 살펴보니, '제(制)'자는 명령을 뜻한다. 진나라 때에는 명령을 제(制)라고 했다.

② 爲來歲受朔日.

補註 疏曰: 案史記, 秦文公獲黑龍, 自爲水瑞, 命河爲德水, 以十月爲歲首.

번역 소에서 말하길, 『사기』를 살펴보면 진나라 문공은 흑룡을 포획하여 스스로 수(水)의 상서로운 조짐이라고 여겼고, 황하를 덕수(德水)라고 명명하였으며, 10월을 정월로 삼았다.

「월령」 187장

是月也, 天子乃敎於田獵, 以①習五戎, 班馬政.

번역 계추의 달에 천자는 곧 사냥을 통해 전쟁 때 사용하는 진법을 가르치고, 또한 이 사냥을 통해서, 다섯 가지 병기 사용법을 익히게 하며, 말과 관련된 정책을 반포한다.

① ○習五戎.

補註 鄭註: "五戎, 謂五兵, 弓矢·殳·矛·戈·戟." 疏曰: "弓矢一, 殳二, 矛三, 戈四, 戟五也."

번역 정현의 주에서 말하길, "오융(五戎)은 다섯 가지 병기를 말하니, 활과 화살, 날 없는 창, 세모창, 창, 날이 갈라진 창이다."라고 했다. 소에서 말하길, "활과 화살이 첫 번째이고, 날 없는 창이 두 번째이며, 세모창이 세 번째이고, 창이 네 번째이며, 날이 갈라진 창이 다섯 번째이다."라고 했다.

「월령」 188장

命僕及七騶, 咸駕, 載旌旐, 授車以級, ①整設于屏外, 司徒搢
扑, 北面誓之.

번역 계추의 달에 천자는 융복(戎僕)과 칠추(七騶)에게 명령하여, 군마들을 가져
다가 모든 수레에 멍에를 매게 하고, 그 수레에는 정(旌)이나 조(旐)와 같은 깃발
들을 세우게 하며, 신하들의 등급에 맞춰서 수레를 내려주고, 군문(軍門)의 울타리
밖에 대열을 정비하게 하며, 이러한 준비가 끝나면, 사도는 회초리를 허리띠에 차
고, 북면하여서 천자에게 군법에 따라 맹세를 한다.

① ○整設于屏外.

補註 鄭註: 屏, 所田之地, 門外之蔽.
번역 정현의 주에서 말하길, 병(屏)은 사냥하는 땅으로 문밖의 휘장을 쳐둔
곳이다.

僕, 戎僕也. ①天子馬有六種, 各一騶主之, 幷總主六騶者爲七
騶也. 皆以馬駕車, 車又載析羽之旌, 龜蛇之旐. 旣畢而②授車
千乘者, 以尊卑爲等級, 各使正其行列向背, 而設于軍門之屏
外. 於是司徒插扑于帶, 於陳前北面誓戒之, 此時六軍皆向南
而陳也. 扑, 卽③夏楚二物也. 周禮, 戎僕中大夫二人.

번역 복(僕)은 융복(戎僕)[1]이다. 천자가 사용하는 말은 여섯 종류가 있으니, 각각
한 명의 추(騶)들이 그것들을 담당하고, 아울러 이 여섯 추들을 총괄적으로 담당하

는 자가 있어, 모두 7명의 추가 된다. 이들 모두가 말을 데려다가 수레에 멍에를 매게 하고, 수레에는 또한 석우(析羽)의 정(旌)²⁾이나 귀사(龜蛇)의 조(旐)를 세운다. 이러한 준비들이 모두 끝나면, 수레를 타는 자들에게 수레를 주되, 신분의 높고 낮은 차이로 등급을 매겨서, 각각 행렬과 배열을 올바르게 만들어서 군문 울타리 밖에 도열해 둔다. 이때에 사도는 허리띠에 회초리를 꼽고서, 대열 앞에서 북면을 하고서 천자에게 맹세를 하니, 이 때에는 육군(六軍)³⁾이 모두 남쪽을 향해 서서 도열을 한다. 회초리는 곧 하(夏)와 초(楚) 두 종류가 있다. 『주례』에는 융복은 중대부 2명이 담당한다고 되어 있다.

① **天子馬有六種**.

補註 楊梧曰: 六馬, 謂種・戎・齊・道・田・駑也.

번역 양오가 말하길, 육마(六馬)⁴⁾는 종마(種馬)・융마(戎馬)・제마(齊

---

1) 융복(戎僕)은 전쟁용 수레를 모는 일을 담당했던 관리이다. 천자가 사용하는 전쟁용 수레와 관련된 일들을 주관했다. 『주례』「하관(夏官)・융복(戎僕)」편에는 "戎僕, 掌馭戎車. 掌王倅車之政, 正其服."이라는 기록이 있다.

2) 정(旌)은 가느다란 새의 깃털인 석우(析羽)를 오색(五色)으로 채색하여, 깃술처럼 장식한 깃발이다. 『주례』「춘관(春官)・사상(司常)」편에는 "全羽爲旞, 析羽爲旌." 이라는 기록이 있다. 한편 '정'은 깃발들을 범칭하는 용어로도 사용된다.

3) 육군(六軍)은 천자가 소유한 군대를 총칭하는 말이다. 12500명이 1군(軍)이 되는데, 천자는 6개의 군을 소유하므로, '육군'이라고 표현한 것이다. 참고적으로 제후들 중에서 대국(大國)의 제후는 3군을 소유하고, 차국(次國)의 제후는 2군을 소유하며, 소국(小國)의 제후는 1군을 소유한다. 『주례』「하관사마(夏官司馬)」편에는 "凡制軍, 萬有二千五百人爲軍, 王六軍, 大國三軍, 次國二軍, 小國一軍."이라는 기록이 있다.

4) 육마(六馬)는 천자가 사용하는 여섯 종류의 말을 뜻한다. 구체적으로는 종마(種馬), 융마(戎馬), 제마(齊馬), 도마(道馬), 전마(田馬), 노마(駑馬)를 가리킨다. 『주례』「하관(夏官)・교인(校人)」편에는 "校人, 掌王馬之政. 辨六馬之屬, 種馬一物, 戎馬一物, 齊馬一物, 道馬一物, 田馬一物, 駑馬一物."이라는 기록이 있다. 즉 '종마'는 종자가 좋은 말을 선별하여 암컷을 잉태시킬 때 사용하는 말이다. '융마'는 전쟁용 수레에 사용하는 말이다. '제마'는 천자가 타던 금로(金路)에 사용하는 말이다. '도마'는 천자가 타던 상로(象路)에 사용하는 말이다. '전마'는 사냥용 수레에 사용하

馬)·도마(道馬)·전마(田馬)·노마(駑馬)를 뜻한다.

補註 ○按: 此見周禮·夏官·校人, 又詳雜記下補註.
번역 ○살펴보니, 이것은 『주례』「하관(夏官)·교인(校人)」편에 나오며, 또한 『예기』「잡기하(雜記下)」편의 보주에 상세히 나온다.

② 授車千乘者.

補註 沙溪曰: 千乘, 何所據耶?
번역 사계가 말하길, '천승(千乘)'이라는 말은 무엇을 근거로 한 말인가?

補註 ○按: 千, 他本作于, 恐是.
번역 ○살펴보니, '천(千)'자를 다른 판본에서는 우(于)자로 기록했는데, 아마도 이것이 옳은 것 같다.

③ 夏楚二物.

補註 學記文. 註: "夏, 榎也. 楚, 荊也. 以二物爲扑."
번역 『예기』「학기(學記)」편의 기록이다.[5] 주에서 말하길, "'하(夏)'는 개오동나무이다. '초(楚)'는 가시나무이다. 두 사물을 이용해 회초리를 만든다."라고 했다.

는 말이다. '노마'는 궁중에서 실시되는 노역에 사용하는 말이다.
5) 『예기』「학기(學記)」: <u>夏楚二物</u>, 收其威也.

「월령」 193장

收①祿秩之不當·供養之不宜者.

번역 계추의 달에 천자는 관직 등급에 따라 내려진 녹봉의 차등 중 합당하지 않은 것과 봉양하는 데 사용되는 물건들 중 마땅하지 않은 것들을 환급한다.

① 祿秩之[止]不宜.

補註 鄭註: 祿秩之不當, 恩所增加也. 供養之不宜, 慾所貪耆, 熊蹯之屬, 非常食.

번역 정현의 주에서 말하길, 녹봉 등급에 합당하지 않은 것은 은총을 입어 덧붙여진 것이다. 봉양하는 물품 중 마땅하지 않은 것은 탐닉하는 것들을 바라는 것으로, 곰발바닥과 같은 부류이니, 일상적으로 먹는 음식이 아니다.

補註 ○按: 此竝主君德而言, 比陳註似長.

번역 ○살펴보니, 이 모두는 군주의 덕을 위주로 말한 것인데, 진호의 주와 비교해보면 더 나은 것 같다.

山陰陸氏曰: 收祿秩之不當·供養之不宜, 刑官之事也. ①罷官之無事, 去器之無用, 事官之事也.

번역 산음육씨가 말하길, 녹봉 등급에 합당하지 않은 것과 봉양하는 물품 중 마땅하지 않은 것을 환급함은 형벌을 담당하는 관리가 하는 일이다. 관리들 중에서 하는 일 없이 녹봉을 받는 자를 파면시키고, 기물들 중에서 쓸모가 없는 것을 없애는 것은 내정 업무를 담당하는 관리가 하는 일이다.

① 罷官[止]事官之事.

補註 按: 罷官之無事, 去器之無用, 卽仲冬文. 事官, 卽冬官. 周禮·太宰, 建邦之六典, 六曰事典.

번역 살펴보니, "하는 일 없이 녹봉을 받는 자를 파면시키고, 기물들 중에서 쓸모가 없는 것을 없앤다."는 것은 중동에 대한 기록이다.[1] 『주례』「대재(大宰)」편에서는 나라의 육전(六典)을 세운다고 했고, 여섯 번째는 사전(事典)이라고 했다.[2]

---

1) 『예기』「월령(月令)·중동(仲冬)」: 是月也, 可以罷官之無事, 去器之無用者.

2) 『주례』「천관(天官)·대재(大宰)」: 大宰之職, 掌建邦之六典, 以佐王治邦國. 一曰治典, 以經邦國, 以治官府, 以紀萬民. 二曰敎典, 以安邦國, 以敎官府, 以擾萬民. 三曰禮典, 以和邦國, 以統百官, 以諧萬民. 四曰政典, 以平邦國, 以正百官, 以均萬民. 五曰刑典, 以詰邦國, 以刑百官, 以糾萬民. 六曰事典, 以富邦國, 以任百官, 以生萬民.

「월령」 200장

참고-經文

其日壬癸, 其帝顓頊, 其神玄冥, ①其蟲介, 其音羽, 律中應鍾, 其數六, 其味鹹, 其臭朽, 其祀行, 祭先腎.

번역 맹동의 달에 해당하는 일간(日干)은 임(壬)과 계(癸)이고, 맹동를 지배하는 제는 전욱(顓頊)[1]이며, 그 아래에서 보좌하는 신은 현명(玄冥)[2]이고, 맹동에 해당

---

1) 전욱(顓頊)은 고양씨(高陽氏)라고도 부른다. '전욱'은 고대 오제(五帝) 중 하나이다. 『산해경(山海經)』「해내경(海內經)」편에는 "黃帝妻雷祖, 生昌意, 昌意降處若水, 生韓流. 韓流, …… 取淖子曰阿女, 生帝顓頊."이라는 기록이 있다. 즉 황제(黃帝)의 처인 뇌조(雷祖)가 창의(昌意)를 낳았는데, 창의가 약수(若水)에 강림하여 거처하다가, 한류(韓流)를 낳았다. 다시 한류는 아녀(阿女)를 부인으로 맞이하여 '전욱'을 낳았다. 또한 『회남자(淮南子)』「천문훈(天文訓)」편에는 "北方, 水也, 其帝顓頊, 其佐玄冥, 執權而治冬."이라는 기록이 있다. 즉 북방(北方)은 오행(五行)으로 배열하면 수(水)에 속하는데, 이곳의 상제(上帝)는 '전욱'이고, 상제를 보좌하는 신(神)은 현명(玄冥)이다. 이들은 겨울을 다스린다. 또한 '전욱'과 관련하여 『수경주(水經注)』「호자하(瓠子河)」편에는 "河水舊東決, 逕濮陽城東北, 故衛也, 帝顓頊之墟. 昔顓頊自窮桑徙此, 號曰商丘, 或謂之帝丘."라는 기록이 있다. 즉 황하의 물길은 옛날에 동쪽으로 흘러서, 복양성(濮陽城)의 동북쪽을 경유하였는데, 이곳은 옛 위(衛) 지역으로, '전욱'이 거처하던 터이며, 예전에 '전욱'이 궁상(窮桑) 땅으로부터 이곳으로 옮겨왔기 때문에, 이곳을 상구(商丘) 또는 제구(帝丘)라고도 부른다.

2) 현명(玄冥)은 오행(五行) 중 수(水)의 기운을 주관하는 천상의 신(神)이다. 수(水)의 기운을 담당했기 때문에, 그 관부의 이름을 따서 수관(水官)이라고도 부르고, 관부의 수장이라는 뜻에서 수정(水正)이라고도 부른다. '오행' 중 수(水)의 기운은 각 계절 및 방위와 관련되어, '현명'은 겨울과 북쪽에 해당하는 신이라고도 부른다. 다만 수덕(水德)을 주관했던 상위의 신은 전욱(顓頊)이었고, '현명'은 '전욱'을 보좌했던 신이다. 한편 다른 오관(五官)의 신들과 달리, '현명'에 해당하는 인물에 대해서는 이견(異見)이 있다. 『예기』「월령(月令)」편에는 "其日壬癸, 其帝顓頊, 其神玄冥."이라는 기록이 있는데, 이에 대한 정현의 주에서는 "玄冥, 少皞氏之子曰脩, 曰熙, 爲水官."이라고 풀이한다. 즉 소호씨(少皞氏)의 아들 중 수(脩)와 희(熙)라는

하는 생물은 단단한 껍질이 있는 종류이며, 오음 중에서 맹동에 해당하는 음은 우(羽)이고, 십이률 중에서 맹동의 기후에 반응하는 율관은 음률인 응종(應鍾)에 해당하며, 맹동에 해당하는 수는 6이고, 오미 중에서 맹동에 해당하는 맛은 짠맛이며, 오취 중에서 맹동에 해당하는 냄새는 썩은내이고, 오사 중에서 맹동에 해당하는 사는 행(行)으로, 제사를 지낼 때에는 희생물의 신장을 먼저 바친다.

① 其蟲介.

補註 楊梧曰: 斗·牛·女·虛·危·室·壁七宿, 有玄武之象. 凡動物之有介者, 皆屬水, 故其蟲介.

번역 양오가 말하길, 두수(斗宿)·우수(牛宿)·여수(女宿)·허수(虛宿)·위수(危宿)·실수(室宿)·벽수(壁宿) 등 일곱 별자리에는 현무의 상이 있다. 동물들 중에 단단한 껍질을 가진 것들은 모두 수(水)에 속한다. 그렇기 때문에 해당하는 생물은 단단한 껍질이 있는 부류이다.

참고─集說

蔡邕獨斷曰: 行, 冬爲太陰, 盛寒爲水, 祀之於行, 在廟門外之西. ①軹壤厚二尺, 廣五尺, 輪四尺, ②北面, 設主於軹上.

번역 채옹의 『독단』에서 말하길, 행(行)에 있어서, 겨울은 태음이 되고, 혹독한 추위는 오행으로 따지면 수(水)가 되므로, 행(行)에 제사를 지낼 때에는 묘문 밖의

인물이 있었는데, 이들은 생전에 수관(水官)이 되어 공덕(功德)을 쌓았고, 죽어서는 '현명'에 배향되었다고 설명한다. 『여씨춘추(呂氏春秋)』「맹동기(孟冬紀)」편에는 "其日壬癸, 其帝顓頊, 其神玄冥."이라는 기록이 있는데, 이에 대한 고유(高誘)의 주에서는 "玄冥, 官也. 少皥氏之子曰循, 爲玄冥師, 死祀爲水神."이라고 풀이한다. 즉 '현명'은 관직에 해당하는데, '소호씨'의 아들이었던 순(循)이 생전에 '현명'이라는 관부의 수장을 지냈기 때문에, 그가 죽었을 때에는 수신(水神)으로 배향을 했다는 뜻이다.

서쪽에서 지낸다. 발양(軷壤)³⁾은 두께를 2척으로 하며, 너비를 5척으로 하고, 세로 폭은 4척으로 하며, 북면하고서 발양 위에 신주를 설치한다.⁴⁾

① 軷壤厚二尺[止]輪四尺.

補註 鄭註: 厚二寸.

번역 정현의 주에서 말하길, 두께는 2촌이다.

補註 ○按: 以禮畢車轢其壇見之, 則寸字恐是.

번역 ○살펴보니, 의식이 끝나면 수레가 그 제단을 밟고 지나간다는 것으로 살펴보면, 촌(寸)자가 아마도 옳은 것 같다.

補註 ○疏曰: 謂軷壇東西爲廣, 南北爲輪.

번역 ○소에서 말하길, 발(軷)의 제단에 있어서 동서 방향의 길이는 광(廣) 이 되고, 남북 방향의 길이는 윤(輪)이 된다.

② 北面設主於軷上.

補註 疏曰: 以主須南嚮, 故人北面設之.

번역 소에서 말하길, 신주는 남쪽을 바라보아야 하기 때문에 사람이 북쪽을 바라보며 설치하는 것이다.

---

3) 발양(軷壤)은 도로(道路)의 신(神)에게 제사지낼 목적으로 만든 토단(土壇)이다. 발(軷)자는 도로의 신에게 지내는 제사를 뜻한다. 『시』「대아(大雅)·생민(生民)」 편에는 "取羝以軷. 載燔載烈, 以興嗣歲."라는 기록이 있는데, 이에 대한 모전(毛 傳)에서는 "軷, 道祭也."라고 풀이했다. 또한 『설문해자(說文解字)』「거부(車部)」 편에는 "軷, 出將有事于道, 必先告其神, 立壇四通, 樹茅以依神, 爲軷."이라는 기 록이 있다. 즉 장차 출병하고자 할 때에는 도로에서 제사를 지내서, 반드시 그 신에 게 고(告)하게 되니, 단(壇)을 쌓고 사방(四方)으로 소통이 되게 하며, 모(茅)를 심 어서 의신(依神)하는 것이 바로 '발'이다.

4) 『독단』「오사지별명(五祀之別名)」: 行, 冬爲太陰, 盛寒爲水, 祀之於行, 在廟門 外之西, 拔壤, 厚二尺, 廣五尺, 輪四尺, 北面設主於拔上.

補註 ○詩·生民朱子註: 軷, 祭行道之神也.

번역 ○『시』「생민(生民)」편에 대한 주자의 주에서 말하길, '발(軷)'은 도로의 신에게 제사를 지내는 것이다.

補註 ○周禮·夏官·大馭註: 山行曰軷. 封草爲山象, 以菩蒭棘柏爲神主, 旣祭, 以車轢之而去.

번역 ○『주례』「하관(夏官)·대어(大馭)」편의 주에서 말하길, 산행을 하는 것을 발(軷)이라고 부른다. 흙을 쌓아 산의 모양을 만들고 배추(菩蒭)라는 풀과 가시나무 및 측백나무로 신주를 만들고, 제사가 끝나면 수레로 그곳을 밟고서 길을 떠난다.

「월령」 201장

此記亥月之候. 蜃, 蛟屬, 此亦飛物化潛物也. 晉武庫中忽有雉
雊, 張華曰: 此必蛇化爲雉也. 開視雉側, 果有蛇蛻. 類書有言
雉與蛇交而生子, ①子必爲蜄, 不皆然也. 然則雉之爲蜃, 理或
有之. 陰陽氣交而爲虹, 此時陰陽極乎辨, 故虹伏. 虹非有質而
曰藏, 亦言其氣之下伏耳.

번역 이것은 10월의 기후 조짐을 기록한 것이다. 신(蜃)은 교룡 등속으로, 이것은 또한 조류가 변화하여 수중생물이 된 것이다. 진나라에 밀봉되어 있던 무고(武庫)[1] 속에서 갑작스럽게 꿩이 울부짖은 일이 있었는데, 이 일을 두고 장화가 "이것은 필시 뱀이 변화하여 꿩이 된 것이다."라고 했고, 문을 열어 꿩의 옆을 살펴보니 과연 뱀의 허물이 있었다. 『유서』에서는 꿩이 뱀과 교합하여 새끼를 낳으면, 새끼는 반드시 효달이 된다고 하는데, 모두 그러한 것은 아니다. 그렇다면 꿩이 이무기가 되는 것은 이치상 아마도 그런 일이 있을 수 있다. 음기와 양기가 교합하면 무지개가 되는데, 이 시기는 음기와 양기가 확연하게 갈라지기 때문에 무지개가 숨는 것이다. 무지개는 실질이 있는 것이 아니라서, 그것을 가리켜 감춰진다고 말한 것은 또한 그 기가 하강하여 숨게 됨을 말하는 것일 따름이다.

① ○子必爲蜄.

補註 字彙: "蜄, 音驕, 水蟲, 似蛇, 四尾." 續水經云: "正月蛇與雉交生卵, 遇雷卽入土數丈, 成蛇形, 二三百年, 能升騰. 不入土, 則但爲雉."

번역 『자휘』에서 말하길, "'蜄'자의 음은 '驕(교)'이며, 수중에 사는 생물인데 뱀과 유사하지만 꼬리가 넷이다."라고 했다. 『속수경』에서 말하길, "정월에 뱀과 꿩이 교합하여 알을 낳는데, 우레가 치면 땅속으로 깊이 들어가서 뱀의 형체를 완성하고, 2~3백년이 되면 뛰어오를 수 있게 된다. 그러나 땅으로 들어가지 못하면 그냥 꿩이 된다."라고 했다.

---

1) 무고(武庫)는 병장기를 보관해두던 창고를 뜻한다.

「월령」 205장

참고─經文

服玄玉, 食黍與彘, ①其器, 閎以奄.

번역 맹동의 달에 천자는 의복에 현옥(玄玉)으로 장식을 하고, 기장과 돼지고기를 먹는데, 그 그릇은 가운데는 넓게 만들되, 윗부분은 좁게 만든다.

① 其器閎以奄.

補註 鄭註: 閎而奄, 象物蔽藏也.

번역 정현의 주에서 말하길, 가운데는 넓게 하고 윗부분은 좁게 하는 것은 만물이 가둬져 수렴됨을 상징한다.

是月也, ①命太史, 釁龜筴, 占兆, 審卦吉凶.

번역 맹동의 달에 천자는 태사에게 명령하여, 거북껍질과 시초에 피를 바르고, 기존에 거북점을 쳐서 나왔던 복사(卜辭)들을 살펴보고, 『역』에 기록된 괘의 길흉들을 살펴보게 한다.

① ○命大史釁龜筴.

補註 鄭註: 周禮·龜人, 上春釁龜, 謂建寅之月也. 秦以其歲首, 使大史釁龜筴, 與周異矣.

번역 정현의 주에서 말하길, 『주례』「구인(龜人)」편에서는 "상춘(上春)[1] 때 거북껍질에 피를 바른다."[2]라고 했으니, 이 때의 상춘이라는 것은 1월을 말한다. 진나라는 10월을 정월로 삼았고, 이러한 정월에 태사로 하여금 거북껍질과 시초에 피를 칠하게 하였으니, 주나라와는 다르다.

馮氏曰: 釁龜筴者, 殺牲取血而塗龜與蓍筴也. 古者器成而釁以血, 所以攘卻不祥也. 占兆者, 玩龜書之①繇文, 審卦者, 審易書之休咎, 皆所以豫明其理而待用也. 釁龜而占兆, 釁筴而審卦吉凶, 太史之職也.

---

1) 상춘(上春)은 맹춘(孟春: 음력 1월)을 뜻한다. 『주례』「춘관(春官)·천부(天府)」편에는 "上春, 釁寶鎭及寶器."라는 기록이 있는데, 이에 대한 정현의 주에서 "上春, 孟春也."라고 풀이했다.
2) 『주례』「춘관(春官)·구인(龜人)」: 上春釁龜, 祭祀先卜.

번역 풍씨3)가 말하길, 귀협(龜筴)에 흔(釁)한다는 것은 희생물을 잡아 피를 빼내서, 거북껍질과 시초에 칠하는 것이다. 옛적에는 기물이 완성되면 피를 발랐으니, 상서롭지 못한 것을 물리치는 방법이다. 점조(占兆)라는 것은 거북껍질에 새긴 점치는 문자를 살펴보는 것이며, 심괘(審卦)라는 것은 『역』책에 기록된 길흉을 살피는 것이니, 모두 미리 그 이치를 통달하여 쓰임을 대비하는 것이다. 거북껍질에 피를 바르고, 점쳐 조짐을 묻는 기록을 살펴보며, 시초에 피를 바르고 괘의 길흉을 살피는 것들은 태사의 직무이다.

① **籒文**.

補註 字彙: 籒, 音宙, 占辭也.

번역 『자휘』에서 말하길, '籒'자의 음은 '宙(주)'이니 점치는 말을 뜻한다.

---

3) 양헌풍씨(亮軒馮氏, ?~?) : =풍씨(馮氏). 자세한 행적이 남아 있지 않다.

「월령」 209장

周禮, ①季秋獻功裘, 至此月乃衣之也.

번역 『주례』에서는 "계추 때 가죽옷을 천자에게 바친다."라고 했으니, 이달에 이르러서야 곧 그 옷을 입는 것이다.

① ○季秋獻功裘.

補註 按: 周禮·天官·司裘, "中秋獻良裘." 註: "良, 善也, 王所服也." "季秋獻功裘, 以待頒賜." 註: "功裘, 人功微麤, 卿大夫所服." 然則此註當引中秋良裘, 而誤引功裘矣.

번역 살펴보니, 『주례』「천관(天官)·사구(司裘)」편에서는 "중추에 양구(良裘)를 바친다."¹⁾라고 했고, 주에서는 "양(良)자는 좋다는 뜻이니, 천자가 착용하는 것이다."라고 했다. 또 "계추에 공구(功裘)를 바쳐서 하사해줄 것을 대비한다."²⁾라고 했고, 주에서는 "공구(功裘)는 사람의 공정에 다소 거친 면이 있는 것으로, 경과 대부가 착용한다."라고 했다. 그렇다면 이곳 주에서는 마땅히 중추에 양구를 바친다는 내용을 인용해야 하는데, 잘못하여 공구에 대한 내용을 인용한 것이다.

---

1) 『주례』「천관(天官)·사구(司裘)」: <u>中秋獻良裘</u>, 王乃行羽物.
2) 『주례』「천관(天官)·사구(司裘)」: <u>季秋獻功裘</u>, 以待頒賜.

「월령」 212장

坏城郭, 戒門閭, ①脩鍵閉, 愼管籥.

번역 맹동의 달에 천자는 유사에게 명령하여, 성곽 중에 파손된 곳을 보강하게 하고, 성문과 마을 문 방비를 경계하게 하며, 자물쇠의 끼우는 틀과 몸통 중에서 파손된 것이 있으면 수리하게 하고, 열쇠는 신중하게 관리하도록 시킨다.

① 脩鍵閉愼管籥.

補註 鄭註: 鍵, 牡, 閉, 牝也. 管籥, 搏鍵器也.

번역 정현의 주에서 말하길, 건(鍵)은 자물쇠의 수컷이고, 폐(閉)는 자물쇠의 암컷이다. 관약(管籥)은 잠글 때 쓰는 열쇠이다.

補註 ○按: 註中鎖須, 本疏說, 須, 古鬚字.

번역 ○살펴보니, 주에 나온 '자물쇠의 끼우는 틀[鎖須]'이라는 것은 소의 주장에 근거한 것인데, '수(須)'자는 옛 수(鬚)자에 해당한다.

「월령」 213장

固封疆, 備邊竟, 完要塞, 謹關梁, ①塞徯徑.

번역 맹동의 달에 천자는 유사에게 명령하여, 국경의 경계지점을 순찰해서, 법의 준수를 확고하게 만들고, 변경 지역의 수비를 잘 갖추게 하며, 변경 지역에 있는 요새의 정비를 완비하고, 관문과 교량에 대한 순찰을 신중하게 하며, 들짐승들이 돌아다니는 길은 출입을 통제하도록 시킨다.

① ○塞徯徑.

補註 字彙: 徯, 音奚, 待也. 又借作蹊, 蹊, 音奚, 又音笄.

번역 『자휘』에서 말하길, '徯'자의 음은 '奚(해)'이니 기다린다는 뜻이다. 또한 '蹊'자로도 가차해서 쓰는데, '蹊'자의 음은 '奚(해)'이고 또한 '笄(계)'도 된다.

「월령」214장

飭喪紀, ①辨衣裳, 審棺槨之厚薄·塋丘壟之大小高卑·厚薄
之度·貴賤之等級.

번역 맹동의 달에 천자는 유사에게 명령하여, 상과 관련된 기율을 신중하게 정비하니, 상복의 상의와 하의가 정해진 법도에 맞는지를 변별하고, 시신을 안치하는 관곽이 정해진 법도대로 두껍게 하는지 아니면 얇게 하는지를 자세히 살펴보며, 묘역을 정해진 법도대로 크게 하는지 아니면 작게 하는지를 자세히 살펴보고, 봉분을 정해진 법도대로 높게 하는지 아니면 낮게 하는지를 자세히 살펴보며, 두텁고 얇게 하는 척도를 자세히 살펴보고, 귀천의 등급 차이를 자세히 살펴보도록 시킨다.

① ○辨衣裳.

補註 按: 鄭註及楊梧, 皆以衣裳, 爲襲斂之多寡.

번역 살펴보니, 정현의 주 및 양오는 모두 의상(衣裳)이라는 것을 습(襲)이나 염(斂)을 할 때 옷의 많고 적음으로 여겼다.

「월령」 216장

因烝祭而與群臣大爲燕飮也. 舊說, 烝, 升也. 此乃饗禮, 升牲
體於俎上, ①謂之房烝. 未知是否.

번역 증(烝)제사1)를 지내는 것에 연유해서, 뭇 신하들과 함께 성대하게 연회를 여
는 것이다. 옛 학설에 증(烝)은 올린다는 뜻이라고 했으니, 이것은 곧 향례(饗禮)
를 시행함에 희생물을 절반으로 잘라 그 몸체를 도마 위에 올린다고 하였는데, 그
것을 방증(房烝)2)이라고 부른다. 그러나 이 학설이 옳은지 그른지는 잘 모르겠다.

① ○謂之房烝.

補註 詩·魯頌, "籩豆大房." 朱子註: "大房, 半體之俎, 足下有跗, 如堂
房也."

번역 『시』「노송(魯頌)」편에서는 "변(籩)·두(豆)와 대방(大房)이 있도다."3)

---

1) 증(烝)은 겨울에 종묘(宗廟)에서 지내는 제사를 뜻한다. '증'자는 중(衆)자의 뜻으
로, 겨울에는 만물 중에 성숙한 것이 많다는 의미에서 붙여진 말이다. 『백호통(白虎
通)』「종묘(宗廟)」편에는 "冬曰烝者, 烝之爲言衆也, 冬之物成者衆."이라는 기록
이 있다.

2) 방증(房烝)은 방증(房脀)이라고도 부른다. 전증(全烝)과 대비되는 말이다. 제사나
연회 때 희생물을 반절로 갈라서 도마 위에 올리는 것을 말한다. 천자의 연회 때
사용된 예법(禮法) 중 하나이다. 『국어(國語)』「주어중(周語中)」편에는 "禘郊之事,
則有全烝. 王公立飮, 則有房烝."이라는 기록이 있고, 이에 대한 위소(韋昭)의 주
에서는 "房, 大俎也. 詩云 籩豆大房, 謂半解其體, 升之房也."라고 풀이했다. 즉
'방증'에서의 방(房)자는 큰 도마라는 뜻이며, 증(烝)자는 도마에 올린다는 뜻이다.
『시』「노송(魯頌)·비궁(閟宮)」편에는 "籩豆大房"이라는 기록이 있는데, 이것은 희
생물의 몸체를 반절로 갈라서, 큰 도마 위에 올린다는 뜻이다.

3) 『시』「노송(魯頌)·비궁(閟宮)」: 秋而載嘗, 夏而楅衡. 白牡騂剛, 犧尊將將. 毛炰
胾羹, 籩豆大房. 萬舞洋洋, 孝孫有慶. 俾爾熾而昌, 俾爾壽而臧. 保彼東方, 魯邦

라고 했고, 주자의 주에서는 "대방(大房)은 희생물의 몸체를 반으로 나눠 그 반을 올리는 도마이고, 도마의 발밑에는 기다란 나무가 연결되어 있어서 당과 방의 모습과 같다."라고 했다.

補註 ○沙溪曰: 房, 俎名.
번역 ○사계가 말하길, '방(房)'은 도마의 이름이다.

是嘗. 不騫不崩, 不震不騰. 三壽作朋, 如岡如陵.

「월령」 217장

참고-集說

天宗, 日月星辰也. 割祠, 割牲以祭也. 社以上公配祭, 故云公
社, 又祭及門閭之神也. 臘之言獵, 以田獵所獲之物, 而祭先祖
及五祀之神, 故曰臘也. 又蔡邕云: 夏曰淸祀, 殷曰嘉平, ①周
曰蜡, 秦曰臘. 然左傳言虞不臘, 是周亦名臘也. 勞農, 卽周禮
②黨正屬民飮酒之禮也.

번역 천종(天宗)은 해·달·별이다. 할사(割祠)는 희생물을 해체하여 제사를 지내는 것이다. 사(社)제사에는 상공을 배향하여 제사를 지내기 때문에, 공사(公社)라고 부르는 것이며, 또한 제사의 대상은 성문과 마을 문의 신들에게까지 미친다. 납(臘)자는 사냥을 뜻하는데, 사냥에서 획득한 동물들로 조상 및 오사의 신들에게 제사를 지내는 것이기 때문에, 납(臘)이라 부르는 것이다. 또한 채옹은 "납제사를 하나라 때에는 청사(淸祀)라고 불렀고, 은나라 때에는 가평(嘉平)이라고 불렀으며, 주나라 때에는 사(蜡)라고 불렀고, 진나라 때에는 납(臘)이라고 불렀다."라고 했는데, 『좌전』에서 "우나라는 납제사를 지내지 못할 것이다."[1]라고 말했으니, 이것은 주나라 때에도 사(蜡)를 또한 납(臘)이라고도 불렀던 것을 뜻한다. 농부들을 위로한다는 것은 곧 『주례』의 당정이 백성들을 불러 모아서, 학교에서 음주를 시킨다는 예법이다.[2]

① ○周曰蜡秦曰臘.

補註 疏曰: 凡蜡皆在建亥之月, 而皇氏以爲夏·殷蜡各在己之歲終. 若如此, 夏家季冬, 則修耒耜, 具田器, 不得方始勞農以休息之. 皇氏之義, 非也.

---

1) 『춘추좌씨전』「희공(僖公) 5년」: 虞不臘矣. 在此行也, 晉不更擧矣.
2) 『주례』「지관(地官)·당정(黨正)」: 國索鬼神, 而祭祀, 則以禮屬民, 而飮酒于序, 以正齒位.

번역 소에서 말하길, 사(蜡)제사는 모두 건해(建亥)의 달에 지내는데, 황간은 하나라와 은나라의 사제사는 각각 자신들의 역법에 따라 연말에 치른다고 했다. 만약 그렇다면 하나라는 계동 때 쟁기와 보습을 수리하고 농기구를 갖추니 농부들의 노고를 위로하며 휴식을 시킬 수 없다. 따라서 황간의 주장은 잘못되었다.

補註 ○按: 後世皆以季冬爲臘, 蓋用夏正故也. 而疏說如此, 可疑.
번역 ○살펴보니, 후세에는 모두 계동을 납(臘)제사를 지내는 시기로 삼았으니, 하나라의 역법을 따랐기 때문이다. 그러므로 소에서 이처럼 주장한 것은 의문스럽다.

② 黨正屬民飮酒.

補註 黨正, 司徒屬官, 本註: "屬, 猶合也."
번역 '당정(黨正)'은 사도에게 소속된 관리이며, 본래의 주에서는 "속(屬)자는 취합한다는 뜻이다."라고 했다.

「월령」 219장

是月也, 乃命水虞·漁師, ①收水泉·池澤之賦, 毋或敢侵削
衆庶兆民, 以爲天子取怨于下, 其有若此者, 行罪無赦.

번역 맹동의 달에 천자는 곧 소택(沼澤) 지역을 담당하는 관리인 수우(水虞)와 물고기 등을 잡는 일을 주관하는 관리인 어사(漁師)에게 명령하여, 하천과 연못에 대한 세금을 거둬들이게 하되, 혹시라도 감히 백성들에게 너무 많은 세금을 거둬들여서, 이 일을 계기로 천자가 백성들에게 원망을 사게 해서는 안 되니, 만약 그들 중에 이와 같이 행동한 자가 있다면, 형벌을 내리되 용서해주는 일이 없게 한다.

① 收水泉池澤之賦.

補註 按: 鄭註, "因盛德在水, 收其稅." 此與陳註異.

번역 살펴보니, 정현의 주에서는 "융성한 덕성이 오행 중 수(水)에 있기 때문에, 그곳에 대한 세금을 거둬들이는 것이다."라고 했는데, 이것은 진호의 주와 차이를 보인다.

「월령」 225장

冰益壯, 地始坼, ①鶡旦不鳴, 虎始交.

번역 중동의 달에는 얼음이 더욱 단단해지고, 땅이 비로소 갈라지기 시작하며, 할단새가 울지 않게 되고, 범이 비로소 교미를 시작한다.

① ○鶡旦不鳴.

補註 按: 此鶡旦, 卽坊記所謂盍旦也.

번역 살펴보니, 여기에서 말한 '할단(鶡旦)'은 『예기』 「방기(坊記)」편에서 말한 갈단(盍旦)[1]이라는 것에 해당한다.

---

1) 『예기』 「방기(坊記)」: 子云, "天無二日, 土無二王, 家無二主, 尊無二上, 示民有君臣之別也. 春秋, 不稱楚·越之王喪, 禮, 君不稱天, 大夫不稱君, 恐民之惑也. 詩云, '相彼盍旦, 尙猶患之.'" 子云, "君不與同姓同車, 與異姓同車不同服, 示民不嫌也. 以此坊民, 民猶得同姓以弑其君."

「월령」 227장

①餙死事.

번역 중동의 달에 천자는 병사들이 나라의 일에 죽을 각오로 임하도록 훈계한다.

① ○餙死事.

補註 通解曰: 呂·淮·唐竝無此三字. 今按, 三字衍文, 當從唐本.
번역 『통해』에서 말하길, 『여씨춘추』·『회남자』·『당본』에는 모두 이 세 글자가 없다. 살펴보니 세 글자는 연문으로, 마땅히 『당본』의 기록에 따라야 한다.

「월령」 228~229장

命有司曰, ①土事毋作, 愼毋發蓋, 毋發室屋, 及起大衆, ②以
固而閉. 地氣沮泄, 是謂發天地之房, 諸蟄則死, 民必疾疫, 又
隨以喪, 命之曰暢月.

번역 중동의 달에 천자는 유사에게 명령하여 말하길, "토목 공사는 일으키지 말도
록 하고, 신중하게 하여 보관해둔 곳의 덮개를 여는 경우가 없도록 할 것이니, 가옥
의 문을 열어두는 것과 대중들을 동원하는 일이 없도록 하여, 이로써 가둬 보관하
는 것을 굳건하게 지키게 하라."라고 한다. 천자의 명령을 제대로 이행하지 않아서,
가둬 보관하는 곳이 무너져 땅의 기운이 새어나오게 되면, 이러한 상황을 "천지의
기운이 가득 찬 공간이 열린 것"이라고 말하니, 이러한 상황이 되면 칩거하는 여러
곤충들이 죽게 되고, 백성들은 반드시 질병에 걸리게 되며, 또 질병에 걸린 백성들
은 죽는 경우가 속출하게 되니, 이 달을 명명하여 창월(暢月)이라고 부른다.

① ○土事毋作[止]諸蟄則死.

補註 按: 自警編, 宋曹彬堂室敝壞, 子弟請修葺, 彬曰: "時方大冬, 墻壁
瓦石之間, 百蟲所蟄, 不可傷其生." 蓋此意也.
번역 살펴보니, 「자경편」에서는 송나라 조빈의 집이 너무 허름하여 자제들
이 보수하기를 청했는데, 조빈은 "지금은 한 겨울인데 담장과 기와 틈에 온
갖 곤충들이 칩거하고 있으므로 생명을 해칠 수는 없다."라고 했으니, 아마
도 이러한 의미인 것 같다.

② 以固而閉.

補註 按: 鄭註, "而, 猶汝也." 陳註改汝爲其者, 甚苟簡.
번역 살펴보니, 정현의 주에서는 "이(而)자는 너라는 뜻이다."라고 했다. 진호
의 주에서는 여(汝)자를 고쳐서 기(其)자라고 했는데, 너무 간략한 설명이다.

沮者, 壞散之義, 因破壞而宣泄, 故云沮泄也. 天地之閉固氣
類, 猶房室之安藏人也, 若發散天地之所藏, 則諸蟄皆死, 是干
犯陰陽之令, 疾疫必爲民災, 喪禍隨之而見. 一說, 喪, 讀去聲,
謂民因避疾疫而逃亡也. 暢月, 未詳. ①舊說, 暢, 充也, 言所以
不可發泄者, 以此月萬物皆充實於內故也. 朱氏謂陽久屈而後
伸, 故云暢月也. 未知孰是.

번역 저(沮)라는 것은 무너져 흩어진다는 뜻으로, 인간이 잘못된 행동을 하여 지기
(地氣)가 파괴됨으로 인해 새어나오게 된 것이다. 그렇기 때문에 저설(沮泄)이라
고 말한 것이다. 겨울에 천지가 만물의 기운을 가둬 굳건히 지키는 것은 가옥이 사
람을 편안히 품어주는 것과 같은 것이니, 만약 천지가 보관하는 것을 발산시키게
되면, 여러 칩거하는 곤충들이 모두 죽게 되므로, 이것은 음양의 법칙을 막고 침범
하는 것이 되니, 질병이 반드시 백성들에게 재앙으로 닥치게 되고, 죽게 되는 일이
그것을 따라서 나타나게 된다. 일설에 상(喪)자를 거성으로 읽어서, 백성들이 질병
을 피하기 위해서 도망친다는 뜻을 말한다고 한다. 창월(暢月)이라는 것은 분명하
지 않다. 옛 학설에서 창(暢)자는 채운다는 뜻으로, 발산하여 새어나오게 해서는
안 된다는 것을 말하니, 이달에는 만물이 모두 안으로 가득 채우게 되기 때문이다.
주씨는 양기가 오래도록 굽힌 이후에 이 시기에 다시 펴지기 때문에, 11월을 창월
(暢月)이라 부른다고 했다. 어느 주장이 옳은지는 모르겠다.

① 舊說暢充也.

補註 按: 舊說, 卽鄭註. 而但暢, 卽發暢之意, 與充實相反, 可疑. 朱氏說
稍長, 而但於上文不叶, 抑自爲一句, 而不連上文爲義耶?

번역 살펴보니, 구설(舊說)은 정현의 주에 해당한다. 그러나 창(暢)자는 발
산하고 번성한다는 뜻이 되는데, 이것은 채운다는 뜻과는 상반되니 의심스
럽다. 주씨의 주장이 조금 낫지만, 앞의 문장과 어울리지 않고, 그것이 아니
라면 그 자체를 하나의 구문으로 보아 앞의 문장과 연결하지 않고 의미를
도출해야 할 것이다.

「월령」 230장

是月也, 命奄尹, 申宮令, 審門閭, 謹房室, 必重閉. 省婦事, 毋
得淫, ①雖有貴戚近習, 毋有不禁.

번역 중동의 달에 천자는 엄윤(奄尹)에게 명령하여, 궁중에서 시행하는 정령을 거
듭하여 강조하게 하고, 성문이 닫혀있는지를 살피게 하고, 가옥의 문을 닫는 것을
신중하게 지키게 하여, 반드시 안과 밖의 문을 중첩되게 닫게 한다. 그리고 천자는
궁중 부녀자들의 일들을 줄여주되, 그녀들이 만든 것이 지나치게 화려하게 되어서
는 안 되며, 비록 천자의 인척들과 총애하는 자라고 할지라도 금령을 지키지 않는
경우가 없도록 한다.

① 雖有貴戚[止]不禁.

補註 疏曰: 言貴戚姑姊妹之徒, 及王所親近愛幸之類, 皆禁之無得淫
巧也.

번역 소에서 말하길, 존귀한 친척인 고모나 자매의 무리들과 천자가 친근하
게 여기고 총애하는 부류들에 대해서도 모두 금령을 내려 음란하거나 간교
한 짓을 벌이지 못하게 한다는 뜻이다.

「월령」 231장

乃命大酋, 秫稻必齊, 麴糵必時, 湛熾必潔, 水泉必香, 陶器必
良, 火齊必得, 兼用六物, ①大酋監之, 毋有②差貸.

번역 중동의 달에 천자는 곧 대추(大酋)에게 명령하여 술을 담그게 하는데, 술 담
그는 재료인 찰기장은 그 양을 반드시 알맞게 하고, 누룩은 반드시 제 때에 맞게끔
만들며, 찰벼를 불려서 씻는 것과 찌는 것을 반드시 청결하게 하고, 술 담그는 물은
반드시 깨끗한 것으로 하며, 술을 담그는 그릇은 반드시 결함이 없는 좋은 것으로
하고, 불의 알맞기를 반드시 제대로 맞추니, 이 여섯 가지 일들을 아울러 시행하되,
대추가 그 일들을 감독하여, 정해진 법식에서 벗어나는 일이 없도록 한다.

① ○大酋監之.

補註 音註古御反之御, 當作銜.

번역 『음의』의 주에서 '監'자를 '古(고)'자와 '御(어)'자의 반절음이라고 했는
데, 이때의 '御'자는 마땅히 '함(銜)'자로 기록해야 한다.

② 差貸.

補註 按: 貸, 當音忒, 說見上.

번역 살펴보니, '貸'자는 마땅히 그 음이 '忒(특)'이니, 설명은 앞에 나온다.

「월령」234장

山林藪澤, ①有能取蔬食, 田獵禽獸者, 野虞敎道之, 其有相侵
奪者, 罪之不赦.

번역 중동의 달에 천자는 산림지역과 수초가 무성한 소택지에서 열매를 잘 따는 자
와 짐승을 잘 사냥하는 자가 있다면, 야우(野虞)가 그들을 잘 교육하여 훈도하도록
하고, 만약 그들 중에 상대방이 잡은 것을 빼앗으려고 하는 자가 있다면, 그에게
벌을 내리되 사면해주지 않는다.

① ○有能取蔬食.

補註 鄭註: "草木之實爲蔬食." 疏曰: "山林蔬食, 榛栗之屬. 藪澤蔬食,
菱芡之屬."

번역 정현의 주에서 말하길, "초목의 열매를 소사(蔬食)라고 한다."라고 했
다. 소에서 말하길, "산림지역의 소사는 개암이나 밤의 부류에 해당한다. 수
택지역의 소사는 마름이나 연꽃의 부류에 해당한다."라고 했다.

補註 ○食, 入聲.

번역 ○'食'자는 입성으로 읽는다.

「월령」 237장

①芸始生, ②荔挺出, ③蚯蚓結, ④麋角解, 水泉動.

번역 중동의 달에는 운초가 비로소 생겨나기 시작하고, 여정초가 나타나며, 지렁이가 땅구멍에서 웅크려 숨어있고, 사슴뿔이 떨어지며, 샘물이 솟아올라온다.

① ○芸始生.

補註 疏曰: 芸荔挺, 俱香草, 故應陽氣而出.
번역 소에서 말하길, 운(芸)이나 여정은 모두 향초이다. 그렇기 때문에 양기에 호응하여 나타난다.

補註 ○筆談曰: 古人藏書, 辟蠹用芸香.
번역 ○『필담』에서 말하길, 옛 사람들은 서책을 보관할 때 좀벌레를 퇴치하기 위해 운(芸)이라는 향초를 사용했다.

② 荔挺出.

補註 鄭註: 荔挺, 馬薤也.
번역 정현의 주에서 말하길, 여정초는 마해(馬薤)이다.

補註 ○說文: 草似蒲, 而小根, 可爲刷.
번역 ○『설문』에서 말하길, 그 풀은 부들과 유사하지만 뿌리가 작아서 먼지를 털어내는데 사용할 수 있다.

③ 蚯蚓結.

補註 疏曰: 蚯蚓, 屈首下嚮, 陽氣氣動則宛而上首, 故其結而屈也.

번역 소에서 말하길, 지렁이는 머리를 숙여 밑으로 향하였다가 양기가 움직이면 굽히며 머리를 위로 한다. 그렇기 때문에 웅크리며 숙이는 것이다.

④ 麋角解.

補註 疏曰: 麋陰獸, 情淫而遊澤, 冬至陰方退, 故解角, 從陰退之象. 鹿陽獸, 情淫而遊山, 夏至得陰而解角, 從陽退之象.

번역 소에서 말하길, 큰사슴은 음에 속하는 동물인데, 정이 흘러 넘쳐 못가에서 노닐다가 동지가 되면 음기가 물러나기 때문에 뿔이 떨어지니, 음이 물러남에 따르는 형상이다. 사슴은 양에 속하는 동물인데, 정이 흘러 넘쳐 산에서 노닐다가 하지가 되면 음이 생겨나서 뿔이 떨어지니, 양이 물러남에 따르는 형상이다.

「월령」243장

참고—經文

行秋令, 則天時雨汁, ①瓜瓠不成.

번역 만약 천자가 중동의 달에 중추에 집행해야 할 정령을 시행하게 된다면, 기후는 비와 눈이 섞여 내리게 되고, 내년에 수확해야 할 오이와 박이 익지 않게 된다.

① ○瓜瓠不成.

補註 鄭註: "子宿值虛危, 虛危內有瓜瓠." 疏曰: "天文志, 瓜瓠四星在危東."

번역 정현의 주에서 말하길, "11월의 별자리는 허수(虛宿)와 위수(危宿)에 해당하는데, 허수와 위수 안쪽에는 과호(瓜瓠)라는 별자리가 있다."라고 했다. 소에서 말하길, "『한서』「천문지」에 따르면 과호의 네 별들은 위수의 동쪽에 있다."라고 했다.

「월령」249장

참고─經文

雁北鄉, 鵲始巢, ①雉雊, 雞乳.

번역 계동의 달에 기러기가 북쪽으로 떠나가고, 까치가 비로소 둥지를 틀기 시작하며, 수컷 꿩이 암컷을 찾아 울고, 닭이 알을 낳는다.

① ○雉雊.

補註 鄭註: 雊, 雉鳴也.

번역 정현의 주에서 말하길, 구(雊)는 수컷 꿩이 우는 것이다.

「월령」 253장

乃畢山川之祀, 及帝之大臣・①天之神祇.

번역 계동의 달에 맹금류들이 사나워지게 되면, 천자는 산천에 대한 제사와 오제를 보좌하는 다섯 신들에 대한 제사 및 하늘에서 각종 일들을 주관하는 신들에 대한 제사를 모두 지내서 끝마친다.

① ○天之神祇.

補註 鄭註: 天之神祇, 司中・司命・風師・雨師.

번역 정현의 주에서 말하길, 하늘의 신지라는 것은 사중(司中), 사명(司命), 풍사(風師), 우사(雨師)이다.

補註 ○按: 陳註此或司中・司命・風師・雨師之屬歟. 此字, 蓋指天之神祇, 而語殊未瑩.

번역 ○살펴보니, 진호의 주에서는 "이것은 아마도 사중(司中), 사명(司命), 풍사(風師), 우사(雨師) 등의 부류일 것이다."라고 했다. '차(此)'자는 아마도 '천지신지(天之神祇)'를 가리키는 것 같지만, 말이 다소 불분명하다.

「월령」 255장

참고—經文

> 冰方盛, ①水澤腹堅, 命取冰, ②氷以入.

번역 계동의 달에는 얼음이 바야흐로 매우 두껍고 단단해지게 되니, 하천과 못에 얼음이 단단하게 얼게 되면, 천자는 관리들에게 명령하여, 얼음을 채취하게 하고, 채취된 얼음을 저장고에 집어넣게 한다.

① ○水澤腹堅.

補註 鄭註: 腹, 厚也.
번역 정현의 주에서 말하길, 복(腹)자는 두껍다는 뜻이다.

補註 ○按: 陳註與此異.
번역 ○살펴보니, 진호의 주는 이것과 차이를 보인다.

② 氷以入.

補註 按: 古經此一句, 在下段之上.
번역 살펴보니, 『고경』에는 이 구문이 아래 단락의 앞부분에 기록되어 있었다.

補註 ○鄭註: 氷旣入, 令告民出五種, 明大寒氣過, 農事將起也.
번역 ○정현의 주에서 말하길, 얼음을 집어넣게 되면, 관리로 하여금 백성들에게 알려서 오곡의 종자들을 내놓게 하니, 매우 추운 기운이 지나가서 농사일을 장차 시작해야 함을 드러낸 것이다.

補註 ○通解曰: 唐本以作已.
번역 ○『통해』에서 말하길, 『당본』에서는 '이(以)'자를 이(已)자로 기록했다.

「월령」 256장

참고-集說

冰入之後, 大寒將退, 令典農之官, 告民出其所藏五穀之種, 計
度耦耕之事. 耦, 謂二人相偶也. 揉木爲耒, 斲木爲耜, 今之耜
以鐵爲之. 田器, ①鎡基之屬, 凡治田所用者也. 此皆豫備東作
之事, 陽事之始也.

번역 얼음을 집어넣은 이후에 큰 추위가 장차 물러가게 되니, 농사를 담당하는 관
리로 하여금 백성들에게 알려서, 보관하고 있는 오곡의 종자를 내놓게 하며, 논밭
가는 일을 계획하게 한다. 우(耦)라는 것은 두 사람이 서로 짝지어서 논밭 가는 것
을 뜻한다. 나무를 휘어서 쟁기의 자루 부분을 만들고, 나무를 깎아내서 보습에 해
당하는 쟁기의 날 부분을 만드는데, 오늘날의 보습은 철로써 만든다. 전기(田器)는
호미 및 가래 등속으로, 무릇 밭을 경작하는 데 필요한 도구들이다. 이것들은 모두
동작(東作)의 일을 미리 대비하는 것이며, 양기와 관련된 일들의 시작이다.

① ○鎡基之屬.

補註 按: 鎡基, 見孟子·公孫丑.
번역 살펴보니, '자기(鎡基)'는 『맹자』「공손추(公孫丑)」편에 나온다.[1]

補註 ○又按: 鄭註作鎡錤.
번역 ○또 살펴보니, 정현의 주에서는 '자기(鎡錤)'라고 기록했다.

補註 ○又按: 字彙, 鎡錤, 鉏也. 一作鎡基, 漢樊噲贊作玆基.
번역 ○또 살펴보니, 『자휘』에서는 자기(鎡錤)는 호미이다. 자기(鎡基)라고
도 기록하는데, 한나라 번쾌에 대한 찬문에서는 자기(玆基)라고 기록했다.

---

1) 『맹자』「공손추상(公孫丑上)」: 齊人有言曰, "雖有智慧, 不如乘勢, 雖有鎡基, 不
   如待時." 今時則易然也.

「월령」259장

①日窮于次者, ②去年季冬次玄枵, 至此窮盡, 還次玄枵也.
紀, 會也. 去年季冬, 月與日③相會於玄枵, 至此窮盡, 還復會
於玄枵也. 二十八宿, 隨天而行, 每日雖周天一匝, 而早晚不
同, 至此月而復其故處, 與去年季冬早晚相似, 故云回于天也.
幾, 近也. 以去年季冬至今年季冬三百五十四日, ④未滿三百
六十五日, 不爲正終, 故云幾於終也. 歲且更始者, 所謂終則
有始也.

번역 해가 차(次)를 궁(窮)한다는 것은 작년 계동 때 해가 현효(玄枵)의 자리에 있
었는데, 이 시기에 이르러서 순회하게 되는 주기를 끝내게 되어, 다시금 현효에 위
치하게 된다. 기(紀)는 만난다는 뜻이다. 작년 계동 때 해와 달의 궤적은 서로 현효
에서 만났는데, 이 시기에 이르러서 순회하게 되는 주기를 끝내게 되어, 다시금 현
효에서 만나게 된다. 28수는 하늘의 궤적을 따라 운행하는데, 매일 비록 하늘을 한
바퀴 돌지만, 각 별마다 이르고 늦게 떠오르는 차이가 같지 않은데, 계동의 달에
이르러서는 그것들의 본래 자리로 되돌아가게 되어, 작년 계동 때 발생한 이르고
늦게 떠오르는 차이와 유사하게 된다. 그렇기 때문에 하늘을 일주한다고 말한 것이
다. 기(幾)라는 것은 거의라는 뜻이다. 작년 계동 때부터 금년의 계동 때까지는 354
일이 걸리므로, 360일을 채우지 못하여, 딱 떨어지게 끝나지 않게 된다. 그렇기 때
문에 거의 끝난다고 말한 것이다. 년도도 또한 다시 시작된다는 것은 이른바 끝마
치게 되면, 새로운 시작이 있게 된다는 뜻이다.

① ○日窮于次[止]終也.

補註 按: 此註全用古疏.
번역 살펴보니, 이 주석은 전적으로 옛 소의 기록을 차용한 것이다.

② 去年季冬次玄枵.

補註 按: 此下疏有從此以來每月[1]移次他辰十字.

번역 살펴보니, 이 구문 뒤에 소에는 "이 시기로부터 그 뒤로는 매 달마다 다른 진(辰)으로 옮겨간다[從此以來每月移次他辰]."라는 10글자가 더 기록되어 있다.

③ 相會於玄枵.

補註 按: 此下疏有自此以來月與日會在於他辰十二字.

번역 살펴보니, 이 구문 뒤에 소에는 "이 시기로부터 그 뒤로는 해와 달이 다른 진(辰)에서 만나게 된다[自此以來月與日會在於他辰]."라는 12글자가 더 기록되어 있다.

④ 未滿三百六十五日.

補註 按: 此恐指日與天會之一朞, 堯典所謂朞, 三百六旬有六日歟. 但堯典言六日, 此言五日者, 蓋日行不及天一度積三百六十五日九百四十分日之二百三十五, 而與天會是一歲日行之數也. 所謂三百六十五日者, 恐只擧其全日, 不計其餘分歟.

번역 살펴보니, 이것은 아마도 해가 하늘과 만난다는 1주기를 가리키는 것 같으니, 『서』「요전(堯典)」편에서 "기(朞)는 366일이다."[2]라고 한 말에 해당하는 것 같다. 다만 「요전」편에서는 6일이라고 했는데, 여기에서는 5일이라고 했다. 그 이유는 해가 운행하여 하늘을 일주하며 1도를 미치지 못했을 때, 총 365일과 940분의 235일을 가게 되는데, 이것은 하늘과 만나는 1년 동안의 해가 운행하는 수가 된다. 365일이라는 것은 아마도 온전한 날수만을 거론하고, 그 나머지 단위는 계산하지 않은 것이다.

---

1) 월(月)자에 대하여. 『예기보주』본문에는 본래 '인(引)'자로 기록되어 있었는데, 『예기주소』의 기록에 따라 '월(月)'자로 수정하였다.

2) 『서』「우서(虞書)·요전(堯典)」: 帝曰咨汝羲曁和, 朞, 三百有六旬有六日, 以閏月定四時成歲, 允釐百工, 庶績咸熙.

乃命太史, ①次諸侯之列, 賦之犧牲, 以共皇天上帝·社稷之饗.

번역 계동의 달에 천자는 곧 태사에게 명령하여, 제후들의 서열을 등차지우고, 그들에게 한 해 동안 공납해야 할 희생물의 수를 부과하여, 이로써 황천상제와 사직의 제사 때 흠향의 제물로 공급한다.

① 次諸侯之列[止]犧牲.

補註 鄭註: 列, 國有大小也. 大者出多, 小者出少.

번역 정현의 주에서 말하길, 열(列)은 제후국의 크고 작은 차등이다. 대국은 많이 차출하고 소국은 적게 차출한다.

「월령」 265장

참고-集說

①禮有五經, 莫重於祭故也.

번역 예에는 다섯 가지 예제1)가 있는데, 그 중에서 제례보다 중요한 것이 없기 때문이다.

① ○禮有五經莫重於祭.

補註 祭統文.

번역 『예기』「제통(祭統)」편의 기록이다.2)

補註 ○沙溪曰: 五經, 吉·凶·軍·賓·嘉也.

번역 ○사계가 말하길, 오경(五經)은 길례(吉禮)3), 흉례(凶禮)4), 빈례(賓禮)5), 군례(軍禮)6), 가례(嘉禮)7)이다.

---

1) 오경(五經)은 고대의 다섯 가지 중요 예제(禮制)를 뜻한다. 다섯 가지 '예제'라는 것은 길례(吉禮), 흉례(凶禮), 빈례(賓禮), 군례(軍禮), 가례(嘉禮)를 뜻한다.

2) 『예기』「제통(祭統)」: 凡治人之道, 莫急於禮. 禮有五經, 莫重於祭.

3) 길례(吉禮)는 오례(五禮) 중 하나로, 제사에 대한 예제(禮制)를 뜻한다. 고대에는 제사 자체를 길(吉)한 일로 여겼기 때문에, 제례(祭禮)를 '길례'로 여겼다.

4) 흉례(凶禮)는 오례(五禮) 중 하나로, '흉례'는 재앙 등의 일에 봉착했을 때, 애도를 표시하거나 구휼하는 예제(禮制)를 뜻한다. 또한 '흉례'는 상례(喪禮)를 지칭하는 용어로도 사용되었다.

5) 빈례(賓禮)는 오례(五禮) 중 하나로, 천자를 찾아뵙거나 천자가 제후들을 만나보거나 아니면 제후들끼리 회동하는 조빙(朝聘)의 예법(禮法)을 뜻한다. 또한 '빈례'는 손님을 접대하는 예제(禮制)를 뜻하기도 한다. 참고적으로 봄에 천자를 찾아뵙는 것을 조(朝)라고 하였으며, 여름에 찾아뵙는 것을 종(宗)이라고 하였고, 가을에 찾아뵙는 것을 근(覲)이라고 하였으며, 겨울에 찾아뵙는 것을 우(遇)라고 하였다. 또한 제후들이 천자를 찾아뵐 때에는 본래 각각의 제후들마다 정해진 기간이 있었는

데, 정해진 기간 외에 찾아뵙는 것을 회(會)라고 하였고, 정해진 기간에 찾아뵙는 것을 동(同)이라고 하였다. 또 천자가 순수(巡守)를 할 때에도 정해진 기간이 있었는데, 정해진 기간이 아닌 때에 제후를 찾아가 보는 것을 문(問)이라고 하였고, 정해진 기간에 찾아가 보는 것을 시(視)라고 하였다.

6) 군례(軍禮)는 오례(五禮) 중 하나로, 군대와 관련된 예제(禮制)를 뜻한다. 참고적으로 고대 중국에서는 각 계절마다 군대와 관련된 의식을 시행하였는데, 봄에 하는 것을 진려(振旅)라고 불렀고, 여름에 하는 것을 발사(拔舍)라고 불렀으며, 가을에 하는 것을 치병(治兵)이라고 불렀고, 겨울에 하는 것을 대열(大閱)이라고 불렀다. 이러한 의식들이 모두 '군례'에 포함된다.

7) 가례(嘉禮)는 오례(五禮) 중 하나로, 결혼식을 치르거나, 잔치 등을 베풀 때의 예제(禮制)를 뜻한다. 경사스러운 일이라는 뜻에서 가(嘉)자를 붙여서 '가례'라고 부르는 것이다.

①畏介蟲, 爲兵之象也. 戌土之氣所應.

번역 단단한 껍질을 가진 생물을 두려워하는 것은 전란을 예고하는 상징이 된다. 이러한 현상들은 9월의 토(土) 기운이 호응하여 발생시킨 것이다.

① ○畏介蟲爲兵之象.

補註 按: 鄭註以四鄙入保, 爲畏兵避寒之象. 然則陳註此一句, 亦似釋四鄙入保.

번역 살펴보니, 정현의 주에서는 사비(四鄙)[1]의 백성들이 보성(保城)으로 들어가는 것을 전란을 두려워하고 추위를 피하는 형상이라고 여겼다. 그러므로 진호의 주에 나온 이 구문 또한 사비의 백성들이 보성으로 들어간다는 말을 풀이한 것 같다.

---

1) 사비(四鄙)는 사방의 반경(邊境)지역을 뜻하며, 그곳에 거주하는 백성들을 지칭하는 용어로도 사용되었다.

①命之曰逆.

번역 태아나 신생아가 죽거나 고질병에 걸리는 것들을 명명하길, 자연의 운행을 거스른다는 뜻에서 역(逆)이라고 부른다.

① 命之曰逆.

補註 鄭註: "衆害, 莫大於此." 疏曰: "命, 名也. 名此曰特逆之事, 謂惡之甚也."

번역 정현의 주에서 말하길, "수많은 해악 중에서 이것보다 심한 것이 없다."라고 했다. 소에서 말하길, "명(命)자는 명명하다는 뜻이다. 이러한 것들을 명명하여 특히 거스르는 일이라고 부르니, 악함이 심하다는 뜻이다."라고 했다.

行夏令, 則水潦敗國, 時雪不降, ①水凍消釋.

번역 만약 천자가 계동의 달에 계하에 집행해야 할 정령을 시행하게 된다면, 큰 비가 나라에 피해를 주고, 이 시기에 내려야할 눈들이 내리지 않게 되며, 얼음이 녹아서 없어질 것이다.

① ○水凍.

補註 水, 古經 · 通解皆作氷.
번역 '수(水)'자를 『고경』과 『통해』에서는 모두 빙(氷)자로 기록했다.

嚴陵方氏曰: ①介蟲之性, 辨於物, 以斂藏之氣不厚, 故反爲妖也. 四鄙入保, 蓋畏兵之象, 以秋爲金故也. 疾謂之固, 則其疾久而不瘳故也. 夫冬者, 歲之終, 春者, 歲之始, 歲終而行歲始之令, 故命之曰逆. 水潦盛昌, 蓋夏之時然也, 故行夏令, 則水潦敗國. 冬者, 雪之時, 故謂之時雪, 時雪不降, 冰凍消釋, 則盛陽爍之故也.

번역 엄릉방씨가 말하길, 개충(介蟲)의 성향은 다른 생물들 중에서도 구분이 되는데, 거두어 수렴하는 기운이 두터워지지 못했기 때문에, 다른 생물들이 지면으로 출현하는 것에 비해, 개충들은 도리어 요망하게 되는 것이다. 사비의 백성들이 보성에 들어가는 것은 무릇 전란을 두려워하는 형상으로, 가을은 금기(金氣)가 되기 때문이다. 질병에 고(固)자를 붙여 말한 것은 그 질병이 오래되도록 차도가 없기 때문이다. 무릇 겨울은 한 해가 끝나는 때이고, 봄은 한 해가 시작되는 때이니, 한 해가 끝남에 한 해가 시작될 때의 정령을 시행하기 때문에, 그것을 명명하여 역(逆)이라고 부르는 것이다. 큰 비가 성대하게 내리는 것은 무릇 여름철에 그러한 것이다. 그렇기 때문에 여름의 정령을 시행하면, 큰 비가 나라에 피해를 주는 것이다. 겨울은 눈이 내리는 계절이다. 그렇기 때문에 이 시기에 내려야 할 눈을 시기적절하게 내리는 눈이라고 부르는 것인데, 시설(時雪)이 내리지 않고, 얼음이 녹아서 없어지는 것은 융성한 양기가 뜨겁게 만들기 때문이다.

① 介蟲之牲.

補註 牲, 恐性之訛.

번역 '생(牲)'자는 아마도 성(性)자가 잘못 기록된 것 같다.

| 저자 소개 |

김재로金在魯, 1682~1759

· 조선 후기 때의 학자
· 본관은 청풍(淸風)이고 자는 중례(仲禮)이며 호는 청사(淸沙) · 허주자(虛舟子)이
  고 시호는 충정(忠靖)이다.

| 역자 소개 |

정병섭鄭秉燮

· 1979년 출생
· 2002년 성균관대학교 유교철학과 졸업
· 2004년 성균관대학교 대학원 유학과 석사
· 2013년 성균관대학교 대학원 유학과 철학박사
· 『역주 예기집설대전』을 완역하였다.
· 『의례』, 『주례』, 『대대례기』 번역과 한국유학자들의 예학 관련 저작들의 번역을
  계획 중이다.

譯註
禮記補註 ❸ 王制·月令

초판 인쇄   2018년 1월 2일
초판 발행   2018년 1월 12일

저   자 ┃ 김 재 로(金在魯)
역   자 ┃ 정 병 섭(鄭秉燮)
펴 낸 이 ┃ 하 운 근
펴 낸 곳 ┃ 學古房

주   소 ┃ 경기도 고양시 덕양구 통일로 140 삼송테크노밸리 A동 B224
전   화 ┃ (02)353-9908   편집부(02)356-9903
팩   스 ┃ (02)6959-8234
홈페이지 ┃ hakgobang.co.kr
전자우편 ┃ hakgobang@naver.com, hakgobang@chol.com
등록번호 ┃ 제311-1994-000001호

ISBN   978-89-6071-722-0 94150
             978-89-6071-718-3 (세트)

값 : 30,000원

이 도서의 국립중앙도서관 출판예정도서목록(CIP)은 서지정보유통지원시스템 홈페이지
(http://seoji.nl.go.kr)와 국가자료공동목록시스템(http://www.nl.go.kr/kolisnet)에서 이용
하실 수 있습니다. (CIP제어번호 : CIP2017034276)